Arie Boogert

Beim Sterben von Kindern

Arie Boogert

Beim Sterben von Kindern

Erfahrungen
Gedanken und Texte
zum Rätsel
des frühen Todes

Urachhaus

Aus dem Niederländischen von Siegfried Mrotzek
Titel der Originalausgabe:
»Bij het sterven van kinderen«

CIP-Kurztitelaufnahme der Deutschen Bibliothek

Boogert, Arie:

Beim Sterben von Kindern :
Erfahrungen, Gedanken u. Texte zum Rätsel d. frühen Todes /
Arie Boogert. [Aus d. Niederländ. von Siegfried Mrotzek]. –
Stuttgart : Urachhaus, 1986.
Einheitssacht.: Bij het sterven van kinderen ⟨dt.⟩
ISBN 3-87838-485-8.

ISBN 3 87838 485 8

© 1986 Verlag Urachhaus Johannes M. Mayer GmbH, Stuttgart
© 1981 Uitgeverij Christofoor, Rotterdam.
Alle Rechte, auch die des auszugsweisen Nachdrucks
und der photomechanischen Wiedergabe, vorbehalten.
Umschlaggestaltung Bruno Schachtner, Dachau.
Satz und Druck der Offizin Chr. Scheufele, Stuttgart.

Inhalt

II Texte aus Vorträgen von Rudolf Steiner

III Gedichte und Sprüche

IV Märchen und Erzählungen

Anhang

I
STERBEBEISTAND – LEBENSBEISTAND

Einführung

»Sterben – was ist das eigentlich?«

Die Frage eines Kindes. Die Mutter ist in der Küche beschäftigt, ihr neunjähriger Sohn hat sich neben sie gestellt und schaut ihr zu. Plötzlich diese Frage. Während die Mutter sich noch eine Antwort überlegt, hat sich das Kind schon wieder abgewendet und spielt weiter. Es wartet gar nicht auf die Antwort.

Ein Kind in diesem Alter kommt unvermittelt auf diese Frage; das Phänomen Sterben und Tod ist in sein Blickfeld getreten. Es möchte wissen, was Sterben eigentlich bedeutet. Das wird für das Kind allmählich zu einem echten Problem werden; die Frage wird ihm gewiß öfter durch den Kopf gehen. Sie wird jedoch nicht mehr so häufig gestellt werden, wenn es sich beim Übergang zur Pubertät in sich selbst zurückzuziehen beginnt und seine Unbefangenheit verliert. Denn dann sind solche Probleme so wichtig für es geworden, daß es nur noch in ganz besonderen Momenten darüber sprechen kann.

Ja, was ist Sterben eigentlich? Jeder, der erwachsen geworden ist, hat seine eigene Antwort finden müssen. Manchmal wird uns dafür reichlich Zeit gelassen, manchmal stellt uns ein Todesfall in der Verwandtschaft oder der Tod eines guten Bekannten ganz plötzlich vor die uralte Existenzfrage: Was Sterben ist, was der Tod bedeutet.

Sicher, der Tod ist ständig in unserer Umgebung. Wer in der Zeitung blättert, sieht die Todesanzeigen, liest die kurzen Berichte über tödliche Verkehrsunfälle. Alle Medien berichten über Unglücke, Kampfhandlungen und Kriege, über Hungersnot in fernen Ländern und ihre Folgen. Auf der Straße fahren die großen schwarzen Wagen dicht an einem vorbei. In dem Viertel, in dem man wohnt, weiß man auch, wo Friedhof und Krematorium sind. Man versichert sich gegen die materiellen Folgen des eigenen Todes, gegen den Verlust des Ernährers.

Aber was Sterben eigentlich ist, das kann man verdrängen: Es betrifft andere, nicht einen selbst; und wenn es einen selbst betrifft, dann doch erst später! Daß man der Antwort auf diese Frage nicht entgehen kann, weiß man tief im Inneren von dem Moment an, da man im Alter von zwölf, dreizehn oder vierzehn Jahren – einige vielleicht eher, andere später – sich plötzlich bewußt wird, daß Sterben und Tod zum Leben eines jeden Menschen gehören. Doch kann es lange dauern, bis man dem Tod wirklich begegnet und er zu einem ins Leben tritt, um einen nicht mehr zu verlassen; es gibt Menschen, die älter sind als dreißig oder vierzig Jahre, die noch nie einen Toten gesehen haben.

Der Tod ist überall in unserer Umgebung und kommt doch unvermutet, wenn er kommt. Darum ist es gut, sich ab und zu die Frage zu stellen, was der Tod ›eigentlich‹ ist. Auch wenn man keine vollkommen befriedigende Antwort findet, auch wenn man sicher ist, daß die Antwort, die einem ein paar Jahre später gegeben wird, wieder anders sein wird.

Das vorliegende Buch möchte ein Begleiter beim Sterben von Kindern sein. Noch stärker als das Sterben eines Erwachsenen trifft uns der Tod eines Kindes. Dann müssen wir eine Antwort suchen, dann haben wir das Bedürfnis, mit Menschen zu reden, Gedanken auszutauschen über das, was uns berührt. Wir wollen die Erfahrungen, die wir beim Sterben von Kindern machen, begreifen, und wir wollen in unserem Leben etwas damit anfangen können.

Das Ereignis, das Anlaß zu dieser Aufzeichnung gab, liegt siebzehn Jahre zurück. Damals starb Peter Johannes, mein Patenkind, nicht einmal drei Jahre alt. Ich war schon einige Jahre Priester in der Christengemeinschaft. Was mich seit jener Zeit beschäftigte, vor allem, wenn ich mit dem Sterben eines Kindes konfrontiert wurde, was ein paarmal geschah, oder wenn ich anderen in ihren Fragen beistehen mußte, das habe ich nun für mich geordnet und niedergeschrieben. Dabei halfen mir die Einsichten von Rudolf Steiner, die er aus seiner geisteswissenschaftlichen Forschung heraus hatte geben können. Eine weitere Hilfe war mir der Kultus, mit dem wir in der Christengemeinschaft das Sterben begleiten. In dieser Schrift möchte ich auch einiges über diese Gottesdienste sagen. Immer wieder zeigt sich, daß aus ihnen eine unmittelbar überzeugende Selbstverständlichkeit spricht, die gerade auch von jenen Menschen empfunden wird, die zum ersten Mal einen solchen Gottesdienst miterleben. Die Wörter dieser Rituale im Totengottesdienst beziehen sich unmittelbar, so möchte ich sagen, auf die Situation, in der sich die Lebenden mit den Verstorbenen augenblicklich befinden. Sie geben uns die Möglichkeit, uns selbst zu begreifen, weil wir den Toten gewissermaßen begleiten dürfen. Beim Sterben eines geliebten Menschen werden wir Teilhaber seiner Erfahrungen in der nichtkörperlichen Welt, wenn wir uns den Möglichkeiten öffnen, die uns unsere Verbundenheit mit ihm bietet.

Wenn ein Mensch stirbt, mit dem wir uns eng verbunden fühlen, können wir auf überraschende Weise feststellen, wie sehr die Welten außerhalb von uns und in uns zusammenhängen. Die große Reise, die dem Verstorbenen bevorsteht, kann uns, die Hinterbliebenen, ermutigen, eine innere Reise anzutreten in Gebiete, in denen wir in Gedanken noch nie zuvor gewesen sind. Die Rituale, von denen hier die Rede ist, lassen uns, auch wenn wir sie kennen, immer wieder neue Erfahrungen machen, wie eine Reise in ein Land, das uns noch nicht ganz bekannt ist, neue, ungeahnte Erlebnisse bringen kann. Die Rituale weisen hin auf die gemeinschaftliche Fahrt, die wir mit unseren Toten machen können. Auf diese Fragen soll im ersten Teil dieser Schrift noch näher eingegangen werden.

Für Kinder ist der Tod viel selbstverständlicher als für Erwachsene. Für ein Kind gehört das Sterben zum Leben. Erst allmählich entdeckt es jenen Tod, mit dem es persönlich zu tun hat. Kinder haben auch ein anderes Verhältnis zu Verstorbenen; für sie sind die Toten noch nicht so ausschließlich »irgendwo anders« wie für die meisten Erwachsenen.

Über das Verhältnis zwischen den Lebenden und Verstorbenen und über die Art und Weise, wie die Verstorbenen mit den Menschen auf der Erde verbunden sind, hat Rudolf Steiner häufig gesprochen. Im zweiten Teil dieser Schrift wurden einige Zitate aus seinen Vorträgen zusammengestellt. Sie können uns einen Einblick in die Verbundenheit zwischen Lebenden und Toten verschaffen, die bei einem Frühverstorbenen so anders ist als bei jemand, der im fortgeschrittenen Alter von uns gegangen ist. Steiner hat uns Perspektiven eröffnet, denen wir folgen können, wenn wir eine Antwort auf die verzweifelte Frage suchen: »Warum« Kinder früh sterben.

Auch unsere Kinder können plötzlich mit dem Tod konfrontiert werden. Es kann der Augenblick kommen, in dem das Problem »was Sterben eigentlich ist« plötzlich und unverhofft in ihr Leben eingreift, und zwar wenn Großeltern sterben, oder wenn ein Klassenkamerad oder eine Freundin oder ein Freund stirbt. Dann ist es gut, etwas zu haben, das wir dem Kind geben können: eine erste Antwort, einen Spruch oder ein Gedicht, eine Geschichte, in der das Kind etwas von sich selbst erkennen kann. Gedichte, Sprüche und auch Märchen sind eine große Hilfe, um Kinder an das Geheimnis des Sterbens heranzuführen. Im Märchen betreten die Kinder eine Welt, die für sie noch realistischer ist als jene Welt, die sie mit den Erwachsenen teilen. Der dritte Teil dieser Schrift enthält auch eine Anzahl solcher Gedichte, Sprüche und Geschichten.

Wenn wir uns unsere Verbindung mit Verstorbenen einmal klarzumachen versuchen, dann werden wir bemerken, daß die Trennung, mit der wir täglich leben, die Trennung zwischen der Welt »in uns selbst« und einer Welt »außen«, im Grunde gar nicht wesentlich ist. Diese Trennung scheint auf unser Unvermögen

14

zurückzuführen zu sein, uns über Begrenzungen und Einschränkungen hinwegzusetzen, die unsere Sinnesorgane und unser Denkvermögen uns auferlegen. Der religiöse Mensch hat stets erkannt, daß beide Welten in einer höheren Einheit verbunden sind, und zwar in der himmlischen Welt, die auch die geistige Welt genannt wird. Kinder leben noch in dieser höheren Einheit, sie sind von Natur aus noch fromm. Erwachsene müssen sich diese Frömmigkeit, die sie verloren haben, erst wieder mühselig erwerben.

Wie so viele Wörter, die persönliche Erfahrungen im religiösen Bereich ausdrücken, haben die Wörter fromm und Frömmigkeit in den letzten Jahrzehnten eine starke Abwertung erfahren. Ursprünglich bedeutete fromm auch so etwas wie »tapfer«, »mutig«, sogar »*stark im Geiste*«. So kommt es in vielen alten Liedern vor. Die Nebenbedeutung »*rechtschaffen, brav*«, hat es erst bekommen, als sich das Verständnis von einer konkreten, göttlichen und geistigen Welt verflüchtigte. Seitdem ist mit »*fromm*« eine zwar innige, jedoch sehr persönliche Lebenseinstellung gemeint, die nicht einmal eine Bindung zur Realität zu haben braucht; »*fromme Wünsche*« gehen kaum in Erfüllung.

Wir können das Wort wieder mit einiger Berechtigung verwenden, wenn wir uns bemühen, das religiöse und spirituelle Leben zu konkretisieren; die Neubewertung des Zusammenhanges der Welt in uns und außerhalb von uns ist ein erster Schritt in diese Richtung.

Unsere Kinder, das merken wir immer wieder, leben noch nicht in so ausschließlich getrennten »Innen-« und »Außenwelten«. Darum ist der Tod für sie auch etwas ganz anderes als für Erwachsene. Es ist wichtig, daß wir uns dessen bewußt sind. Der Beistand, den wir einem sterbenden Kind geben können, hängt auch davon ab, wie wir seine Situation miterleben können. Wir bleiben mit einem verstorbenen Kind verbunden, wenn es uns gelingt, »zu werden wie die Kinder«.

Was heißt das? Vielleicht: sich wie ein Kind in einem »Zwischenraum« aufzuhalten, zwischen der Welt in einem selbst und der Welt außerhalb seiner selbst, auch zwischen einer irdischen und einer himmlischen Welt, unter Menschen, die einem wohlgeneigt sind und die einen liebhaben. Wenn man in diesen Zwischenräumen lebt, ist man mit beiden Welten verbunden. Ida Gerhardt spricht in einem Gedicht von dem festen Band zwischen unseren verstorbenen Kindern und uns selbst, von der Erfahrung, was der Tod eines Kindes für uns bedeuten kann.[1] Mit wenigen Zeilen drückt sie aus, was bei jedem von uns im Lebensgefühl verankert werden kann, wenn wir lernen, jenen Mut zu entwickeln, der Frömmigkeit heißt.

Gewiß wird er da sein,
den wir auf der Erde beweinen,
kommt Er über die Weide
lachend und ohne Pein.
Knietief in Blumen, klein,
kommt Er über die Weide
tritt Er zwischen uns beide –
in Seinem weisen Geleite
werden wir Kinder sein.

Kommt Er über die Weide
gewiß wird er da sein.

Kinder und der Tod

Die Welt unserer Kinder

Kinder erfahren »die Welt« ganz anders als Erwachsene. Für sie gibt es noch nicht die ausschließliche Trennung in Innen und Außen. Erst allmählich lernen sie die Welt kennen, suchen sie in Besitz zu nehmen.

Solange die Kinder klein sind, ist ihre Welt, gemessen an der der Erwachsenen, zwar äußerlich sehr begrenzt – aber wieviel gibt es da dennoch zu sehen und zu erleben! Jeder neue Morgen bringt noch unbekannte, wunderbare Erlebnisse, die das Dasein bereichern und das Lebensumfeld erweitern.

Das Kind ist der Mittelpunkt seiner eigenen kleinen Welt, es bezieht alles auf sich selbst. Die Dinge ringsumher sind noch nicht so tot und kahl wie für viele Erwachsene, alles scheint zu leben, wie für den kleinen Marc in einem Gedicht von Paul van Ostaijen.[2]

tag kerlchen mit dem rad auf der vase
mit der blum plum plum
tag stuhl an dem tisch
tag brot auf dem tisch
tag fischerlein-fisch mit der pfeife und
tag fischerlein-fisch mit der mütze

mütze und pfeife
von dem fischerlein-fisch
guten tag
taa-ag fisch
tag lieber fisch
tag kleines fischlein mein

Das Kind tritt mit einem grenzenlosen Vertrauen in die Welt; es fühlt sich mit seiner ganzen Umgebung verwandt. Allen Lebewesen – und auch allen leblosen Dingen –, die die Welt bevölkern, teilt es sein Vertrauen mit, stellt sich mit ihnen auf die gleiche Stufe. Da es selbst lebt, ist für das Kind auch alles in seiner Umgebung lebendig. Die Welt ist beseelt: Alles spricht zu ihm, denn es geht selbst mit dem Zauberstab seiner Wachsamkeit durch die Welt.

Mit jedem Tag wird die Kinderwelt größer und weiter. Die ganze schöne Welt ist für mich da, fühlt das Kind. Erwachsene mögen sich wundern über Kinder, die in trostlosen und armseligen Verhältnissen aufwachsen und dennoch fröhlich sind, sie mögen voller Mitleid auf die Kinder schauen, die äußerlich schlecht dran sind: In Wirklichkeit können diese Kinder noch solange »Kind« sein, wie sie sich in allem, was um sie herum geschieht, selbst erkennen und wiederfinden können.

> Seht, sie starren sich die Augen aus
> und drücken ihre Ohren auf die Straße
> und über die Haut der Erde tasten ihre Finger.
> Sie sehen alles und sind erstaunt
> und drücken ihr Erstaunen aus
> und sie sehen sich selbst
> in: dem Flug des Vogels,
>   dem Zeichen im Stein,
>   dem Lauf des Wassers,
>   dem Sprung des Fisches,
>   und in der Spur in Himmel und Erde.

Ausprobierend, tastend, spielend lernt das Kind seine Umgebung kennen; dieses fragmentarische Gedicht von Bert Schierbeek macht das besonders deutlich.[3] Für das Kind ist das Spiel der Weg, die Welt kennenzulernen, sie in Besitz zu nehmen. Darüber hinaus aber ist sein Erfahrungsbereich noch nicht beschränkt auf die irdische Welt der Dinge und der Menschen.

Kinderspiel

Kleine Kinder spielen mit den Dingen, die sie um sich herum vorfinden, und machen sich so ihre Umgebung zu eigen. Wenn sie größer werden, beginnen sie, sich spielenderweise mit dem Leben der Erwachsenen vertraut zu machen. Es gibt nichts, was Menschen tun, kennen, sehen, denken, was Menschen hoffen und fürchten, es gibt nichts Menschliches, das nicht im Spiel der Kinder schon erprobt, geübt, vielleicht erfahren, jedoch in jedem Fall vermutet wird. Anfangs spielen Kinder hauptsächlich allein und wiederholen, was sie Mutter, Vater und Menschen ihrer Umgebung haben tun sehen; später finden sie andere Kinder, mit denen sie sich gemeinsam »in die Welt« spielen.

Wenn wir davon ausgehen, was Kinder heutzutage spielen, muß viel Menschliches aus dem Umkreis, in dem sie aufwachsen, verschwunden sein; unser Dasein muß in den letzten Jahrzehnten sehr verarmt sein. Deutlich zeigen sich die Folgen dieses seit geraumer Zeit fortschreitenden Prozesses: Und was für die Eltern keine Realität mehr ist, das können Kinder nicht spielen. Das fällt besonders auf, wenn wir an Spiele und Lieder denken, die mit dem Tod zu tun haben.

Sieht man heute noch Kinder Seilspringen und dabei ein Liedchen singen wie das folgende? Seilspringend singt Katrien, daß sie aus Medéling kommt und ihre Eltern früh verloren hat.[4] Die zweite Strophe des Liedes lautet:

> Wenn ich sterb, dann bin ich tot,
> lieg in meinem Sarg dann bloß,
> kommen Englein zu mir singen,
> kann ich aus dem Sarg dann springen!
> Wenn ich spring, dann spring ich schnell
> in den Himmel, in die Höll.

Bei diesem Lied sieht man in Gedanken manche ältere Leute vor Entrüstung die Stirn runzeln: »So ein Kind, mein Gott... nackt im Sarg! Ziemlich makaber, nicht wahr? Wie kommt so ein Kind nur darauf? Und dann auch noch Himmel, Hölle und Engel! Ja, stimmt, früher hat man daran geglaubt, aber ... liebe Leute, wir sollten doch vernünftig sein, wir können doch Kindern nichts eintrichtern, woran wir selbst nicht glauben. Wie kommen die überhaupt zu so einem Lied? Nein, das geht nicht!«

Noch Ende der vierziger Jahre konnte so ein Liedchen in einen Sammelband mit Liedern aufgenommen werden, die sich, wie die Herausgeber sagen, einen Platz im Kinderleben erobert hatten. Das galt auch für das Lied, das Kinder am Martinstag sangen, wenn sie von Tür zu Tür gingen und um Gaben baten:

> Hier wohnt ein reicher Mann,
> der uns was geben kann.
> Viel soll er geben,
> lange soll er leben,
> selig soll er sterben,
> das Himmelreich erwerben.
> Laß uns nicht so lange steh'n,
> denn wir müssen weitergeh'n.

Oder aber das Kinderspiel vom Torbogen, von den Armen zweier Kinder gebildet, durch das die anderen hindurchziehen:

> Machet auf das Tor,
> machet auf das Tor,
> es kommt ein gold'ner Wagen.
> Wer sitzt darin,
> wer sitzt darin?
> Ein Mann mit gold'nen Haaren.
> Was will er denn,
> was will er denn?
> Mariechen will er haben!

Dann wird Mariechen gefangen und wird gefragt, wohin sie möchte: »Himmel oder Hölle?« So zeigt sich, daß in all diesen

Spielen Tod, Himmelreich und Hölle natürliche, zum Leben gehörende Dinge sind, mit denen die Kinder ganz vertraut sind. In den letzten Jahrzehnten ist aus dem Kinderspiel vieles unversehens verschwunden, was noch jenes kindliche Lebensgefühl ausdrückte, in dem neben den übersinnlichen Reichen ganz selbstverständlich auch das Sterben, aber auch so etwas wie ein Wissen um die Wiedergeburt ihren Stellenwert hatten.

Ein jahrelanger Geburtsprozeß

Wenn wir die Dinge nicht anerkennen können, die für die Kinder Realitäten sind, dann ist es für uns Erwachsene schwer, uns wirklich in die kindliche Welt hineinzudenken, die mit solcher Selbstverständlichkeit weit mehr umfaßt, als die irdischen Gegebenheiten äußerlich zeigen. Zwar liegen die Zeiten hinter uns, da man Kinder als kleine Erwachsene ansah und dementsprechend herausputzte, aber gegenüber dem Seelenleben des Kindes, gegenüber seiner Erlebniswelt stehen wir heute genauso hilflos da wie jene, die früher ihre Kinder äußerlich vorzeitig zu Erwachsenen machten.

Heute zwängen wir die Kinder in die Vorstellungen und Begriffe einer Anschauungsweise, die das Dasein in eine Innen- und eine Außenwelt aufgeteilt sieht.

Warum ist das Erleben des Kindes denn so anders? Den Schlüssel zur Beantwortung dieser Frage haben wir in Händen, wenn wir uns klarmachen, daß ein Kind so lange Kind ist, bis es den Schritt zum irdischen Erwachsensein getan hat. Das geschieht etwa im vierzehnten Lebensjahre. Bis zu diesem Zeitpunkt ist das Kind noch »Kind« in den verschiedenen Stadien seines Wachstums; es ist eigentlich noch unterwegs zu sich selbst und damit gleichzeitig noch unterwegs zur Erde; es ist noch gar nicht ganz dort angekommen. Darum unterscheidet es auch erst allmählich zwischen der eigenen, geschlossenen Innenwelt mit allen Gefühlen,

Leidenschaften, Willensregungen, Vorstellungen und Ideen, und einer Außenwelt mit den Menschen und Dingen. In dem Maße, in dem die Kinder heranwachsen und selbständig werden, entdecken sie den inneren und den äußeren Bereich des Menschen als Gegensätzlichkeiten.

Zu Beginn seines Lebens ist das Kind in jeder Hinsicht von den Menschen seiner Umgebung abhängig; es muß versorgt, gefüttert, getragen oder gefahren werden. Instinktiv reagiert es auf körperliche Empfindungen oder auf Reize der Umgebung, es braucht die beschützende Obhut des Bettchens, des Zimmers, des Hauses, der Familie. Es lebt in dieser lebendigen Einheit von Wesen und Dingen und kennt ebensowenig einen Unterschied zwischen einer irdischen und einer außerirdischen Welt, wie es sich selbst schon als individuelle Person erfahren kann. Oder, wie Hugo Verbrugh es ausdrückt:[5] »Kleine Kinder erfahren ihren Leib mehr oder weniger in fließendem Übergang oder in Wechselbeziehung mit ihrer Umgebung.« Das ändert sich dann etwa mit dem dritten oder vierten Lebensjahr. Dann beginnt das Kind, sich selbständig zu machen; es ist nun nicht mehr völlig abhängig von den Fürsorgenden und seiner Umgebung. Das Kleinkind macht sich aus eigener Initiative auf den Weg; jetzt will es alles untersuchen und das Abenteuer suchen; sein »Aktionsradius« und sein Blickfeld werden immer größer, und plötzlich entdeckt es auch einen Zusammenhang zwischen den Menschen und den Dingen. Ganz unbefangen geht es auf alles zu, was ihm begegnet, es nimmt auf, reflektiert und ahmt nach. Die Welt, die wir die Außenwelt nennen, formt im wahrsten Sinne des Wortes sein Inneres, das sich nun abzukapseln beginnt. In dieser Lebensphase erlebt das Kind mit großer Aufmerksamkeit, was die Erwachsenen tun oder lassen, fühlen, sagen, erzählen.

Eine erste Entfremdung von der Einheit der Wesen und Dinge kündigt sich an, wenn das Kind sich in den irdischen Gegebenheiten nicht mehr wiederfindet, wenn es nicht mehr erkennen kann, was es als selbstverständliche innere Welt in sich trägt. Zu dieser inneren Erlebnissphäre gehört auch das Übersinnliche. Wenn die Erwachsenen in der Umgebung des Kindes nur alles Materielle, physisch Sichtbare gelten lassen und das Kind dadurch keine Antwort auf seine Fragen findet, verkümmert sein Gefühl für die geistige Welt, die ja in seiner Vorstellungswelt zunächst noch existiert. Kommt diesem selbstverständlichen Wissen von einem vorgeburtlichen Dasein und von einer Existenz auch nach dem Tode, dieser Vorstellung eines ewigen Daseins nicht eine ebenso selbstverständlich bejahende Haltung von den Eltern entgegen, dann muß diese Einheit für das Kind zerfallen. Dennoch kann das Bewußtsein von einer pränatalen Existenz unverhofft eines Tages wieder zum Durchbruch kommen.

Ein kleiner Junge, der aus einer Familie stammte, in der schon seit einigen Generationen keine christliche Erziehung mehr gepflegt wurde, besucht eine Freundin seiner Eltern, die er Tante nennt. Er fragt, wer die Gartenlaube gebaut habe, die er dort sehen könnte. Sie antwortet: »Dein Großvater, aber das ist schon lange her. Da warst du noch gar nicht auf der Welt.« Darauf schweigt der Junge ein Weilchen, sagt dann aber bestimmt und mit fester Stimme: »Aber Tante Isa, mich gab's schon!«

Derartige Erfahrungen von der Realität einer pränatalen Existenz sind viel weniger selten, als man gemeinhin glaubt. Normalerweise mangelt es an Begriffen, sie zu beschreiben, und es fehlt zuweilen vielleicht auch ein gewisser Mut, Erfahrungen, die ungewöhnlich zu sein scheinen, festzuhalten und ernst zu nehmen. Deshalb werden sie wohl häufig übergangen und vergessen.

Hugo Verbrugh, der bereits zitiert wurde, bringt in seinem Werk auch einige Berichte von Erwachsenen und Kindern, die auf eine pränatale Existenz hinweisen. Vor allem schildert er ein Phänomen, das heute in zunehmendem Maße bei der Empfängnis eines Kindes von dem Elternpaar erlebt wird. Sechs Menschen, vier Frauen und zwei Männer, berichten, wie sie die Individualität, die Geistgestalt ihres Kindes als konkret anwesende Realität bei der Konzeption wahrnehmen. Der Gedanke an ein vorgeburtliches Dasein unseres Kindes gibt uns einen ganz anderen Ausgangspunkt für die Wahrnehmung seiner allmählichen Verkörperung.

Nach dem sechsten bis siebten Lebensjahr bewegen sich die Kinder aus eigener Kraft in der Außenwelt; sie sind schulreif geworden und suchen nun in ihren Freundschaften und ihrem Spiel die Verbindung zwischen ihrer Innenwelt und dem herzustellen, was sie umgibt. Es ist immer noch ein Band zwischen Gleichgestimmten: von beseeltem Wesen zu beseeltem Wesen. Das befähigt das Kind, die ersten bedrohlichen Entfremdungen zu bewältigen. In diesem Alter hören die Kinder am liebsten Märchen und Legenden, Geschichten von göttlicher Führung, in der sie sich geborgen fühlen können. Die Welt ist noch heil und gut, und das ist von großer Bedeutung für die Vorstellung, die Kinder von Tod und Sterben haben. In einer Welt, die noch heil ist, weil sie beseelt ist, sind zweifellos auch Sterben und Tod zu Hause; sie sind nur ein anderer Ausdruck des Lebens.

Fortschreitende Entfremdung

Zwischen dem neunten und dem zehnten Lebensjahr kündigt sich eine weitere Entfremdung an: Das Kind beginnt, die Menschen und die Ereignisse wie ein Außenstehender zu sehen. Es steht vor dem Erwachsenen mit großen Augen: Warum? fragt es. Warum geschehen so viele Dinge, die nicht gut sind, warum finden so viele Menschen ein schlechtes Ende? Es versucht herauszubekommen, warum die Dinge so oder so geschehen in der Welt, die so anders geworden ist; warum die Menschen so und nicht anders handeln. Wir sehen, wie der Jugendliche in dem Maße einsamer wird, wie er mit dem Durchbrechen der Pubertät unentrinnbar fühlt: Mein Weg führt mich in eine Existenz, in eine irdische Welt, mit der mich kein inneres Band verbindet. Was in ihm selbst zum Leben erweckt wurde, erkennt er dort draußen nicht mehr. Und an der zerbrechenden Innenwelt, einer sehr eigenen Welt, die einen im Griff hat, trägt man schwer.

Aber das Kind kann sich selbst in den Erlebnissen anderer erkennen, in den Schicksalen von Menschen, die beweisen, wie man seinen eigenen Weg finden kann. Dieser Weg kann schwer sein und kann mit Sterben und Tod zu tun haben; tief in seinem Inneren aber ist es davon überzeugt, daß Sterben nicht das Ende bedeutet. Doch draußen lernt es etwas anderes. – Wenn es den Zwiespalt bemerkt hat und damit leben muß, hat der Tod Einzug in sein Lebensgefühl gehalten; der junge Mensch hat nun sein irdisches Erwachsensein erreicht, seine irdische Reife. Der Tod wird von nun an in seiner Nähe bleiben.

In meiner Einleitung zu den Sprüchen und Liedern für Kinder habe ich versucht, die Entwicklung des Kindes von der körperlichen Geburt an bis ungefähr zum vierzehnten Lebensjahr als ein fortwährendes Geborenwerden zu beschreiben. Wir können das Heranwachsen unserer Kinder, diesen jahrelangen Geburtsprozeß, helfend mit Sprüchen und Gebeten begleiten, damit sie leichter den Weg zur Geburt ihres individuellen Seelenwesens mit ungefähr vierzehn Jahren finden und den Tod als innerliche Wirklichkeit erfassen können. In Sprüchen und Gebeten verbindet sich das Kind als beseeltes Wesen mit einer beseelten Außenwelt, die von der Gottheit behütet wird.

Bewunderung und auch Ehrfurcht können uns erfüllen, wenn wir uns bewußt machen, wie das Kind auf seinem Weg von der körperlichen Geburt zur Geburt des eigenen individuellen Seelenwesens allmählich in die Welt hineinwächst. Diese Stimmung finde ich in einem Gedicht von Ida Gerhardt wieder. Sie geht dabei von einem alten Kinderlied aus, das sehr viele Varianten hat zum Beispiel: »Wer will mit nach Engelland fahren ...« Gemeint ist das Land der Engel, das Land, zu dem »der Schlüssel abgebrochen ist«.[6]

Schwarze Schwäne, weiße Schwäne,
Rosenrank' von Kind zu Kind –
Arglos treibt das Spiel die Runden,
bis die Strophe ist gefunden,
und der Kehrreim ist bekannt,
wie ein Wimpel, wie ein Band.
Schwarze Schwäne, weiße Schwäne
Tanzen über grüne Pläne.
Einfalt, die aus Kindermunde
Worte sonder Weisheit find't,
Zu dem Tanz in froher Runde.
Und das Spielen neu beginnt
wie ein Wimpel, wie ein Band.
Tanzen über grüne Pläne
Schwarze Schwäne, weiße Schwäne.

Man kann also sagen, daß die Kinder etwa bis zum vierzehnten Lebensjahr sich noch in einer Welt fühlen, in der das Sterben selbstverständlich, der Tod nur »eine andere Form des Lebens« ist. Wie sie das Sterben und den Tod erleben, abhängig von ihrem Alter, das soll im Folgenden an einigen Beispielen dargelegt werden.

Der Tod im Leben von Kindern

Kinder erfahren den Tod anders als Erwachsene. Kleine Kinder erleben beim Sterben Dinge, die den Erwachsenen normalerweise verborgen bleiben.
Friedrich Rittelmeyer erzählt in seiner Autobiographie ein Ereignis aus seinen Kinderjahren, als seine jüngere Schwester starb.

Der Engel des Kindes

Friedrich Rittelmeyer war das älteste Kind einer Pastorenfamilie in Süddeutschland. Mit seinen drei Schwestern und seinem Bruder wuchs er in einer Atmosphäre auf, die von väterlicher Seite einerseits durch strenge Orthodoxie, andererseits durch besondere Musikalität bestimmt wurde; seine Mutter war beweglich, fröhlich und offen für ihre Umgebung. Beide Elternteile hatten ein selbstverständliches Verhältnis zu dem verborgenen Übernatürlichen, das das menschliche Leben durchzieht. Mit der religiösen Welt seiner Eltern fühlte sich Rittelmeyer allerdings nicht stark verbunden, und zurückblickend muß er sagen, daß sie im Grunde keinen wesentlichen Einfluß auf seine religiöse Entwicklung gehabt haben. Allerdings bewahrte ihn die Atmosphäre im Elternhaus davor, solche kindlichen Erlebnisse, wie das folgende, verdrängen zu müssen.
In seinen ersten Lebensjahren hatte der kleine Friedrich unter den unangenehmen Folgen einer Pockenimpfung zu leiden. Er war empfindlich für jede Krankheit, und als er vier Jahre alt war, bekam er zusammen mit seiner fünfzehn Monate jüngeren Schwester Scharlach. Über ihren Tod erzählt er:

»In der Nacht, als sie dem Scharlach erlag, besuchte mich ein Traum, der mehr als ein Traum war. Durch das Fenster trat ein Engel ins Zimmer. Mich beachtete er nicht. Aber er kam zum Bettchen meines schlummernden Schwesterchens, nahm das Kind fürsorglich in seine Arme und entschwebte mit ihm nach oben. Heute sehe ich noch das Bild vor meiner Seele. Das Krankenzimmer war in dunkle Umrisse zurückgesunken. Die Gestalt erschien übermenschengroß, ganz durchlichtet, ohne deutliche Gesichtszüge, aber im Wesen voll stiller Sicherheit und geheimer Erhabenheit. – Jäh schreckte mich aus der glückvollen Schau das Wehklagen meiner Mutter. In äußerster Erschöpfung eingeschlafen, entdeckte sie, plötzlich erwachend, neben sich das tote Kind. Ohne mich in ihren Schmerz zu finden, fing ich voll Freude von meinem Erlebnis zu plaudern an. Was Sterben war, wußte ich ja noch nicht. Wenigstens nicht, was es für Erdenmenschen ist. Auf meine Mutter aber wirkte mein kindlicher Bericht wie ein Engelsbalsam, der auch ihr zugedacht war.«[7]

Aus dieser Erfahrung eines Vierjährigen beim Tod seiner Schwester lernen wir, wie das Kind den übernatürlichen Vorgang des Sterbens in der Gestalt eines Engels wahrnehmen kann. Die Mutter, die in dem Moment schläft, nimmt beim Aufwachen in ihrem toten Kind die natürliche Erscheinung des Sterbens wahr und erschrickt zutiefst.

Jeder wird sich große Vorwürfe machen, der erleben muß, daß gerade in den Minuten, in denen er vor Ermüdung eingeschlafen ist, der umsorgte Kranke ganz still gestorben ist. Doch es scheint zum Sterben zu gehören, daß dies so häufig geschieht. Ich selbst habe es wiederholt erlebt, und in dem Buch von Ivan Wolffers, »Ein Stückchen begleiten« fand ich den Bericht einer Familie über das Sterben eines alten Mannes aufgezeichnet. Seine Kinder wachten nachts abwechselnd an seinem Bett. Als er eines Morgens unverhofft einen Augenblick allein war, machte er sofort Gebrauch davon und starb.

Sterben ist eine einsame Tat, und zuweilen stört dabei die gutge-
meinte Anwesenheit von Pflegenden und Angehörigen. Zum
Sterbebeistand gehört auch, das abzuspüren und es gegebenen-
falls zu »wagen«, den Sterbenden allein zu lassen. Er ist dann
allein, und zwar im körperlichen Sinne »allein«; alle Sterbenden,
und ganz gewiß Kinder, haben aber dann bereits Verstorbene in
ihrer Gesellschaft. Wenn ein Kind Vater oder Mutter oder vielleicht ein Geschwisterchen durch den Tod verloren hat, dann ist
es von großer Wichtigkeit, diese Tatsache innerlich in die Erziehung mit einzubeziehen. »Ihr weises Geleit« kann für die Erzie-
henden eine große Stütze sein. Denn der Rat und die beschützende Kraft der Verstorbenen werden zur Geltung kommen,
wenn wir sie im Umgang mit dem hinterbliebenen Kind in unser
Bewußtsein mit einschließen.

Engel gehören zum Leben eines Kindes. Sie sind miteinander auf
besondere Art und Weise verbunden. Mindestens bis zum neunten, zehnten Lebensjahr bleibt die Engelwelt für das Kind eine
Realität. Wie ein Mantel umhüllt der Engel »sein« Kind von der
Geburt an mit seiner beschützenden Hilfe; er gibt ihm Kraft und
leitet und behütet es. In dem Maße, wie das Kind die Trennung
zwischen Innen- und Außenwelt erlebt, zieht sich der Engel zurück. Dann muß er warten, ob »sein« Mensch ihn wiederfindet.
Der Engel wird weiterhin an seinen Menschen glauben, auch
wenn dieser seinen Glauben an ihn verliert.

Auf der Erde geboren zu werden heißt gleichzeitig, in der geistigen Welt zu sterben. Engel stehen auf der Schwelle zur Geburt, die
ein Tod ist, und sie stehen auf der Schwelle zum Tod, der eine Geburt wird am Ende des irdischen Lebens. Kleine Kinder haben die
Engelsphäre noch nicht verlassen; für sie sind Geburt und Tod
noch nicht zwei Gegensätze geworden; vielleicht heißt darum der
Begräbnisgottesdienst für Kinder unter sieben Jahren bei den Ka-
tholiken »Engelmesse«. Das Evangelium ruft uns mit den Worten
von Christus auf, zu »werden wie die Kinder«, und fügt hinzu, daß
ihre Engel im Himmel fortwährend das Antlitz Gottes schauen.

Wenn eine Menschenseele ihre kindliche Art verliert, dann hat das auch seinen Einfluß auf den Engel dieses Menschen. Je mehr das Kind in die irdischen Verhältnisse eintaucht, desto weiter entfernt es sich von seinem Engel. Christian Morgenstern hat den Kummer des Engels über dieses Geschehen in einem bewegenden Gedicht festgehalten:

Der Engel

O wüßtest du, wie sehr dein Antlitz sich
verändert, wenn du mitten in dem Blick,
dem stillen, reinen, der dich mir vereint,
dich innerlich verlierst und von mir kehrst!
Wie eine Landschaft, die noch eben hell,
bewölkt es sich und schließt mich von dir aus.
Dann warte ich. Dann warte schweigend ich
oft lange. Und wär ich ein Mensch wie du,
mich tötete verschmähter Liebe Pein.
So aber gab unendliche Geduld
der Vater mir und unerschütterlich
erwarte ich dich, wann du immer kommst.
Und diesen sanften Vorwurf selber nimm
als Vorwurf nicht, als keusche Botschaft nur.

Wenn wir unsere Kinder heranwachsen lassen, ohne den Glauben ihres Engels mitzutragen, nehmen wir ihnen ein Stück Heimat. Sie müssen dann seine umhüllende und beschützende Umgebung entbehren, wie Kinder, die plötzlich ohne ihre Eltern dastehen und damit ihr eigentliches Zuhause verloren haben. Niemand wird für seine Kinder das Waisenhaus wünschen – selbst wenn heute auf diesem Gebiet große Fortschritte erzielt worden sind und mit der Begründung der Kinderdörfer eine große Tat vollbracht wurde. Mit dem Bilde des Waisenhauses ist hier ja nur umrissen, wie wichtig die Einstellung der Erwachsenen gegenüber den spirituellen Bedürfnissen ihrer Kinder ist.

Ganz anders ist in der Realität das Schicksal von Waisenkindern anzusehen. Es ist eine Tatsache, daß verstorbene Eltern ihren Kindern helfend zur Seite stehen können. Tolstoi hat in seiner Erzählung »Wovon die Menschen leben« darzustellen versucht, wie der Tod der Eltern seinen tiefen Sinn für das Schicksal der Zurückgebliebenen haben kann.[8] Es ist die Erzählung von dem Engel, der sich weigert die Seele einer Mutter zweier gerade geborener Kinder zu holen, deren Vater vor kurzem umgekommen war. Dem Engel wird daraufhin von Gott befohlen, den gegebenen Auftrag zu erfüllen, dann aber unter die Menschen zu gehen und drei Dinge zu begreifen: »Was in dem Menschen wohnt, was ihm nicht gegeben ist und wovon der Mensch lebt.« Die Erfahrungen auf Erden bringen den Engel dann zu der Erkenntnis, daß »Liebe in den Menschen ist, daß es dem Menschen nicht gegeben ist zu wissen, was er für seinen sterblichen Leib benötigt« und, als er sieht, daß die verwaisten Kinder von einer liebevollen Frau aufgenommen worden sind, erkennt er, daß »nicht die Sorge um sich selbst und um ihr Wohlergehen die Menschen am Leben erhält, ich begriff, daß der Mensch allein durch die Liebe zu leben vermag.« Aus dieser Erzählung spricht ein tiefes Verständnis für die geistigen Realitäten, die hinter unserer Existenz stehen. Daraus kann ein Vertrauen erwachsen in die unsichtbare Führung, die dem Menschen auf all seinen Schicksalswegen gewiß ist. Sie kann uns aber auch helfen, die Aufgabe im Bewußtsein zu haben, die wir an unseren Kindern zu erfüllen haben.

Verstorbene in der Umgebung des Kindes

Die Ärztin und Psychiaterin Elisabeth Kübler-Ross hat aufgrund ihrer jahrelangen Erfahrung im Umgang mit Sterbenden viel dazu beitragen können, die Scheu vor dem Tod zu durchbrechen. Ja, sie hat erkannt, daß die Menschen im Grunde ein ungeheures Bedürfnis haben, etwas über das Sterben zu erfahren. Sie hat auch viele Kinder beim Sterben begleitet und hat dabei erkannt, daß kranke Kinder viel offener, viel spiritueller als gesunde sind. Die Kinder können ihre Engel sehen und gehen mit ihnen wie mit namentlich bekannten Spielkameraden um, während die Erwachsenen in der Umgebung diese Wahrnehmungen nicht haben.

Gemeinsam mit Ärzten und Psychiatern hat Elisabeth Kübler-Ross zwölf Jahre lang die Äußerungen, die Erlebnisse und Erfahrungen sterbender Kinder gesammelt.

Oft wurde sie an Feiertagen ins Krankenhaus gerufen, wenn ganze Familien in ihren Autos bei Verkehrsunfällen schwer verletzt oder getötet worden waren. Häufig werden dann die einzelnen Familienmitglieder in verschiedene Krankenhäuser eingeliefert, so daß nicht einmal die behandelnden Ärzte wissen, ob die Angehörigen eines kleinen Patienten noch leben. Elisabeth sitzt dann am Bett so eines Kindes, sieht, wie es plötzlich unruhig und dann ganz ruhig wird. Dann fragt sie das Kind, ob es nicht erzählen will, was es erlebt. Meistens bekommt sie eine Antwort wie: »Alles in Ordnung.« Oft erzählt das Kind aber auch, wen es auf sich warten sieht. Wie der verletzte kleine Junge, der sagte: »Mami und Peter sind bei mir.« Daß die Mutter tot war, wußte Elisabeth. Aber Peter lag in einem Spezialkrankenhaus für Brandwundenpatienten. Bald darauf klingelte das Telefon: »Doktor Ross, Peter ist gestorben.« »Das wußte ich schon«, antwortete Elisabeth und spürte, daß am anderen Ende der Leitung große Betroffenheit herrschte. »Ich habe dem Kind sofort geglaubt«, erzählt sie später. »Es ist mir in all den zwölf Jahren noch nie passiert, daß sterbende Kinder einen (unsichtbaren) Jemand sahen, der nicht schon verstorben war.«[9]

Diese Erfahrung, daß Verstorbene auf ein sterbendes Kind warten, die Elisabeth Kübler-Ross mit ihrem mitfühlenden und begreifenden Herzen wiederholt machte, wird durch andere Beobachtungen bei Kindern bestätigt: für sie ist die Trennung zwischen Lebenden und Toten nicht endgültig gezogen. Sie sind noch Kinder, sind noch ganz rein; wenn sie krank sind, werden sie gewissermaßen ein wenig aus ihrem Körper gehoben, wodurch sie eine unmittelbare und ungetrübte Verbindung zu den Toten haben.

»Es ist überhaupt nicht so schlimm«

»Es ist überhaupt nicht so schlimm, als Kind zu sterben.« Das ist die Aussage eines etwa siebenjährigen Mädchens. Würde ein Erwachsener so etwas sagen, wären wir vermutlich sehr betroffen. Ein Kind spricht so etwas noch unbefangen aus, und gibt damit seiner Lebenshaltung Ausdruck.

Das kleine Mädchen hatte bei Tisch von einem Kind aus der Nachbarschaft gehört, das am Nachmittag von einem Lastwagen überfahren worden war. Abends lag es noch lange wach in seinem Bettchen und rief schließlich den Vater, um ihm zu erläutern, daß es »überhaupt nicht so schlimm ist, als Kind zu sterben, denn man weiß dann ja noch alles. Für große Menschen ist das viel schlimmer, denn die haben alles vergessen, und sie müssen alles neu lernen.«

Offensichtlich lebte in diesem Kind noch eine letzte Ahnung von einer Existenz in einem nicht-körperlichen Seinszustand, die, wie es gemerkt hatte, den Erwachsenen nicht mehr gewärtig war.[10]

Dieses Mädchen »hatte noch nicht alles vergessen«. In diesem Alter steht es an der Grenze einer Welt, von der es noch ganz und gar getragen wird, die es aber sehr bald verlassen wird. Es schaut gewissermaßen über die Grenze in beide Richtungen und kann, nachdenkend über das Geschehene, Halt finden in seinem Lebensgefühl und das auch schon ein wenig begründen.

Manchmal ist man in dem Alter davon überzeugt, daß das, was

man empfindet, in der Welt der Erwachsenen genau so erlebt wird. Die Grenze zwischen Traum und Wirklichkeit ist noch nicht endgültig gezogen, würden die Erwachsenen sagen. Aber in dem, was ihr einen »Traum« nennt, sehe ich doch, was wirklich geschieht? würde das Kind sagen, könnte es sich schon so ausdrücken! Von so einer Erfahrung zwischen Traum und Wirklichkeit soll am Schluß noch einmal berichtet werden. Doch nun soll die Aufmerksamkeit auf zwei Todeserfahrungen eines Kindes gelenkt werden, in denen sich das mit dem Älterwerden allmählich aufkommende Bewußtsein vom Tod deutlich äußert.

Zweimal das Sterben

Leonard Huizinga verlor seine Mutter, als er fast acht Jahre alt war. In »Erinnerungen an meinen Vater«[11] beschreibt er, wie sie montelang krank zu Hause lag. Es war eine Krankheit, die immer wieder Besserungen zeigte und Hoffnung aufkommen ließ. Dann nahm die Familie an der Freude des Vaters teil. Solche Tage sind als Tage voller Sonne im Gedächtnis geblieben, voller blühender Blumen und Vogelgesang im Garten.

Huizinga schildert, daß seine Mutter in den Monaten ihres Leidens mehr als zuvor Mittelpunkt der Familie war, der vom Krankenbett aus wie ein Lichtschein lauter gute Gefühle ausstrahlte. Die Kinder dachten nicht an den Tod. »Ich glaube, daß der Tod wenigstens für mich in meinem achten Lebensjahr noch nicht einmal ein Begriff war.« Gegen Ende ihres Leidens wurde das etwas anders. »Ich kann mich nur an einen Moment erinnern, in dem ein unklares Erkennen des wirklichen Zustands zu mir durchdrang.« Das muß in der Zeit gewesen sein, als seine Mutter »phantasierte« und zum Beispiel meinte, die Familie sei gerade erst aus den Ferien nach Hause gekommen, und nun wissen wollte, ob es ihnen gefallen hätte. »Dieses erste Erkennen muß mich auch in der Nacht vor ihrem Tod wachgehalten haben. In der großen Stille des Hauses wartete ich auf etwas, das kommen mußte. Ich weiß, daß ich irgendwo in der Stille einen herzzerreißenden Schrei meiner ältesten Schwester gehört und in dem Augenblick mit absoluter Klarheit begriffen habe, was geschehen war.«

Doch das Begreifen des Todes und des unwiderruflichen Verlustes blieb im Bewußtsein nur einen Moment bestehen. Als am nächsten Tag die Freundinnen seiner Mutter kamen und die Kinder unter Tränen umarmten, waren diese sehr überrascht. Hatten sie doch gerade so schön gespielt! Die Kinder wurden dann vom Vater ins Sterbezimmer geführt, um Abschied von der Mutter zu nehmen. »Eine grauenhafte Erfahrung. Da lag ein totenstilles Wesen in seinem großen Bett, weiß wie Marmor, ein spukartiges Wesen, das nichts von meiner Mutter an sich hatte. Es lag so still da, daß ich geflohen bin, aus Angst, es könnte plötzlich zum Leben erwachen, um uns zu erschrekken.«

Der Achtjährige, der noch kein Verständnis für den Tod hat, erkennt die Tote nicht als seine Mutter. Darum »sind alle Erinnerungen, die ich an sie bewahre, die an eine sonnige Lebende, der andere ihre Gefühle entgegenbrachten, eine Sonne, die alle Wärme, die sie ausstrahlte, wieder zurückempfangen durfte. – Erst nach Wochen begann das Begreifen von einem unersetzlichen Verlust zu mir durchzudringen, begann der erste Kinderkummer, der tiefer sein kann als der vieler Erwachsener.«

Diese Erinnerungen an den Historiker Johan Huizinga atmen einen besonderen Ton. Der Sohn schrieb sie als Antwort auf den Angriff eines Fachkollegen seines verstorbenen Vaters, um zu zeigen, wie dieser wirklich gewesen war. Er schrieb das Buch in vierzehn Tagen. Mehr als die Hälfte davon in vier Tagen, von Karfreitag bis Ostermontag 1963. Sicher haben auch diese Feiertage ihre Wirkung gehabt, das merkt man beim Lesen. Aber auch der Verstorbene. Das Bild des Vaters, der vor mehr als achtzehn Jahren, einige Monate vor der Befreiung, in der Verbannung gestorben war, steht in dieser Erinnerung lebendig und menschlich vor uns. Am siebenten Tag schreibt Leonard Huizinga:

»Die Phänomene des dauernden Gespräches mit einem Toten sind das Seltsamste, Absorbierendste, das ich in meinem ganzen Leben erfahren habe. Vor allem, weil es nicht das Gespräch mit einem Toten ist, sondern mit einem Lebenden. Noch nie ist mein Vater für mich so lebendig gewesen wie in diesen Tagen und vor allem in den Nächten, in denen Erinnerungen wie diese sich selbst schreiben. Ich bin gewiß kein Spiritist, aber ich habe ›in den kühlen Stunden der Nacht‹ ständig das Gefühl, daß er hinter mir steht und über meine Schulter mitliest, was ich schreibe, um dann zu nicken und zu lächeln: ›Endlich haben wir einander verstanden.‹ Mehr noch, oft scheint es mir, als schriebe nicht ich all dies nieder, sondern er täte es mit Hilfe meiner Hand. Wie sollte ich in ein paar Tagen ein ganzes Buch schreiben können, wenn er mir nicht dabei helfen würde?... Das ist alles sehr verwirrend, aber es erfüllt mich mit einer Freude und Sicherheit, die ich lange entbehrt habe.«

Ich möchte hinzufügen: Zum Glück ist Huizinga kein Spiritist, denn dann wären die Erinnerungen an den Verstorbenen völlig im Banne seiner eigenen Vorstellungen gefangen geblieben und hätten nicht jenes helle und befreiende Element von Verarbeitung und Erlösung, das sie auszeichnet.

Leonard Huizinga erzählt in diesen Erinnerungen auch, daß er einmal seinen Vater fragte, ob er an Gott glaube. Die Antwort weiß er noch genau: »Ich glaube wohl, daß das Weltall von einem höheren Geist beherrscht wird, vielleicht sogar gelenkt, aber weiter komme ich nicht...« Und obwohl die Mutter die Kinder nach ausgesprochen konfessioneller »positiver christlicher Einstellung« erzogen hatte, wird wohl vor allem dieses geistige Klima des Elternhauses, dieser integre und behutsame Gelehrte die Kindheit und Jugend der Kinder bestimmt haben. Dieser Atmosphäre haben wir die feinsinnigen Erinnerungen zu verdanken, in denen erzählt wird, wie der Tod ein zweites Mal zu einer Familie kommt.

Denn noch einmal erlebt Leonard Huizinga den Tod in seiner Nähe, nun als Kind von dreizehn Jahren. Sechs Jahre nach seiner Mutter stirbt sein Bruder Dirk im Alter von fünfzehn Jahren. Dirk, anderthalb Jahre älter als Leonard, war manchmal etwas kränklich, jedoch trotz der rechtzeitigen Warnungen der Ärzte kein ständiges Sorgenkind gewesen. Er war ein sanftmütiger Junge mit starkem Charakter, »einer von denen, die die Götter lieben und früh zu sich nehmen«.

Es ist ergreifend, wie sein Bruder beschreibt, wie sich die Erkenntnis vom nahenden Tod durchsetzt. Dirk, der Ältere, schwach, doch sportlich besonders begabt, war Meister im Tennisclub geworden. Im nächsten Jahr erreichte Leonard zu seiner eigenen Überraschung das Endspiel der Clubmeisterschaften und mußte gegen seinen eigenen Bruder antreten. – Dieses Spiel würde er verlieren, daran war nicht zu zweifeln. Er spielt, er hat das Gefühl, das Spiel fände ohne sein Zutun statt, gewinnt und ist Meister.

»Und da passierte das Schreckliche, Dirk, der sportliche, der sanftmütige, der tapfere, warf seinen Schläger weg und brach in wildes Schluchzen aus.

Ich kann mich an keine tiefere Niedergeschlagenheit und kein stärkeres Entsetzen in meiner Jugend erinnern. Denn in diesem Augenblick erkannte ich: Er weiß, daß seine Kräfte ihn zu verlassen beginnen. Er weiß, daß er viel mehr verloren hat als die Meisterschaft des Tennisclubs. Und es ist meine Schuld ... Solche Gefühle halten bei einem Kind jedoch nie lange an. Als Dirk bald darauf krank wurde und das lange milde Leiden begann, das erst mit seinem Tod enden sollte, war in mir kein Gedanke an Unwiederbringlichkeit oder Sterben, und dennoch habe ich in dem einen Moment auf dem sonnigen Tennisplatz von Posthof begriffen, daß er gezeichnet war.«

Ein langes, mildes Leiden. Erst unten auf dem Sofa, dann im

Krankenzimmer. Das Bild, das geblieben ist, ist das des Vaters…, »der diesmal keine eitle Hoffnung gehegt haben kann, und auch das Bild von Dirks lächelnder Güte, seiner Besorgtheit um andere, um Vater, der nicht genug Schlaf bekam, nicht um sich selbst. Er bekam diese Erhabenheit, die über manche Menschen kommt, wenn der Tod sich ihnen nähert. Ich weiß nicht, was meine Schwestern und mein Bruder Jakob gedacht haben, ich weiß nur von mir selbst, daß ich das Nahen des Todes erkannt habe, von Zeit zu Zeit und immer nur für einen kurzen Moment. Bis zu jenem Tag, da ich zu Hause bleiben und nicht zur Schule gehen durfte. Da wußte ich: Dirk, mein Bruder, würde sterben. Sage mir keiner, Kinderschmerz sei geringer als der der Erwachsenen; vielleicht geht er viel tiefer, zeichnet er sie noch mehr für ihr ganzes Leben.

Außerdem ist das Miterleben eines Kindes stärker. Das Sterben eines Angehörigen rückt in den Bereich des Unmöglichen, sobald es sich aus dem unmittelbaren Umkreis des nahenden Todes entfernt. An jenem Tag schickte mein Vater mich am Nachmittag doch noch zur Schule, zum Sportunterricht. Der Tod ließ also noch auf sich warten.

Die Sportstunde rettete mich. Da wurde gerannt und geschrien, und alle waren fröhlich. Mich überkam ein unendliches Glücksgefühl. Wenn hier meine täglichen Freunde ganz normal Sport trieben und lachten und schrien, dann war es unmöglich, daß mein Bruder sterben würde.

Zutiefst überzeugt, vollkommen glücklich kam ich nach Hause: Dirk würde nicht sterben. Alles war wieder gut.

An jenem Abend muß er gestorben sein, am 20. März 1920.«

Welch ein Unterschied: Wie der Achtjährige, wie der Dreizehnjährige reagiert! Der Achtjährige, der den Tod noch nicht erfassen kann, der nicht einmal in der natürlichen Erscheinung, in der der Tod sich zeigt, am Totenbett seiner Mutter, den geliebten Menschen erkennt. Der Dreizehnjährige, der abwechselnd Schuld und Glück empfindet, Schuld und Niedergeschlagenheit, weil er fühlt, daß er seinem Bruder Anlaß gegeben hat, sich gehen zu lassen – und das Glücksgefühl, denn wenn das Leben normal weiterging, konnte sein Bruder ja gar nicht sterben! Mit ungefähr vierzehn Jahren bekommt man es selbst mit dem Tod zu tun, mit dem Tod, der einen innerlich berührt. Man fühlt die eigene Ohnmacht und sucht seinen Halt im Leben, das weitergeht.

Leichenwagen und Regenbogen

Mit ungefähr sieben Jahren steht man, wie geschildert wurde, auf der Grenze der Welt, die einen trägt, die man aber sehr bald verlassen wird. Das siebenjährige Mädchen, von dem ich berichtete, versuchte schon den Tod eines Mädchens aus der Nachbarschaft denkend zu verarbeiten.

In dem nun folgenden Bericht ist es auch ein Mädchen dieses Alters, das den Tod erlebt. Die Ereignisse spielen sich mitten im Zweiten Weltkrieg ab, und zwar in einem Konzentrationslager für Frauen und Kinder bei Solo auf Java.[12]

Sie muß ungefähr sieben Jahre alt gewesen sein, als es geschah. Mutter war ins Krankenhaus gegangen. Dort lag der schwerkranke Bruder. Nun mußte sie als Älteste auf die beiden jüngeren Schwestern aufpassen.

Es war nur ein kleines Kamponghaus, in dem sie wohnten, genau wie die vielen anderen Mütter mit Kindern, die hier waren. Eigentlich war es nur ein Zimmer, in dem ein Schrank und ein Stuhl standen. In der Ecke bei der Tür stand eine aus stabilen Brettern gezimmerte Pritsche. Das war ihr Bett, ihr Tisch, und wenn man drunterkroch auch eine gemütliche Höhle.

Wenn man vor die Tür trat, kam man auf einen offenen Umlauf. Der Betonfußboden war herrlich kühl an den nackten Füßen, vor allem an heißen Tagen. Eigentlich war es immer heiß, aber als Kind hatte man keine Schwierigkeiten damit. Man spielte ja

39

doch, nur unklar spürte man die Sorgen der Erwachsenen in der Umgebung.

Heute hatte das Mädchen aber keine Lust zu spielen. Die Luft flimmerte vor Hitze. Kein Windhauch war zu spüren. Eine düstere Drohung bedrückte sie. Ihr ging eine unklare Erinnerung durch den Kopf, an etwas Dunkles, etwas Schwarzes: das Bild einer schwarzen Kutsche mit wehenden schwarzen Tüchern an beiden Seiten, zwei pechschwarzen Pferden davor, einem schwarzen Kutscher auf dem Bock.

Hatte sie den Leichenwagen wirklich am Lagertor gesehen? Sie wußte es nicht, dachte nicht mehr daran. Erst viele Jahre später, erwachsen geworden, sprach sie über die schwarze Gespensterkutsche. Ihre Mutter schaute sie verblüfft an: »Eine schwarze Kutsche? Im Lager? Wie kommst du denn darauf? das hast du geträumt.«

Ein Schatten huschte über den Boden. Dunkle Wolken ballten sich zusammen. Ein Windstoß, und da fielen auch schon die ersten Regentropfen. Heftig und schnell kam der Regen, wie stets in den Tropen.

Mit großen Augen sah das Kind zu, wie die Tropfen auf der trocknen Erde zerplatzten. Kleine Rinnsale bildeten sich; die Rinnsale liefen zusammen, wurden breiter und plätscherten in kleinen Wellen an die Treppe des Umlaufes.

Entsetzt bemerkte das Mädchen plötzlich, daß das Wasser stieg, gleich würde es den Umlauf überfluten, an ihrer Tür vorbei strömen, und dann... vielleicht... hinein. Das Kind zog sich hinter die Schwelle der Zimmertür zurück. So mußte Noah vor dem steigenden Wasser der Sintflut geflüchtet sein, wußte sie. Davon hatte die Mutter erzählt.

Der dunkle Gedanke nahm festere Form an. Die Sintflut hatte auch mit einem normalen Regenguß begonnen! Und so schlimm war es noch nie gewesen. Wäre das möglich...? Wenn Mutter doch hier wäre. Wo sollte sie nun mit den kleinen Schwestern hin? Da strömte das Wasser auch schon wie mit langen Fingern über die Steine. Vor Angst gelähmt starrte das Mädchen zu Boden. Doch plötzlich durchzuckte sie ein helles inneres Licht. Sie sah Noah mit seinen Söhnen und Töchtern und all seinen Tieren um sich herum, wie er auf dem großen Berg niederkniete, auf dem sein Schiff gestrandet war.

Über ihren Häuptern wölbte sich in strahlenden Farben der Regenbogen. Worte erklangen: »Nach dieser wird niemals wieder eine Wasserflut über die Erde kommen.« Das war ein Versprechen. Daß sie daran nicht eher gedacht hatte! Es würde keine Sintflut mehr kommen. Jetzt nicht und niemals. Das strömende Wasser verlor seine Drohung. Es war, als fiele eine schwere Last von dem Kind ab.

In der gleichen Nacht starb der jüngere Bruder im Krankenhaus in den Armen seiner Mutter.

Hier, in dieser Erinnerung aus einer Zeit, in der das äußere Leben beschränkt war auf eine Domäne von einem oft weniger als einem Quadratkilometer großem Lager und einem einzigen Raum, steigen die beiden Erscheinungen des Todes als starke innerliche Bilder in dem Kind auf, als Bilder, wie wir sie aus unseren Träumen kennen.

Das erste Bild vielleicht eine unklare Erinnerung an allererste Kinderjahre in den Niederlanden. Das zweite Bild, das in dem ratlosen Kind aufsteigt, ist zugleich eine Antwort auf seine Verzweiflung über das steigende Wasser rings umher. Ein treffendes Beispiel für die Fähigkeit unserer Kinder, in den Geschehnissen der äußeren Welt die dazugehörende Realität der inneren, spirituellen Welt zu erleben. Es zeigt sich die tiefe Übereinstimmung der beiden Welten, die in uns sind.

So ist die Welt des Kindes.

Das Gedicht »Die Wolken« von Martinus Nijhoff, zeigt den Übergang von der Kindheit zum Erwachsenenleben mit behutsamer Einfühlsamkeit:[13]

Ich trug noch kleine Kleider und lag
ausgestreckt mit Mutter in der warmen Heide,
die Wolken zogen über uns dahin
und Mutter fragte, was ich in den Wolken sähe.

Skandinavien, rief ich, und: Enten
dort geht eine Dame, Schafe mit einem Hirten –
die Wunder wurden Wort und trieben weiter
doch ich sah, daß Mutter mit einem Lächeln weinte...

Dann kam die Zeit, da ich nicht nach oben schaute,
obwohl der Himmel voller Wolken hing,
nicht griff ich nach dem Flug des fremden Dinges,
das mit seinem Schatten mein Leben streifte.

Nun liegt mein Junge neben mir auf der Heide
und zeigt mir, was er in den Wolken sieht,
nun wein ich selbst und sehe in der Ferne
die hohen Wolken, um die Mutter weinte...

Erwachsene und der Tod

Der nahende Tod – Leben nach dem Leben

»Es ist überhaupt nicht so schlimm, als Kind zu sterben, denn man weiß ja da noch alles. Für große Menschen ist das viel schlimmer, denn die haben alles vergessen, und sie müssen alles neu lernen.« Das sagte das Mädchen, von dem ich im letzten Kapitel erzählte.

Erwachsene haben es mit dem Sterben tatsächlich viel schwerer. Man »weiß« es wirklich nicht – nicht mehr, sagt das Kind. Man muß alles aufs neue lernen. Und man kann einen festen Glauben haben, man kann fest überzeugt sein von den Vorstellungen des Lebens nach dem Tode: Man »weiß« es nicht mit allen Fasern seines Herzens. Wenn der Tod kommt, muß man alles lernen. Aber der Tod kommt zum Glück meistens langsam näher und läßt einem genug Zeit.

Über die besondere Form des »Wissens«, die tiefe Kenntnis, durch die man sich mit einer ganzen Persönlichkeit mit allem verbunden fühlen kann, was beseelt ist, spricht auch das Johannes-Evangelium. Als Christus im Bilde des Hirten die Verbindung beschreibt, die zwischen dem Hirten und den ihm anvertrauten Schafen besteht, spricht er davon, daß die Schafe dem Hirten folgen,

»...denn sie kennen seine Stimme. Einem Fremden folgen sie nicht; vor ihm fliehen sie, denn sie kennen die fremde Stimme nicht. Dieses Bildwort sprach Jesus zu ihnen, aber sie verstanden nicht, was er zu ihnen sprach.

Und Jesus fuhr fort: Ja, ich sage euch: Ich Bin die Türe zu den

Schafen. Alle, die vor mir gekommen sind, sind Diebe und Mörder. Aber die Schafe hörten nicht auf sie. Ich Bin die Türe. Wer durch mich den Zugang findet, dem wird das Heil zuteil. Er lernt die Schwelle zu überschreiten von hier nach dort und von dort nach hier, und er wird Nahrung finden für seine Seele, wie die Schafe Nahrung finden auf der Weide« (Joh. 10, 5–10).

Diesem »Kennen der Stimme« liegt ein tiefes Vertrauen, ja ein Wissen zugrunde, das aus einer inneren Sicherheit entspringt. Ganz unvoreingenommen sollten wir dieses Bild in uns aufnehmen, denn wer das tut, »lernt die Schwelle zu überschreiten von hier nach dort«.

Zeichen für das nahende Ende

Eines der wichtigsten Dinge, die man aufs neue lernen kann, ist es, die Tatsache anzuerkennen, daß der Tod sich vorher ankündigt. Die meisten Menschen weisen instinktiv den Gedanken an das Sterben von sich. So geschieht es, daß der Tod die meisten unerwartet überfällt, so daß sie fassungslos vor diesem Ereignis stehen. Aber für denjenigen, der die Vorstellung vom Tod nicht von sich weist, gibt es verschiedene Zeichen für das nahende Ende, Signale, die ihre eigene Sprache sprechen. Der Tod kündigt sich an, und es gibt jemanden, dem das »bewußt« ist. Und das ist der Mensch, der dem Ende zugeht; allerdings trägt er dieses »Wissen« in einer anderen Bewußtseinslage. So geschieht es häufig, daß Leute, manchmal Monate vor ihrem Tod, für Angehörige und Freunde seltsame und unerwartete Dinge tun. Zum Beispiel verspüren sie den starken Drang, nach Jahren endlich wieder alte Freunde zu sehen, sie wollen Orte, wo sie früher gelebt und gearbeitet haben, wieder besuchen. Meistens wird einem erst nach dem Tod so eines Menschen bewußt: Er hat schon lange vor seinem Tod mit dem Beenden seines Lebens begonnen.

Ein deutliches Beispiel ist für mich ein Mensch gewesen, der für alle unerwartet zwischen Weihnachten und Neujahr bei einem Verkehrsunfall ums Leben kam. Unerwartet auch für ihn; er war gerade unterwegs zu einer Versammlung, um mit Kollegen Pläne für das kommende Jahr zu besprechen. In seinem Überbewußtsein jedoch hat er von seinem nahen Tod gewußt; das zeigte sich ganz überzeugend für alle, die sich gemeinsam sein Leben und vor allem seine letzten Lebenstage noch einmal ins Gedächtnis riefen: Sie stellten fest, daß er systematisch sein Leben abgerundet hatte, ohne sich dessen bewußt zu sein. In seinen letzten Monaten hatte er wieder Verbindung zu Menschen gesucht, die er aus den Augen verloren hatte, und er hatte auch all die Orte noch einmal aufgesucht, wo er seinen Beruf ausgeübt hatte.

Der Tod kommt langsam zu den Menschen, die wissen, daß sie sterben werden, und auch zu anderen, die das noch nicht wissen, aber dann zum Beispiel plötzlich einen Herzinfarkt erleiden. Ein weiteres Zeichen läßt sich, wenn man darauf achtet, ungefähr drei Tage vor dem Tod bemerken; der Mensch wird langsam frei von den Alltagsdingen, mit denen er sich beschäftigte, die ihn bedrückten, über die er sich Sorgen machte. Eine Last scheint von ihm abzufallen. Nun kann er die Dinge hinnehmen, wie sie sind; nun macht er sich keine Sorgen mehr um den morgigen Tag. Ein Kranker, der vielleicht lange und schwer gelitten hat, fühlt häufig den Schmerz nicht mehr; ein Zeichen dafür, daß seine letzten Lebenstage angebrochen sind. Kurz vor dem Ende geht der Sterbende noch einen weiteren Schritt auf den Tod zu. Das ist das dritte Zeichen, das uns gegeben wird. Dann ist zu erleben, wie er im wahrsten Sinne des Wortes bereits mit einem Bein über die Schwelle des Todes gegangen ist und sich selbst bereits in einem größeren Verband erfährt als dem, dem er im Leben angehörte. Heute gibt es etliche Erfahrungsberichte von Menschen, die dieses »Leben nach dem Leben« kennengelernt haben, als sie plötzlich dem Tod ins Auge schauen mußten, aber noch einmal gerettet wurden.[14] Sie schildern die Loslösung von ihrem Körper, den sie selbst daliegen sahen, sie schildern Lichterlebnisse und die Gefühle tiefen Glücks und Friedens.

Wir können das Sterben als einen großen Prozeß sehen, der auf den Augenblick des Todes zuführt. Auf dreifache Weise geht der Mensch dem Tod entgegen. Die drei Phasen, die hier gerade charakterisiert wurden, geben etwas von dieser gleitenden Entwicklung wieder. Der Mensch lebt als Individuum auf den Tod zu, mit dem Überbewußtsein, das »weiß«. Wir müssen lernen, uns mit dem nahenden Tod vertraut zu machen und ins reine zu kommen mit dem Schmerz, der damit einhergeht. Dies gilt nicht nur für die Angehörigen, sondern auch für den Sterbenden selbst. Für *uns* selbst. Wir müssen, bevor es so weit ist, den Mut aufbringen, den Tod zu akzeptieren und bereit zu sein, wenn er kommen will.

Das Sterben ist ein Prozeß, dem aber keine automatisch ablaufende Gesetzmäßigkeit zugrunde liegt. Es scheint viel eher so zu sein, daß eine Situation vorbereitet wird, in der das Sterben vollzogen werden kann. Ist in die Lebensanschauung der Gedanke an das Sterben eingeschlossen, verbunden mit einem Gefühl des Vertrauens und der Gelassenheit, dann wird im Mitleben der Angehörigen und Freunde dem Sterbenden ein Freiraum geschaffen, um den Schritt tun zu können, den jeder Mensch selbst tun muß. Der Freiraum muß gegeben sein.

Im Orient hat man schon immer gefühlt, daß alles, was mit uns Menschen geschieht, in der Hand einer höheren Macht liegt; der Orientale ist aber häufig in einem Fatalismus befangen, einem Glauben an ein unvermeidlich vorbestimmtes Schicksal, das den Menschen treffen wird. Der Mensch selbst kann seinem vorgezeichneten Lebenslauf nicht entrinnen. Im Westen kennt man dieses fatalistische Lebensgefühl nicht. Wohl folgen wir einem Schicksalsweg, aber es ist doch stets in unsere Freiheit gegeben, über unsere Handlungen und Taten zu entscheiden. So wäre es auch falsch zu glauben, daß wir unentrinnbar auf einen feststehenden Augenblick hinleben, an dem wir sterben müssen. Wir bekommen viel mehr Gelegenheiten zum Sterben, wenn der Sterbeprozeß weit genug fortgeschritten ist. Dazu tritt heute eine Tatsache, die durchaus als Problem zu sehen ist: Da unser Leben heute durch alle möglichen medizinischen Eingriffe verlängert werden kann, geschieht es, daß der Prozeß des Sterbens aufgehalten wird.

Eine Frau von vierundachtzig Jahren hatte einen Schlaganfall und wurde ins Krankenhaus gebracht; sie war linksseitig gelähmt, konnte aber noch sprechen. Ihr Zustand, zunächst sehr ernst, schien sich zu bessern, so daß man sogar meinte, sie in ein Pflegeheim bringen zu können. Sie lehnte das aber ab. So lebte sie noch ungefähr drei Wochen, dann kam das Fieber. Der Arzt gab ihr eine Spritze, um das Fieber zu senken. Nach einigen Tagen, in denen sie nicht ganz bei Bewußtsein war, sagte sie zum Arzt: »Sie haben mir eine Spritze gegeben. Das hätten Sie nicht tun sollen. Jetzt habe ich meinen Sterbetag verpaßt und muß wieder ein paar Tage warten.«

Tatsächlich starb sie ein paar Tage später.

Wir können lernen, den Prozeß des Sterbens zu erkennen, den der einzelne konkret durchmacht. Das läßt uns allmählich auch erkennen, was beim Sterben eigentlich geschieht. Immer vertrauter wird uns der Gedanke werden, daß mit dem irdischen Tod die geistige Individualität den physischen Leib verläßt, um in einer anderen Welt geboren zu werden. Sterben ist geboren werden!

In ihren Erinnerungen erzählt Annie Romein-Verschoor, wie sie am Bett ihrer verstorbenen Mutter steht.[15] »Ich schaute sie lange und durchdringend an und hatte die gleiche Empfindung wie vor sechs Jahren angesichts des verstorbenen Vaters Romein in Hilversum; in der Erstarrung des Todes war sie jünger geworden, und genau wie er – ich kann es nicht anders sagen – war sie geworden, was sie hatte sein wollen: Er stolz und selbstbewußt, sie fröhlich, fast kokett, das Näschen in die Luft gestreckt, und gierig, vor allem gierig.«

Da nun der Tod alle Bande zum Körper gelöst hat, kann die Individualität, die ein Leben lang die größte Mühe hatte, sich durchzusetzen, zum ersten Mal ganz zu Tage treten. Oder, wie Albert Verwey es dichterisch ausdrückt:[16]

Nun bist du frei. Frei von dem störenden andren.
Frei von dir selbst. Nun sieht dein Geist die Wahrheit
von Selbst und Welt und leidet länger nicht
als Mitgefangener im selbstgewebten Netz...

Erfahrungen mit dem eigenen Tod

Das Sterben ist eine Lebensphase: Das schildern Menschen, die durch einen Unglücksfall oder eine lebensbedrohliche Operation »Erfahrungen mit dem eigenen Tod« machten. Berichte dieser Art erregen seit geraumer Zeit Aufsehen. Einige Erlebnisse scheinen dabei für alle zu gelten, denn sie werden übereinstimmend geschildert. Es sind deutliche Empfindungen für ein Leben nach dem Leben, Grenzerfahrungen auf der Schwelle des Todes. Erfahrungen eines »Lebens nach dem Tod« sind es noch nicht. Allerdings sind verschiedene Erlebnisse an der Schwelle des Todes ein Hinweis auf die Welt, in der der Mensch nach seinem Tod verkehren wird.

Diese Grenzerfahrungen haben – in unendlich variierter persönlicher Form – gewöhnlich drei Elemente gemein. Zunächst löst sich die Enge, in der das tägliche Bewußtsein befangen war; der Sterbende erfährt, daß er viel größer, viel freier ist als jemals zuvor. Das vermittelt ihm die Ahnung von einer zukünftigen Existenz, in der das Verhältnis von irdischem Körper und Bewußtsein ganz anders ist. Aber noch ist es nicht so weit – dieses Erleben kommt erst nach dem Überschreiten der Grenze, der Schwelle des Todes.

Der eigene Körper wird aus der Sicht des Zuschauers, also eigentlich als Außenstehender erlebt; man fühlt sich frei vom Körper. Manchmal dauert es eine Weile, bis derjenige, der sich nun in einer schwer zu beschreibenden andersartigen Gestalt erlebt, mit einem Schock entdeckt, daß der Körper, den er sieht, »er selbst« ist. Dann wieder fühlt sich dieser Zuschauer voller Mitleid mit dem zurückgelassenen Körper, oder aber er fühlt sich so wohl, daß er gar nicht will, daß die Ärzte sich noch weiter damit beschäftigen.

Als zweites Erlebnis hat der Sterbende eine Wahrnehmung von bereits Verstorbenen. Sehr oft sind es Feunde und Angehörige, manchmal auch andere, die unbekannt sind. Sie sind bei dem Sterbenden, um ihm beizustehen, das fühlt er deutlich; in etwa so, wie andere Menschen Mutter und Kind bei der Geburt beistehen.

Die Wahrnehmung von Licht, von starkem, hellem Licht ist ein drittes wichtiges Moment im Sterbeprozeß. Der Sterbende fühlt sich angezogen vom Licht. Erst nur schwach, aber dann immer stärker, bis er sich im wahrsten Sinne des Wortes umspült und getragen vom Licht fühlt. Dieses Licht ist nicht »neutral«, wie das Licht, das wir täglich um uns herum sehen, es ist eigentlich ein Wesen, ein »Wesen aus Licht«, das Liebe und Wärme ausstrahlt. Es stellt dem Menschen, der die Schwelle des Todes erreicht hat, eine wortlose Frage. Jeder vernimmt die Frage anders, »hört« etwas anderes, aber der Kern der Frage lautet, ob das Leben nun abgeschlossen werden kann. Der Sterbende fühlt, wie er »antworten« muß auf die Frage, ob sein Leben nun »beendet« sei, ob er mit dem Gefühl auf sein Leben zurückblicken kann, es sei vollbracht.

Das Wesen aus Licht ruft vor dem Beantworten der Frage den Sterbenden zu einem Rückblick auf sein Leben auf. Wie ein großes Panorama erfüllen ihn nun Bilder aus seinem Leben, sehr »schnell«, eigentlich zeitlos, Momentaufnahmen von besonders lebendigen und deutlichen Höhepunkten. In diesen blitzschnellen Erlebnissen nimmt der Sterbende vor allem die eigenen Gefühle und die anderer wahr, die mit den Geschehnissen im Zusammenhang standen: Menschen und menschliche Situationen. Der Zurückblickende ist zugleich Handelnder und Zeuge dieser Ereignisse, er macht einen Augenblick tiefster Selbsterkenntnis durch.

Wir können die Bedeutung dieser ersten Wahrnehmungen von Sterbenden verstehen lernen, wenn wir uns klarmachen, daß der Mensch sich selbst während seines Lebens als Einheit von Körper, Seele und Geist erfährt. Eine Einheit, die nicht unteilbar ist. Der Prozeß des Sterbens bewirkt, daß diese Einheit aufgelöst wird, daß ihre einzelnen Teile vom Individuum, vom »Ich«, nach und nach selbständig erfahren werden.

Wenn die irdische Einheit von Körper, Seele und Geist auseinanderzufallen beginnt, erlebt der Sterbende, daß er einen Körper hat, der bei seinem Tod zurückbleiben wird. Er ist sehr damit vertraut, er »ist es selbst«, und dennoch ist ihm dieser Leib schon fast fremd geworden. Er ist ihm während des Lebens entwachsen. Er hat seinen Zweck erfüllt und muß nun zurückgelassen werden. Jedoch nicht achtlos, ohne weiteres. Manche, die diese Erfahrung hatten, empfinden Schmerz, Mitleid mit der Hülle, die übrigbleibt, fühlen, daß sie sie nicht einfach so wegwerfen dürfen wie einen nutzlos gewordenen Gebrauchsgegenstand. – Die Gefühle, die die Menschen derartig beseelen, kennen wir aus dem täglichen Leben. Jeder besitzt Gegenstände, mit denen ihn Erinnerungen an eine bestimmte Periode des Lebens oder an einen lieben Menschen verbinden. Eine Zeitlang werden sie als liebe Erinnerung an das, was vorbei ist, behalten, bis nur noch die Erinnerung bleibt.

Aus dem nächsten Erlebnis, der Begegnung mit Wesen, die der Sterbende auf der Schwelle zum Tod in seiner Nähe verspürt, spricht schon eine Wahrnehmung anderer Art. Jetzt gelten Raum und Zeit nicht mehr, Begrenzungen durch Türen und Gegenstände sind aufgehoben, Hindernisse verschwinden. – Solche

Erfahrungen können wir aber auch schon während des Lebens machen, und zwar, wenn wir in bestimmten Momenten merken, daß wir trotz der Beschränkung von Raum und Zeit inneren Kontakt mit einem anderen Menschen haben können, wenn uns bewußt wird, daß das Zusammentreffen mit einem anderen Menschen nicht von einer Berührung oder einem Wort abhängig ist. Gedanken, Gefühle oder ein gemeinsamer Beschluß führen uns zusammen. Nicht durch das Wort, sondern durch den Gedanken, der mit dem Wort ausgesprochen werden soll, nicht durch die Äußerung des Gefühls, sondern durch das Gefühl selbst, nicht durch das gemeinsame Anpacken, sondern durch die gemeinsame Intention fühlen wir uns von Seele zu Seele, von Wesen zu Wesen verbunden.

In dem immer stärker werdenden Licht, dem »Wesen aus Licht«, das Liebe und Wärme ausstrahlt, kündigt sich eine erste Wahrnehmung des reinen Geistes an. Der Sterbende, so wird berichtet, ist voller Frieden und Harmonie und fühlt sich zutiefst anerkannt in der Gegenwart dieses Wesens, das eine deutlich umrissene Gestalt hat und dennoch keine irdischen Konturen besitzt. Das Wesen ist dem Sterbenden zutiefst vertraut. Es stellt Fragen, die von außen zu kommen scheinen, Fragen, die zur Selbsterkenntnis aufrufen. Ein wortloses Selbstgespräch beginnt.

Die verschiedenen Erfahrungen vom Leben »nach dem Leben« münden in den Rückblick auf das Leben. Darin ist nun der physische Leib, der die Erlebnisse und Erfahrungen während des Lebens machte, nicht mehr so wichtig. Das Bewußtsein des Sterbenden ist jetzt mit dem erfüllt, was die Seele bei allen Geschehnissen während des Lebens empfand. Das geistige Element bricht durch, wenn der Sterbende sich über seine Taten Rechenschaft abzulegen beginnt und sie damit auf sich selbst bezieht.

Vor der Schwelle

In diesem kurzen Rückblick vor der Schwelle des Todes kündigt sich die große Zusammenschau über das gelebte Leben an, die mit dem Moment des Todes beginnt. Dann wird die Seele ungefähr drei Tage lang mit einem Panorama aller Einzelheiten des abgeschlossenen Erdendaseins erfüllt sein.

Die Trennung vom Körper kündigt sich, wie viele Wiederbelebte schilderten, manchmal als langer dunkler Tunnel, manchmal als schwarze Leere oder als Nebel an, in denen man sich wiederfindet. Dunkelheit, hinter dem Licht vermutet und manchmal gesehen wird.

Den endgültigen Schritt ins Dunkel kennt keiner der Zurückgekehrten aus eigener Erfahrung. Niemand, der auf Erden lebt. Mit einer Ausnahme. Das ist der, der durch seinen Tod und seinen Sieg über den Tod der unsterbliche Bruder aller sterblichen Menschen geworden ist: Jesus Christus.

Den Schritt ins Nichts zu tun erfordert Mut. Zu dem, was wir als Erwachsene lernen können, gehört es, die Gewißheit zu erlangen, daß wir diesen Schritt nicht allein, nicht ohne Begleitung zu tun brauchen.

Die im Vorangegangenen geschilderten Erfahrungen vom »Leben nach diesem Leben« wurden von Menschen gemacht, bei denen die Verbindung zu ihrem physischen Leib noch nicht endgültig abgebrochen war. Sie können anderen Menschen eine Hilfe sein und auf den Schritt über die Schwelle vorbereiten, der im Tode getan werden muß, um das Reich zu betreten, in dem das umhüllende und tragende Licht auftaucht – mehr vermutet als wahrgenommen. Von der anderen Seite der Schwelle kommt die Gestalt des Christus dem Sterbenden entgegen. Er lebt sowohl in der irdischen als auch in der geistigen Welt; für ihn existiert die Schwelle des Todes nicht mehr. Er begleitet den Sterbenden zu seinem neuen Dasein. Diesem Ereignis darf der Sterbende entgegenleben und sich dabei mit Jesus Christus verbunden wissen. Wenn der Mensch das Dasein im physischen Leib endgültig beendet und den Schritt über die Schwelle des Todes in seiner Begleitung vollzogen hat, wenn er die Mühsale und die Beschränkungen dieses Lebens hinter sich gelassen hat, dann ist der Augenblick gekommen, in dem wir den Verstorbenen in der Obhut des Christus geborgen wissen dürfen in dem Dasein, das auf den Tod folgt. Albert Verwey hat in seinem Gedicht »Vollendung« seine Erfahrung zum Ausdruck gebracht, die, wie ich meine, ihre letztendliche Erfüllung beim Sterben findet:[17]

Als lange gefangener
reifender wachsender
endlich vollendeter
vollkommen blühender
komm ich zu dir.
Öffnest du meine Tür,
so fliege ich aus.
Was ist uns geschehen,
dem Körper entschwebend,
dann wundersam stehend
ewig und lebend
mitten im Weltall.
Hör, welch klarer Kristall
schlug dies Geläut!

Der Weg durch den Tod –
Leben nach dem Tod

Im Todesaugenblick kann oft auch der Angehörige bemerken, daß der Sterbende etwas Schönes erlebt. Er scheint von etwas angezogen zu werden, mit dem er sich wesentlich verwandt und verbunden weiß.

Einem Sterbenden beizustehen fordert von uns, ihn auf seinem Weg zur Schwelle des Todes zu begleiten, »ein Stückchen mit ihm zu gehen«. Dieser Beistand hört aber auch nicht auf, wenn wir schließlich zurückbleiben müssen, weil der Sterbende nun allein weitergehen muß auf einem Weg, auf dem wir ihn nicht begleiten können – jedenfalls nicht tatsächlich begleiten können. Wir müssen versuchen, ihn auf andere Art zu begleiten, mitfühlend, mitlebend, mitdenkend mit den Empfindungen, die Meilensteine auf seinem Weg sein werden.

Die Individualität, die als »Ich« ihren Halt durch den Körper gefunden hatte, den sie verlassen mußte, wird nun durch den Schritt über die Schwelle, den Schritt ins »Nichts«, ins Körperlose ihren Halt in einem neuen Dasein finden. Es ist ein Geburtsprozeß: So wie die irdische Geburt in der geistigen Welt bedeutet, daß da ein Geist stirbt, so bedeutet der irdische Tod, daß ein Geist dort geboren wird.

Sterben und geboren werden

Im täglichen Leben können wir in unserer Umgebung fortwährend Sterbevorgänge beobachten, die uns zeigen, daß im Sterben Leben geboren wird. Eine erste Andeutung findet sich schon im Welken von Blumen. Wenn sie ihre satten Farben verlieren, neh-

54

men sie eine hellere Färbung an; beim Verblühen wird deutlich, daß ihre Umrisse eigentlich sanfter werden, weniger konturiert und scharf. Was in der Blume konzentriert war, bewegt sich nun nach außen.

Wenn sich im Herbst die Blätter färben, können wir in dem bunten Schmuck der Erde, die sich der kalten und abgestorbenen Winterzeit zuneigt, eine Übereinstimmung mit unserem eigenen inneren Leben spüren: Die Naturvorgänge im Herbst offenbaren unsere starke Verbundenheit der Welt in uns mit der Außenwelt. Gleichzeitig haben wir die Gewißheit, daß sich trotz der äußeren Sterbeprozesse in der Natur schon wieder neues Leben vorbereitet.

Ein treffendes Beispiel für das Sterben, das zu neuem Leben in einer anderen Gestalt führt, ist die Verwandlung der Larve in eine Libelle. Kinder verstehen diese Gestaltverwandlungen, wie z. B. der kleine Sander.

An einer Rute im Gestell eines Windschirmes hatte er sich selbst aufgespießt, der blutrünstige und gefräßige Räuber aus dem Teich. Es war die Larve einer Libelle, im Wasser beweglich und schnell; nun hing sie da weit ausgebreitet in machtloser Erwartung ihres Schicksals.

Und zur Verwunderung des sechsjährigen Sander änderte sich nichts daran, Stunde um Stunde. Seine Verwunderung wuchs, als immer deutlicher eine Naht sichtbar wurde, die mitten über den Körper von oben nach unten und dann an der Rückseite von unten nach oben lief. Und dann ging die Naht auseinander, erst an einer Stelle, dann nach und nach immer mehr.

Es wurde Abend, für das Kind war es Zeit, ins Bett zu gehen. Am nächsten Morgen war Sander als erster wieder draußen, und da sah er, wie am Hinterkörper der Larve die Naht so weit auseinanderklaffte, daß zwei auf den Rücken gefaltete, fest aneinander gepreßte Flügel zu sehen waren. Im Laufe des Vormittags kam auch der dünne blaue Libellenrumpf zum Vorschein; um den Kopf herum blieb die Naht noch geschlossen. Wie ein immer grauer werdender Sack hing die Larvenhülle mit ihrem geheimnisvollen Inhalt vor dem Fenster.

Ein paar Stunden später, als das Kind wieder nachschaute, hing der Sack noch da, zerplatzt und schlaff, aber die Libelle war verschwunden. Sander betrachtete alles lange und nachdenklich. »Tante«, sagte er schließlich, »wenn ein Mensch stirbt, dann geht es mit seiner Seele doch bestimmt auch so?«

Fest steht, daß das Kind diesen Gedanken weder zu Hause noch sonst irgendwo gehört hatte. Das sichtbare Ereignis hatte seine Augen für das andere Ereignis, das Sterben, geöffnet.

Das Kind braucht nach seiner irdischen Geburt geraume Zeit, um sich auf der Erde heimisch zu fühlen und bewahrt sich noch lange das Verständnis für die Welt, die es mit seiner Geburt verließ. Es macht so einen langen »Geburtsprozeß« durch (vgl. S. 21). So kann ein Erwachsener zuweilen Aussprüche auffangen, die deutlich machen, wie selbstverständlich ein Kind Geburts- oder Sterbeprozesse nachempfindet, die durch Metamorphose ein neues Wesen in verwandelter Gestalt erstehen lassen.

Ein anderes Bild für die Geburt eines verwandelten Wesens hat man seit jeher in der Metamorphose gefunden, die der Schmetterling durchmacht. Die Larve, die Raupe schlüpft aus einem Ei, häutet sich wiederholt und puppt sich dann an einem verborgenen Ort ein. Aus der Puppe kommt zu seiner Zeit der Schmetterling hervor, der seine zarten bunten Flügel entfaltet und wegflattert. Auch hier ist nicht nur die Gestaltverwandlung von Wichtigkeit, sondern auch der Übergang von der einen Daseinsform in die andere, vom kriechenden, die Erde gefesselten Tier bis zum frei in der Luft fliegenden Schmetterling.

In den Bildern, die die Natur uns bietet, können wir die eigene Unsterblichkeit erkennen und wiederfinden, wenn wir das wesentliche Band, die Einheit mit dem höchsten Wesen fühlen, das für uns während unseres Lebens meistens »außer« uns ist, mit Gott.

Sterbensbegleitung wird Geburtsbegleitung, wenn es uns ge-

lingt, die geschilderten Erfahrungen des Sterbenden mit mitfüh-
lendem und mitlebendem Herzen so zu begleiten, daß die Verbindung zu dem Verstorbenen nicht abreißt. Eine solche Geburtsbegleitung kann Lebensbegleitung in ein Leben nach dem
Tod werden; darum geht es für die Seele: alles, was während des
irdischen Lebens geschehen ist, das Dauerhafte und das Unver-
gängliche, zu entwirren und zur Erkenntnis der Unsterblichkeit zu gelangen. Darüber soll im folgenden etwas gesagt werden, und zwar aufgrund der Erfahrungen, die durch christliche
Begleitung Sterbender und Verstorbener möglich geworden
sind.

Sterbebeistand

Wichtig ist vor allem, die Fürsorge für den Sterbenden nicht anderen zu überlassen, sondern sich selbst neben ihn zu stellen. Die
innere Haltung dem Sterbenden gegenüber kann eine ganz neue,
helfende Prägung haben, wenn wir uns klarmachen, daß wir
beim Sterben dieses Menschen einen Kampf um eine neue Geburt mitmachen.
Heute besteht die Neigung, das Leben um jeden Preis zu verlängern. Das wird als Aufgabe und Pflicht der Mediziner angesehen, die über aufwendige technische und medikamentöse Hilfs-
mittel verfügen. Zuweilen kann dabei aber auch der Eindruck
entstehen, daß der Einsatz all der Apparaturen, Medikamente,
Schläuche und Monitoren den Blick für den individuellen Sterbeprozeß eines Menschen zu trüben droht. Mit anderen Worten:
Der Nachdruck auf das Verlängern des Lebens kann eine Situation hervorrufen, in der der Kranke einfach nicht sterben kann.
Es fehlt ihm der Freiraum, in dem er gewissermaßen wählen
kann: weiterleben oder sterben.
Das Wichtigste für diejenigen, die den Kranken begleiten, wird
es sein, den Moment zu erkennen, in dem gesagt werden muß:

Gebt ihm nun die Möglichkeit, dem Zwang der physischen Gesetzmäßigkeit, in der er gefangen ist, zu entkommen. Als Freund, als liebender Angehöriger sollte man im gegebenen Moment den Mut aufbringen, zu sagen: Nun ist es genug, laßt diesen Menschen zu sich selber finden. Das ist, wenn man mit dem Sterbenden eng verbunden ist – und nur aus dieser Verbundenheit wird man überhaupt so eine Entscheidung treffen können –, eine tiefgreifende Entscheidung. Dabei muß man oft den gängigen Verhaltungsregeln zuwiderhandeln, die darauf beruhen, nur den körperlichen Aspekt im Prozeß des Sterbens gelten zu lassen. Darum wird man so eine Entscheidung auch nur dann mit Recht fällen können, wenn man überzeugt davon ist, daß der geistige Aspekt in diesem Geschehen vorrangig ist. Immer werden die Angehörigen gemeinsam diese Frage erörtern, wird der Arzt auch noch Kollegen befragen.

Eine Antwort gibt uns Jesus Christus. Er ist seit seiner Auferstehung von den Toten der Seelenbegleiter aller Menschen geworden, die über die Schwelle des Todes gehen. Mit der sakramentalen Begleitung des Sterbenden rufen wir ihn zur Hilfe.

Das Sterbesakrament wird gegeben, wenn Gefahr für das Leben besteht. Diese ziemlich neutrale Formulierung umfaßt eine große Vielzahl verschiedener Umstände: ein sich langsam nähernder Tod, einen Unglücksfall, eine schwere Operation, die unvermeidlich ist. Häufig werden die Angehörigen helfen müssen, die Entscheidung zu treffen, weil der Kranke selbst seine Lage nicht immer beurteilen kann. Die Weihe des Sterbenden ist der Abschluß des Daseins auf Erden, für das wir selbst die Zeichen gesetzt haben. Wer es gewöhnt war, sein religiöses Leben regelmäßig von den Sakramenten begleiten zu lassen, wird vor dem Sterbesegen einen letzten Rückblick halten wollen, der durch das Sakrament besiegelt und durch die Beichte in ihrer heutigen Form bekräftigt wird. In dem bewußten Rückblick bei wachem Bewußtsein wird der erste Schritt in Richtung auf die Erlebnisse getan, die das Sterben hervorruft. Wer in seinem Leben gelernt hat, das Wesentliche vom Unwesentlichen zu unterscheiden, wer mit all diesen Gedanken umgegangen ist, tritt dem Tod nicht unvorbereitet entgegen. Bei diesem Rückblick kann der Kranke sich von der Stimmung getragen wissen, von der Jesus vor seiner Taufe im Jordan getragen war: »Laß das jetzt so sein. Es ist gut so, daß wir alle Ordnungen des Geschickes erfüllen« (Matth. 3, 15). Er wird wissen, daß die ersten Worte des Auferstandenen auch an ihn gerichtet sind: »Warum weinst du?« – Das elementare Gefühl göttlicher Liebe durchströmt die Seele des Sterbenden. Er kann erkennen, daß die Liebe zu Gott und die Liebe zu den Menschen das höchste Ziel des Daseins auf Erden ist.

Die zweite Vorbereitung auf den Sterbesegen (die letzte Ölung) gibt die Kommunion; im Abendmahl, in der Gestalt von Brot und Wein, können Leib und Blut Christi empfangen werden. Für die große Wandlung, die der Tod bringt, wird der Sterbende durch die Kraft des Christus gestärkt, der selbst das Zeitliche und Vergängliche in das verwandelt hat, was dauerhaft und ewig ist. Die Erfahrung von frühen Christen kann die seine werden. Ignatius von Antiochia erkannte, daß im Leib des Christus eine »Arznei zur Unsterblichkeit, ein Gegengift gegen den Tod«, Leben in Jesus Christus für alle Zeiten, eingeschlossen liegt für den sterblichen Menschen.

Der Sterbesegen steht im Zeichen des hohepriesterlichen Gebets, das Jesus selbst vor seinem Tod sprach. Johannes hat es in seinem Evangelium überliefert (Kapitel 17). Jesus schaut vor seinem Tod auf zum väterlichen Weltengrund, dem Grund allen Seins; er wendet sich an Gott den Vater mit dem Gebet, die Kraft, die den Tod besiegt, möge auch dem Menschen zuteil werden: die Wahrnehmung der Offenbarung, durch die er sich getragen fühlt; erfüllt sein zu dürfen mit dem Wort, das die Wahrheit ist, aufgenommen zu werden in die Liebe des väterlichen Weltengrundes, auf daß diese sich in ihnen bewahre.

Dem Sterbenden werden mit geweihtem Öl drei Kreuzzeichen

auf die Stirn gemacht; sie besiegeln das Gebet, das seit der Auferstehung des Christus auch ein Versprechen beinhaltet. Vor jedem Kreuzzeichen wird ein Gebet gesprochen, das in das Sterben die Kraft der Geburt hineinträgt. Dadurch wird in diesem Geschehen wieder ein Gleichgewicht hergestellt. Erst so vermag die Ölung harmonisierend auf die langsame Befreiung der Seele aus dem Körper zu wirken. Außerdem ruft sie in dem Geistwesen, wenn die sterbliche Hülle abgelegt ist, die Kraft auf, die das Dasein weiterhin tragen wird: die lebentragende Kraft des Christus. Die dritte Berührung mit dem Öl gibt schließlich die Seele frei, die sich dann getragen von der Christuskraft in die geistige Welt aufmacht.

Die Vorbereitungen auf den Sterbesegen durch gemeinsamen Lebensrückblick und Kommunion kann selbstverständlich nur der Kranke mitmachen, der noch bei Bewußtsein und bei Kräften ist. Der Sterbesegen selbst ist nicht abhängig davon, ob wir feststellen können, daß der Sterbende noch wahrnehmen kann, was um ihn herum geschieht. Das zeigen ganz deutlich Erfahrungen mit Menschen, die in tiefer Bewußtlosigkeit zu sein schienen und dennoch offensichtlich alles in ihrer Umgebung deutlich wahrnahmen.

Es kommt vor, daß die häufig mühselige Atmung des Sterbenden schon zu Beginn des Sterbesegens ruhiger und regelmäßiger wird. Nicht selten stellen wir fest, daß auch der Druck der Schmerzen nachzulassen scheint, daß zum Beispiel der Blick des Sterbenden klarer wird. Das sind Zeichen dafür, daß bei den letzten Schritten zur Geburt des Geistes, die vollzogen wird, wenn der Mensch die Schwelle des Todes überschritten hat, durch den Sterbesegen ein fundamentaler Beistand gegeben wurde.

Geburtsbeistand

Wenn der Tod eingetreten ist, wird aus dem Sterbebeistand Geburtsbeistand. Nun sind unsere Gefühle und Gedanken die Verbindung zu dem Verstorbenen; sie bilden die Brücke, über die wir ihn in seiner neuen Daseinsform wiederfinden können. Er muß in der Welt, die er mit seinem Tod betritt, allmählich heimisch werden. Er muß sich der neuen Daseinsform anpassen. Das geschieht langsam durch allmähliches Verarbeiten all dessen, was während seines irdischen Lebens geschehen ist. Es muß all das umgeformt werden, was in der neuen Umgebung kein Daseinsrecht hat. Der Verstorbene erlebt, daß er sowohl Zeuge einer Umkehr wird als er auch der Handelnde ist, der diese Umkehr vollzieht. Er fühlt, wie er selbst sein vergangenes Leben moralisch bewerten muß. Die eigentliche Prüfung besteht darin, daß er alles, was er während seines Erdendaseins anderen angetan hat, nun selbst an sich erfahren muß. Das geschieht nicht durch eine Beurteilung von außen, sondern durch ein innerliches Empfinden in einer Selbstprüfung, die sehr schmerzlich sein kann, aber auch einmalig ist, weil er sich gewissermaßen vom Standpunkt dieser Mitmenschen aus sieht. Der Mensch wird im Moment seines Todes Handelnder und Zeuge. Damit ist nicht gesagt, daß er innerlich zerrissen wird, sondern daß er eine wesentliche Umkehr, so etwas wie ein Umkrempeln seines eigenen Wesens erlebt.

Wenn beim Sterben die leibliche Hülle zurückgelassen wird, beginnt die Seele sich auszuweiten, sie wird gewissermaßen peripher, sie erlebt sich selbst von außen her ihrem Mittelpunkt, dem »Ich« zustrebend. Was zuvor die Seele erfüllte, umgibt den Verstorbenen in den ersten Tagen nach seinem Tod wie ein Erinnerungskaleidoskop. In diesem Kaleidoskop erscheinen alle Ereignisse und Erlebnisse des vergangenen Lebens »objektiv«, einzig als Geschehnisse, als wahrgenommene und registrierte Bilder; nicht so, wie wir uns an sie erinnern wollten und konnten, sondern so, wie alles war. Erst ein paar Tage nach dem Sterben beginnt jene Konfrontation auf moralischer Ebene, wodurch der Verstorbene langsam in seine neue Daseinsform hineinwächst, die er sich zu eigen machen muß. Dann wird er auch den Kampf um ein wirkliches Leben im Geistigen führen müssen, gegen die Sterbeprozesse, die aus dem irdischen Leben ins neue Dasein mitgenommen wurden und die das Gewahrwerden der Unsterblichkeit behindern können.

Der Apostel Paulus kannte das Geheimnis dieser Umkehr, die nach dem Tode erfahren wird. Er hat sein Leben lang damit ringen müssen, sich sein Erlebnis vor Damaskus zu eigen zu machen, bei dem ihm der Auferstandene erschien, wodurch er erkannte, wie sehr er als Mensch versagt hatte. In seinem ersten Brief an die Korinther singt er ein Loblied auf die Macht der Liebe, auf das größte Vermögen des Menschen, sich mit anderen zu verbinden. Zeit unseres Lebens müssen wir uns mit einem Spiegelbild der Wirklichkeit begnügen. Paulus spricht: »Jetzt sehen wir noch wie in einem Spiegel alles in dunklen Konturen. Einmal werden wir alles schauen Angesicht in Angesicht. Jetzt ist mein Erkennen stückweise. Dann aber werde ich im Strome des wahren Erkennens stehen, in welchem Erkennen und Erkanntwerden eines sind« (1. Kor. 13, 12). Eines Tages werden wir, durch den Spiegel hindurchgegangen, leben in direktem Anschauen, das zugleich ein Angeschaut-Werden ist.

Zwischen dem Jetzt und dem Einst, von dem Paulus spricht, liegt die große Umkehr, die wir auch beim Tod erfahren. Diese Umkehr, dieses von innen nach außen Gekehrt-Werden, vollzieht sich in einer »unteilbaren Zeitwende«, einem unteilbaren Augenblick. Im Augenblick des Todes erfahren wir den Beginn der Veränderung, die wir durchmachen müssen.

»Wir werden alle verändert werden«, sagt Paulus im gleichen Zusammenhang; wir werden die Veränderung durchmachen müssen, die er bei seiner inneren Erfahrung seines »Sterbens in Christus«, das seinem Leben den Stempel aufdrückte, gefühlt hat.

Wenn der Mensch seinen letzten Atemzug getan hat, fällt eine Stille nieder, die tiefer ist als jede andere. Es ist die Stille nach einem ganzen Leben. Nun ist alles vollendet, unwiderruflich abgeschlossen. Nichts kann diesem Leben mehr hinzugefügt werden, keine Handlung, kein Gedanke. Der soeben Verstorbene beginnt sein vollendetes Leben in das große Buch allen Lebens einzutragen. Auch wir können dem Leben dieses Menschen nun nichts mehr hinzufügen; auch wir fühlen, daß nun nichts mehr geändert werden kann. Diese Stimmung der Unwiderruflichkeit und des Begreifens, daß man nun nie mehr mit dem Verstorbenen wird zusammen sein können, wie das während seines Lebens möglich war, spricht aus dem Gedicht »Der Gestorbene« von Ida Gerhardt.[18]

Siebenmal um die Erde zu gehen,
wenn es sein muß auf Händen und Füßen,
siebenmal, um den Einen zu grüßen,
der dort lächelnd wartend wird stehen.
Siebenmal um die Erde zu gehen!

Siebenmal über die Meere zu gehen,
dürftig gekleidet, was soll es mich kümmern,
könnt aus dem Tod ich den Einen zurückholen,
siebenmal über die Meere zu gehen –
siebenmal, um zu zweit dazustehen!

Der Tod ist die größte Erfahrung, die der Mensch auf Erden machen kann. Auf dem Gesicht des Verstorbenen erscheint häufig ein persönlicher und zugleich überpersönlicher Ausdruck dieser erhabenen Erfahrung. In der tiefen Stille des abgeschlossenen Lebens beginnen vor dem Verstorbenen die Erinnerungen an sein Leben aufzusteigen. Der Raum, in dem der Tote aufgebahrt ist, ist erfüllt von dieser tiefen Ruhe. Die Seele hat ihre leibliche Hülle verlassen. Der Körper zeigt noch das zurückgebliebene Bild ihres Wesens, das häufig erst jetzt ganz sichtbar werden kann; wir erinnern uns an die Erfahrung der Tochter am Bett ihrer verstorbenen Mutter. Der Gesichtsausdruck des Toten verändert sich noch ständig. Nun können die Hinterbliebenen als Beistand bei seiner geistigen Geburt das erste Mal etwas für ihn tun, indem sie ihn mit helfenden Gedanken und Worten begleiten. Es dauert meist etwa drei Tage, bis alle Lebensprozesse im Körper zum Stillstand gekommen sind. Langsam wird der verlassene Körper tatsächlich zur Leiche. Dieses Verblassen des Körpers geht einher mit dem Aufsteigen der Erinnerungsbilder in der Seele des Verstorbenen. Während all dieses geschieht, können Freunde und Bekannte die Totenwache halten.

Wenn es irgendwie möglich ist, sollte der Verstorbene in seiner vertrauten Umgebung aufgebahrt werden. Ist er zu Hause verschieden, kann das Einsargen häufig aufgeschoben werden, und der Verstorbene kann in seinem eigenen Bett liegen bleiben. Der Sarg muß nicht unbedingt geschlossen werden und kann manchmal noch tagelang ohne Deckel offen bleiben. Neben den Aufgebahrten stellt man brennende Kerzen; die Blumen, die ihm gebracht werden, dürfen ruhig verwelken, sie geben ihren kleinen Beitrag zum Prozeß des Absterbens.

Freunde und Angehörige halten abwechselnd sitzend die Totenwache. Nun versuchen wir, uns in unsere Erinnerungen an den Verstorbenen zu vertiefen. Wie waren die letzten gemeinsam erlebten Tage? Was machte der Verstorbene da durch, was waren seine letzten Handlungen, Worte, Gebärden? Wie pflegte er sich zu äußern? Wie war seine »unverwechselbar typische Gebärde«? Man kann sich die herausragenden Momente seines Lebens ins Gedächtnis rufen, die Scheidewege und wichtigsten Tatsachen seines Schicksals. Worauf legte er Wert? Wie war er? Wer war er?

Wenn wir uns so mit dem Leben des Toten beschäftigen, werden unser eigener Kummer und Schmerz über den Verlust nicht weniger tief sein, aber sie bekommen dadurch den ihnen zustehenden Rang. Allzu starke Schmerzgefühle werden korrigiert, ein allzu überwältigendes Verlusterlebnis wird beim Anblick des Verstorbenen sanft gelindert. Dann wird auch der Tote nicht durch übermäßigen Kummer gehindert. Bei seinem Anblick, drei Tage lang, können wir uns langsam mit seinem Tod versöhnen. Boutens schrieb das Gedicht »Bei einem Toten«.[19]

> Liebes, ich kann nicht um ihn weinen
> da er still und einsam liegt
> in der klar durchsichtigen, steinernen
> Maske seines Angesichts,
> das die Dinge um uns hin
> mit seiner bleichen Fackel beleuchtet.
>
> Liebes, ich kann keine Tränen finden,
> wenn mein Herz ihn woanders in Frieden weiß,
> wo seine Seele mit den geliebten
> Sternen des Abends aufsteigt
> und uns täglich blendend
> höhere Wege weist...

Wenn es möglich ist, bei dem Toten zu wachen, sollte man sich während der Nacht abwechseln. Wenn auch draußen alles ganz still geworden ist, lesen wir andächtig und ruhig das Evangelium. Unsere persönlichen Erinnerungen münden in die überpersönlichen, in die Erinnerungen an das Leben des Herrn. Vor diesem Hintergrund bekommt das gerade abgeschlossene Leben eine neue und größere Dimension; so stellen wir es in einen größeren und tieferen Zusammenhang.

Wir Hinterbliebenen können dem Toten auch weiterhin beistehen. Durch die Wandlung auf der Schwelle des Todes bekommt er nicht nur eine andere Sicht auf das vergangene Leben. Wenn der Rückblick getan ist, wird er bemerken, daß er hinsichtlich seines vollendeten Lebens nun auch ein anderer Handelnder werden muß. Um alle Geschehnisse, Handlungen und Taten verarbeiten zu können, wird er sein ganzes Leben, beginnend mit dem Ende, bis zu seiner irdischen Geburt zurückleben müssen.

Mit unserer Begleitung des Verstorbenen, der sein Leben nun noch einmal durchlebt, beginnen wir mit den Gottesdiensten beim Begräbnis oder bei der Einäscherung. Auf diese Art wird das Geburtsgeleit allmählich ein Lebensgeleit, das, genau wie zur Zeit des irdischen Lebens, wechselseitig ist. Tote und Lebende bleiben miteinander verbunden.

Lebensbeistand

Beim Begräbnis oder bei der Einäscherung nehmen wir von unserem Verstorbenen irdischen Abschied. Mit dem Beerdigungsritual richten wir uns an den Verstorbenen in seinem Seelendasein.

Der Beerdigungsgottesdienst besteht aus zwei Teilen. Der erste Teil wird dort abgehalten, wo der Verstorbene aufgebahrt war; wenn es nicht anders geht auf dem Friedhof oder im Krematorium, bevor dort der zweite Teil stattfindet. Mit diesen Feierlichkeiten begleiten wir den Übergang des Verstorbenen in die Welt, mit der er in seiner Seele verwandt ist.

Erinnerungsbilder haben die Seele umgeben. Sie waren »objektiv«, also so, daß nur der Verstorbene sie wahrnahm. Er lebte in den ersten Tagen nach dem Tod gleichsam »außerhalb von Raum und Zeit«, in der Stille und der Ruhe, die dieses außerräumliche und außerzeitliche Dasein erfüllen. Wenn das vergangene Leben als Ganzes innerlich vor ihm steht, beginnt der Verstorbene nach Einsicht zu verlangen, nach neuem Licht auf das Schicksal, das seines geworden ist, um das, was dauerhaft und unvergänglich ist, aus den vielfältigen Erlebnissen und Erfahrungen freizumachen. Nun sucht die Seele ein bleibendes Licht und versucht, es zu erreichen; ein neues Licht, das Auferstehungslicht, das Christuslicht. Darin lebte der Verstorbene, das Auge der Seele muß geformt werden, muß aufgehen. Denn um »weiterzuleben« braucht er Wahrnehmungen von der Welt, in der er sich nun befindet, von der Welt, die ihn aufnehmen wird, wenn er ihr hinreichend verwandt geworden ist.

Mit unseren Gefühlen wollen wir mit dem Verstorbenen gehen, ihn stützen mit unseren Gedanken, stärken mit unseren Gebeten: Auf daß er mit Christi Hilfe, durch Christi Kraft weiter leben soll. So beginnen wir den Beerdigungsgottesdienst.

Der zweite Teil des Gottesdienstes besiegelt die Scheidung vom Körper. Er wird den irdischen Elementen überlassen, er wird vergehen. Der befreite Geist aber wird die Sicherheit vom Sieg über den Tod finden können, den der Christus vorgelebt hat: Auferstehung und Leben. Dann wird er mit Christus den Weg zu den Welten Gottes finden, zum Vater. Auch dieser Gottesdienst braucht dort, wo der Tod eine Scheidung vollzog, irdische Stofflichkeit. Wie bei einer Taufe wird unter Anrufen der segnenden göttlichen Dreieinigkeit der Sarg mit geweihtem Wasser besprengt. Wie durchatmet mit Licht wird sich die Seele des Verstorbenen fühlen, durchströmt von der göttlichen Gegenwärtigkeit. Im aufsteigenden Weihrauch machen die Hinterbliebenen den Weg der Seele zu ihrer neuen Daseinsform im Geiste mit. Die Bestattungsfeier ist ein großes Gebet für den Verstorbenen. Die Angehörigen benötigen bei diesem Gottesdienst keinen besonderen Trost durch Zuspruch oder Ermahnung. Worte des Trostes werden unwesentlich. Viel wichtiger ist es, daß wir mitleben können mit dem großartigen Geschehen, in dem sich der Verstorbene befindet, hinstrebend zum ewigen Licht. So wandern wir mit der Seele »in die Ruhe des Seelenseins«, wir geleiten den Geist des Verstorbenen »in das Licht der Geisteswelt«. In Gedanken und Gebeten innerlich handelnd hier einbezogen zu sein, lindert den Schmerz, spendet den Hinterbliebenen Trost zu ihrem Verlust.

In der Christengemeinschaft wird an dem auf die Bestattung folgenden Samstag in der Frühe die Totenweihehandlung für den Verstorbenen gefeiert. Der Samstag eignet sich hierfür besonders gut; er atmet die Ruhe des Sabbat, den Tag der Grabesruhe Christi, der aber auch schon von der erwartungsvollen Stille vor der Auferstehung des Herrn erfüllt ist. Gedanken und Gebete gehen im Gottesdienst zu dem Verstorbenen, um ihn weiter auf seinem Weg zu einem neuen Leben zu begleiten. Er wird sich vereinigt wissen mit allen, die ihn liebhaben, die mit ihm verbunden bleiben wollen – über den Tod hinaus.

Ich habe, wie ich in der Einleitung sagte, auch etwas über diese Gottesdienste sagen wollen, weil sie unserem Totengeleit ein Erfahrungsmoment hinzufügen. Ohne den Hauch von Spiritismus oder versponnener Mystik können wir in diesen Feierlichkeiten die reelle Gegenwart des Verstorbenen wahrnehmen. Die Sprache der liturgischen Gottesdienste verbindet die Lebenden und die Toten; es zeigt sich, daß die Welt, die sie uns öffnen, nur durch den Tod getrennt ist, den der Erwachsene als eine Veränderung seines Bewußtseins erfährt. Wir sind nicht wesentlich geschieden von unseren Toten, wir sind nur durch unsere Denkweise von ihnen getrennt, solange diese sich an das Irdische und Materielle hält. Die Erfahrungen der Menschen an der Grenze des Lebens, in dem »Leben nach diesem Leben«, haben uns eine erste Einsicht in die andere Denkweise verschafft, die wir brauchen, um die Verbindung mit den Verstorbenen aufrechterhalten zu können. In den Gebeten und Gedanken, die durch die liturgischen Gottesdienste gestärkt werden, finden wir das Mittel, um mit ihnen verbunden zu bleiben. Sterbegeleit ist Lebensbegleitung geworden.

Kinder, die sterben, machen den Tod anders mit. Sie sind noch nicht durch die Bewußtseinsschwelle von der Welt geschieden, die sich uns mit dem Tod öffnet. Sie erfahren den Tod anders als wir Erwachsenen, denn sie leben in einer einheitlichen Welt. Unser Beistand für sterbende Kinder wird darum eine völlig neue innerliche Haltung von uns erfordern. Beim Tode eines Kindes sind wir noch tiefer betroffen, werden wir in unserem eigenen Menschsein noch stärker angesprochen als beim Sterben eines Erwachsenen.

Beim Sterben von Kindern

Wenn Kinder sterben müssen

Im letzten Kapitel bin ich näher auf das Sterben von Erwachsenen eingegangen und auf das, was sie dabei erfahren. Das schien mir notwendig. Wir stehen nun einmal in der Situation der Erwachsenen und werden nur aus der Warte unserer eigenen Lebenseinstellung und unseres Verhaltens dem Tod gegenüber dem Kind beistehen können. Erst wenn uns klargeworden ist, was uns nach dem Tod erwartet und wie wir dorthin gelangen, können wir einsehen, welche Möglichkeiten uns dafür gegeben und welche Beschränkungen uns auferlegt sind.
Erwachsene können sich die innere Kraft erringen, dem Tod ins Auge zu schauen. Wörtlich »dem Tod ins Auge zu schauen«: Nicht die Augen zu schließen vor dem Tod, der uns zeitlebens begleitet, nicht zurückzuschrecken vor dem Gedanken ans Sterben und daran, was »Sterben eigentlich ist«. Es wird immer schwierig für uns sein, uns ganz in die Welt des Kindes zu versetzen und mit seinen Augen Tod und Sterben zu sehen. Im ersten Kapitel habe ich versucht, etwas von der kindlichen Welt und dem kindlichen Erleben des Sterbens zu verdeutlichen.

Begleitung

Wie finden wir nun die Verbindung zwischen unserem Erleben des Todes und dem des Kindes? Von unserem Vermögen, uns in das hineinzuversetzen, was das Kind mitmacht, hängt unsagbar viel ab. Wenn man mit dem Sterben eines Kindes konfrontiert wird, darf man nicht zurückschrecken, weil man unvorbereitet ist. Für die eigenen Kinder und die, für die man verantwortlich ist, ist man während ihrer ganzen Kindheit »Hilfe und Zuversicht«. Diese Worte sind hier in ihrer tiefen Bedeutung gemeint. Der Erwachsene ist für das Kind eine Hilfe: das Kind wächst nur mit seinem Beistand in die Welt; es blickt zu ihm auf und lernt nachahmend, was es heißt, auf Erden ein Mensch zu sein. Und der Erwachsene ist auch seine Zuversicht: Beginnt das Kind seinen eigenen Weg zu gehen, braucht es den Erwachsenen, wenn es auf unbekannte Probleme stößt; es möchte eine Zuflucht haben, wenn es unsicher oder ängstlich wird, wenn es nicht weiß, wie es weitergeht. Für das Kind ist der Erwachsene derjenige, der alles weiß und alles kann, der schützt und wärmt und stark sein muß.

Wenn man weiß, daß ein Kind sterben muß, dann muß man sich klar sein, daß es einen nun mehr denn je braucht. Es braucht nun viel Verständnis und Trost, vor allem aber braucht es die Nähe des Erwachsenen. Das Kind hat selbst noch kein eigentliches Bewußtsein vom Tod; er ist noch nicht in das kindliche Lebensgefühl aufgenommen. Als Erwachsener »weiß« man vom Tod, man weiß, was auf der Erde an der Schwelle zum Tod geschieht. Das Kind weiß intuitiv »noch alles« aus der geistigen Welt, aber hier auf Erden ist es hilflos. Auch wenn man als Erwachsener wenig mit dem Gedanken an ein Dasein nach dem Tod anfangen kann, hilft man dem todgeweihten Kind durch seine Anwesenheit.

Hilflosigkeit

Kinder, die sterben werden, fühlen sich genauso hilflos wie schwerkranke. Für Kinder gibt es keinen wesentlichen Unterschied zwischen krank sein und sterben müssen, solange die Erwachsenen ihre Unsicherheit und Ratlosigkeit verarbeiten können, solange die Kinder nicht von Stimmungen und Gefühlen der Erwachsenen überschwemmt werden. Unsere Erfahrungen mit kranken Kindern können uns sehr gut auf die Aufgabe vorbereiten, die bei einem sterbenden Kind auf uns wartet.

Auch kranke Kinder brauchen einen, wollen einen in ihrer Nähe haben. Wie oft rufen sie einen, wie schwer ist es, sie zuweilen allein im Zimmer lassen zu müssen. Welche Eltern kennen nicht die durchwachten Nächte am Bett eines schwerkranken Kindes? Kinder fühlen sich gänzlich aus der Bahn geworfen, wenn sie krank sind, sie sind so leicht verwirrt; sie klammern sich an den Erwachsenen, um das Gewohnte und Normale, das Bekannte wiederzufinden. Dann spielt man ein wenig mit ihnen, spricht mit ihnen über ihre Freunde, über alles, was man unternehmen wird, wenn sie wieder gesund sind; man erzählt Geschichten und singt mit ihnen. Man sorgt dafür, daß das liebste Spielzeug ganz in der Nähe ist. Wenn sie Hilfe brauchen oder wenn sie Medikamente einnehmen müssen, muß man zur Hand sein; von vertrauten Erwachsenen nehmen sie auch Dinge hin, die unangenehm sind und weh tun, weil sie wissen, daß dieser Mensch nur Gutes für sie will.

Im Dunkeln fürchten sie sich besonders, werden manchmal von panischer Angst überfallen. Auch vor dem Sterben; den Gedanken kennen sie häufig schon, wissen aber noch nicht viel damit anzufangen. Beim vertrauten Erwachsenen wollen sie die Sicherheit spüren, daß das nicht passieren wird. Die Sicherheit, die dem Kind Ruhe gibt und dennoch wahrhaftig bleibt: Wie gibt man die?

Selbst wenn man weiß, daß das Kind aller Wahrscheinlichkeit nach sterben wird, muß man ihm das sichere Gefühl geben können, daß Sterben nicht Abschied von einem bedeutet. Denn das verursacht die Angst, die Panik: Fortgehen zu müssen wegen etwas, das »tot« heißt. Wenn man selbst mit dem Gedanken an den Tod so umgehen kann, daß man die Sicherheit vermittelt: Wir bleiben zusammen – dann kann sogar das Wort »Tod« fallen. Dann kann das Kind fühlen: Sterben kann weh tun, aber schlimm, wirklich schlimm ist es nicht. Das Kind fühlt sehr genau, daß der Tod eine Trennung zwischen den Lebenden und den Verstorbenen bedeutet, zwischen den Menschen hier auf der Erde und denen »im Himmel«, aber das Band zwischen den Menschen bleibt bestehen. Es will die Sicherheit von Vater und Mutter spüren, es will wissen, daß das auch für sie gilt, daß in der Verbindung zwischen Menschen der Tod keine Trennung, sondern eine Veränderung ist, und daß das Band zu den Eltern bestehen bleibt.

Es ist eine schwere Aufgabe, die eigene Hilflosigkeit zu überwinden, um dem Kind diese Sicherheit zu geben. Um das Wesentliche des Todes, die bleibende Verbindung zwischen den Menschen, als Metamorphose erfahren zu können, muß man sich innerlich ganz anders verhalten als beim Sterben eines Erwachsenen.

Bei einem sterbenden Erwachsenen lebt man mit ihm seinem Tod entgegen; indem man mit ihm auf das Ende seines irdischen Lebens zugeht, blickt man gleichzeitig zurück. Man unterstützt sein Sterben, indem man die schon deutlich aufsteigenden Erinnerungen an sein fast abgeschlossenes Leben mitträgt. Für den sterbenden Erwachsenen ist der Tod ein Bruch im Dasein, der abrupte Übergang vom irdischen Reich in das Seelenreich, auf das er warten muß. Der sterbende Erwachsene wird die innerliche Wandlung durchmachen müssen, die der Tod für ihn ist. Für den Erwachsenen ist der Tod vor allem eine Bewußtseinsveränderung.

Das gilt nicht für das Kind. Das Kind lebt vorgreifend, und so wächst es auf, und so holt es sich auch die Zukunft ins Leben. Darum lebt es fortwährend in einer unsagbar reichen Gegenwart. Kinder zwingen einen stets, von Augenblick zu Augenblick zu leben, sie kommen immer wieder mit einem neuen Erlebnis, einer neuen Erfahrung zu einem. Als Erziehender hat man stets die Aufgabe, zu tun, was das Kind nicht kann: Dem

Leben-im-Moment den inneren großen Bogen in die Zukunft hinzuzufügen, damit zu rechnen, daß nach dem Morgen ein Nachmittag und dann ein Abend kommt, nach dem heutigen Tag ein nächster, und der ist der Grund dafür, daß man nicht im Augenblick stehen bleiben kann, sondern – zum Beispiel ins Bett gehen muß, weil morgen der nächste Tag sein wird. Als Erwachsener rechnet man dauernd mit diesen Dingen, man nimmt vorweg und holt die Zukunft in den eigenen Bereich, indem man bewußt auf sie zu lebt. Man fügt, um ein schweres Wort zu gebrauchen, den Bewußtseinspol dem weiteren Leben hinzu. Das kann das Kind noch nicht, es geht ganz im Lebenspol auf. Man muß als Erwachsener dem Leben des Kindes stets helfend den Bewußtseinspol hinzufügen.

So muß man auch ein sterbendes Kind genau umgekehrt wie einen sterbenden Erwachsenen begleiten: nicht rückblickend, sondern mit dem Kind voraus in seine Zukunft lebend; man schaut mit dem Kind voraus. Und gleichzeitig muß man sich auf sein Sterben einstellen, seinen Tod, der für einen selbst ein Ende bedeutet. Aber man darf in diesem Falle nicht vorauseilen, denn würde man das tun, könnte man nicht Weggefährte des Kindes sein. Man wird zu trauern beginnen, was wohl für einen selbst begründet ist, weil man das Ende nahen fühlt, aber im Hinblick auf das Kind, das vorauslebt, nicht realistisch ist. Man sollte nicht anknüpfen an das, was das Kind durchmacht, sondern nur in dessen Gefühlen aufgehen.

Für das Kind wird es stets noch einen nächsten Tag geben. Es lebt weiterhin voraus orientiert, ohne wirkliches Bewußtsein vom Ende. Darum muß man auch weiterhin mit ihm genießen, alle Augenblicke ausnutzen, die einem noch bleiben. Nur so kann man mit dem Kind seinem Tod entgegenleben, weil man dann in den Prozeß einbezogen ist, den es durchmacht. Wenn es stirbt, braucht es keinen Sprung ins Nichts, ins Dunkel zu tun. Es lebt voraus, und weil es ein Kind ist, lebt es sterbend voraus zu dem Licht, aus dem es gekommen ist. Um das Licht zu erreichen, braucht es keine innere Wandlung durchzumachen wie der Erwachsene.

Ältere Kinder ahnen bereits die Erlebnisse, die für die Erwachsenen dem Schritt ins Nichts vorausgehen. In dem Maße, in dem sie sich dem irdischen Erwachsensein nähern – wenn sie ungefähr zehn Jahre alt geworden sind –, werden sie zwischen den beiden Erfahrungen hin und hergerissen: Daß das Sterben ein Ende des Lebens bedeutet und daß man mit dem Tod zurückgeht in die Welt, aus der man gekommen ist. Solange sie Kind sind, wird sich das Kindliche als stärker erweisen, obwohl sie immer mehr von Angstgefühlen vor dem nahenden Tod überfallen werden.

J. Chr. Hampe berichtet in »Sterben ist ganz anders« auch über einige Erfahrungen, die gerettete Kinder mit dem »Sterben« gemacht haben.[20] So berichtete ein vierjähriges Kind, das nach dem Ertrinken wiederbelebt wurde, es hätte so schön mit Engeln auf einer Weide voller Blumen gespielt. Ein Mädchen von zehn Jahren, das beinahe ertrunken wäre, hatte schon ein bißchen die Erfahrung, die der Erwachsene hat. Es fühlte, wie es eine Grenze überschritt und in eine neue Wirklichkeit trat, wo es von einer Fülle von Licht umstrahlt und zärtlich und liebevoll aufgenommen wurde. Es blieb voll bei Bewußtsein und kuschelte sich (so versucht es seine Erfahrung auszudrücken) einfach in die große Hand aus Licht – bis es von seiner Mutter an den Haaren aus dem Wasser gezogen wurde. Es brauchte lange, sagt es, um seine Enttäuschung zu verarbeiten, wieder diesseits der Grenze zu sein, dem großen Licht entrissen.

Dieses Mädchen von zehn Jahren hat also schon das Gefühl, eine Grenze zu überschreiten; kindlich kann es sich noch in das Licht kuscheln, das es beschirmt und umhüllt.

Ich möchte es noch anders ausdrücken. Wenn für den Erwachsenen der Tod kommt, bedeutet das, daß er dabei eine Umkehr durchmachen muß. Der Sterbende bereitet diese Umkehr vor, indem er seine Vergangenheit zu sich heranholt; wir können ihm dabei behilflich sein.

Wenn ein Kind stirbt, begibt es sich wieder in die Welt, aus der es gekommen ist, aber es geht nicht »zurück« in dem Sinne, daß es sich umwenden müßte. Es lebt weiterhin vorausorientiert auf eine Metamorphose zu, die keine Bewußtseinsveränderung ist, sondern der Übergang in einen anderen Lebenszustand. Unser »Geburtsgeleit« für ein Kind besteht darin, daß wir die innerliche Umkehr durchmachen müssen, die der Tod von Erwachsenen fordert. Wenn wir sterben, machen wir diese Umkehr in dem Augenblick durch, da wir ins Nichts treten. Wenn wir das Sterben von Kindern mitmachen, erfahren wir diese Umkehr durch einen Sterbeprozeß in uns, der dem Sterben des Kindes vorausgeht. Wir müssen lernen zu sterben, ohne daß uns – wie bei einem sterbenden Erwachsenen – durch einen äußeren Sterbeprozeß ein anderer hilft. Sterbegeleit für ein Kind fordert von uns, ohne Unterstützung den Schritt ins Nichts eines innerlich erfahrenen Todes zu tun, es fordert von uns, während des Lebens sterben zu lernen.

Durch diesen tiefschmerzlichen Prozeß wird das Sterbegeleit für ein Kind jedoch schon vor dem eigentlichen Todesaugenblick zum Geburtsgeleit in die Welt des Lichtes. Darum ist es aber gleichzeitig so sehr viel schwerer, ein sterbendes Kind zu begleiten. Wir müssen das Geheimnis des Sterbens während unseres Lebens durchmachen, wir müssen es lernen, auf eine neue Art weiterzuleben und zugleich behutsam mit dem Kind umgehen, das mit seinem körperlichen Zustand kämpft.

Mut

Das Geheimnis des Sterbens während des Lebens ist das ureigene christliche Geheimnis. Das Christentum hat in den Jahrhunderten seit der Auferstehung von Jesus Christus für die Menschen so große Bedeutung haben können, weil es im Hinblick auf den Tod eine neue Sicherheit brachte. »Wer sich glaubend mit meiner

Kraft erfüllt, wird leben, auch wenn er stirbt« (Joh. 11, 25). Gewiß haben auch die Ideen und Vorstellungen dazu beigetragen, die in der christlichen Lehre Gemeingut geworden sind, auch wenn sich zeigte, daß sie in ihren traditionellen Formen häufig den modernen Auffassungen nicht standhalten konnten und neu überdacht werden mußten. Doch die wichtigste Veränderung, die im Lebensgefühl herbeigeführt wurde, ist auf die Erfahrung zurückzuführen, daß der Tod seinen Platz in unserem Leben hat. Den Sieg über den Tod am Ende des irdischen Lebens können wir innerlich eher zu erleben versuchen. »Wer an Ihn glaubt, soll lernen zu sterben während seines Lebens, und er wird weiterleben in der Kraft, die den Tod besiegt«, könnten wir sagen. Das Geburtsgeleit für ein sterbendes Kind appelliert an unser Vermögen, innerlich wiedergeboren zu werden, an die Kraft des Glaubens, die die innerliche Wiedergeburt veranlaßt.

Nun ist »glauben« heutzutage für viele Menschen genauso ein undeutlicher, verschwommener Begriff geworden wie zum Beispiel »Frömmigkeit«. Der »Glaube« ist in die Nähe jener Ideen und Vorstellungen gerückt, mit denen man zwar umgeht, von denen man aber das Gefühl hat, sie seien irreal. Oder er ist zu einer zwar wichtigen inneren Antriebskraft für den Gläubigen verkümmert, die allerdings sonst keine Realität hat. Nun ja: Glauben! Wenn jemand nach seinem »Glauben« gefragt wird, will man eigentlich nur wissen, welchem Katalog von Lehrauffassungen, in dem sich die eine religiöse Richtung von der anderen unterscheidet, er anhängt. Das ist ein dürftiger Rest dessen, was der Glaube sein kann.

Glaube ist mehr. Er ist, wie Luther es noch spürte, so etwas wie ein Sinnesorgan für das Unsichtbare. Der Brief an die Hebräer betont, daß der Glaube ein fester Grund dessen ist, was wir hoffen, ein Beweismittel für Dinge, die wir nicht mit Augen sehen. »Der Glaube ist die wesenhafte Vorauswirkung dessen, das unsichtbar noch im Zukunftsschoße ruht« (11,1). Glaube ist eine Frage des Mutes, des Mutes, der aus dem Herzen kommt. Glauben kann man, wenn man »Viel Herz« hat. Der Glaube ist die Kraft des Mutes in der Seele.

An dieser Stelle sei ein Erlebnis eingefügt, das Laurens van der Post berichtet.[21] Er war bei einem Stamm der Buschmänner zu Gast und sah, wie an der Grenze zu der vom Feuer beleuchteten Fläche eine Frau ihr kleines Kind mit beiden Armen hoch über ihrem Kopf den Sternen entgegenstreckte und dazu mit himmelwärts gewandtem Gesicht sang. Auf seine Frage, was sie dort mit dem Kind täte, bekam er die Antwort, daß sie die Sterne bäte, das kleine Herz ihres Kindes zu nehmen und ihm dafür das Herz eines Jägers zu geben; denn die Sterne, sagte sein Begleiter, hätten Herz im Überfluß und wären große Jäger. Der Buschmann, der sich als Jäger ernähren muß, erbittet für sein Kind das größte Geschenk, das er sich vorstellen kann. Sein Glaube beruht auf einem tiefen Vertrauen.

Das sterbende Kind bittet uns um alle Liebe, die wir im Herzen haben. Einem sterbenden Kind beizustehen ist ein Appell an unser Vertrauen, unseren Mut, innerlich sterbend leben zu lernen durch eine gänzlich innere Tat.

> Von allen Menschen fügtest du
> den größten Schmerz mir zu
> von allen Menschen sollest du
> der liebste sein.

Was dieses kleine Gedicht von J. H. Leopold ausspricht, das gilt für alle, die einem sterbenden Kind beistehen müssen.[22]

»Mein Kind«

Vor allem der Mut, den wir Glaube nennen, der aus dem Leid geboren wird und der uns befähigt, noch mehr zu lieben, gibt uns die Möglichkeit, innerlich so beweglich zu werden, daß wir lernen, im Sterben des Kindes mitzugehen, mit dem Kind im

voraus zu leben und zugleich die innere Umkehr durchzumachen, durch die das Sterbegeleit zum Geburtsgeleit wird. Wenn
wir auf diese Weise versuchen, bei allem, was das Kind durchzumachen hat, mitzugehen, dann können wir an seinem eigenen
Geburtsprozeß beim Sterben teilhaben.

Die innere Beweglichkeit, die wir dafür so nötig haben, können
wir fördern, indem wir uns selbst prüfen, mit welcher inneren
Einstellung wir eigentlich mit unseren Kindern umgehen. Ein
großes Hindernis kann das instinktive Gefühl sein, das uns mit
unseren Kindern verbindet. Von Natur leben wir, als bliebe es
immer »unser« Kind, auch wenn es älter wird und dem Elternhaus entwächst. Jeder Elternteil kommt einmal zu der schmerz-
vollen Erkenntnis, daß das heranwachsende Kind nicht »ihr«
oder »sein« Kind bleibt. Selbst wer genau weiß, daß das Verhältnis einmal endet, das in der Kindheit zwischen Eltern und Kindern bestand, wird nur schwer seine fürsorgliche Einstellung
aufgeben können. Doch müssen wir die Kinder innerlich und
äußerlich eines Tages so frei lassen, daß sie ihren eigenen Weg im
Leben gehen können.

Das Sterben eines Kindes verlangt, daß wir uns innerlich von ihm
frei machen. Von ihm als unserem Kind, aber auch von ihm als
Kind.

Was im Leben allmählich geschehen kann, uns aber wahrlich
nicht immer gelingt, müssen wir nun in kurzer Zeit unter
schwierigen Umständen leisten. In der täglichen Fürsorge für
das kranke Kind besteht die innige Lebensgemeinschaft von Eltern und Kind noch voll und ganz, und man möchte bis zum
letzten Augenblick für das Kind sorgen, für einen Menschen, der
nun hilfloser denn je ist. Doch haben wir uns darauf vorzubereiten, daß es nicht mehr Kind sein wird, wenn es gestorben ist.
Man wird Erinnerungen bewahren, aber aus dem gestorbenen
Kind löst sich seine Individualität, frei von dem irdischen Kind-
Sein, die nichts Kindliches hat.

Ich habe bereits von Menschen berichtet, die zum Zeitpunkt der

Empfängnis ihres Kindes deutlich wahrnahmen, daß sich ihnen ein Kindeswesen näherte, das schon vor der Empfängnis ein selbständiges Dasein als Individuum geführt haben mußte (vgl. S. 23). Wer sich mit dem Gedanken an ein vorgeburtliches Dasein des Menschen vertraut machen kann – was heute durch die Wahrnehmungen von immer mehr Menschen bestätigt wird –, der wird sich auch leichter von seinem Kind lösen können, weil für ihn dieses irdische Dasein nur zeitlich ist. So wird die innere Beweglichkeit geweckt, die nötig ist, um das Sterben eines Kindes zu begleiten.

Die innere Distanz von unseren Kindern als »unseren Kindern« kann auch aus anderen Gründen notwendig sein. Das Sterben eines Kindes kann Schuldgefühle wachrufen, die in der auftretenden Form sicher nicht ganz realistisch sind. Wenn wir von Geburt an die unserem Kind eigene Individualität zu erkennen und zu achten versuchen, dann entwickeln wir ein wenig die Beweglichkeit, die wir brauchen. Im täglichen Umgang müssen wir es lernen, die Äußerungen des Kindes als Kind – auch in seiner Eigenschaft als »unser« Kind, wodurch es mit vielem behaftet ist, was es vorläufig von uns übernommen hat – und als Äußerungen einer selbständigen Individualität zu achten. Wenn uns das gelingt, bewahrt uns das beim Sterben des Kindes davor, zuviel auf uns selbst zu beziehen. Häufig haben Eltern alle möglichen »Schuldgefühle«. Wie begreiflich das auch sein mag, mit diesen Gefühlen stellen sie sich nicht auf das Schicksal ihres Kindes ein. Auch die verständliche Reaktion von Eltern und oft auch Großeltern »Warum darf ich nicht für das Kind sterben?« wird dem Schicksal eines anderen Menschen, mit dem wir so stark verbunden sind, nicht ganz gerecht. Das Kind hat sein irdisches Dasein, weil man ihm auf die Welt verholfen hat; man hat es in die Welt gesetzt. Durch die eigene Tat gibt es das Kind, und eine Zeitlang ist es auch das »eigene« Kind. Aber es hatte auch in der geistigen Welt den eigenen Entschluß, geboren zu werden. Es wollte zu diesen Eltern, in diese Familie kommen. Wie es hier lebt und wie lange es auf Erden sein wird, das ist etwas, das wir durch unsere Fürsorge und Zuneigung höchstens etwas beeinflussen können. Mit der Möglichkeit, hier geboren zu werden, bekommt der Mensch zugleich auch die Gewißheit, sterben zu müssen. Der genaue Augenblick seines Sterbens liegt nicht in unserer Hand.

Im Tod genesen

Vor dem Hintergrund der Erkenntnis eines pränatalen Daseins des Kindes kann uns der Mut, den wir Glaube nennen, helfen, das zu akzeptieren, was geschehen muß. Das heißt nicht, daß wir nicht doch alles täten, das Leben des Kindes zu retten! Gerade darum gehört ja großer Mut dazu, eines Tages einzusehen, daß das Sterben des Kindes unabwendbar geworden ist. Wenn wir uns dann nicht weiterhin dem Unabänderlichen widersetzen, sondern im Prozeß des Sterbens mitgehen können, dann werden wir von unserer Voreingenommenheit befreit, dann wird die innere Umkehr, die wir durchmachen müssen, tatsächlich eine Wiedergeburt sein können, die Lebenskraft schenkt.
Der Tod schöpft Leben, sagt die fundamentale christliche Wahrheit, und zwar sowohl am Ende als auch während des irdischen Lebens. Das zeigt sich auch im Jahreskreislauf der Natur zyklisch in endloser Reihenfolge, woran wir mit unserem Dasein teilhaben, das in die natürlichen Lebensprozesse eingebettet ist. Das christliche Erleben des Jahres kennt in seinem Kreislauf zwei Übergänge, die uns das deutlich machen. Im Herbst, wenn die Natur sich auf die Kälte und Abgestorbenheit des Winters vorbereitet, stehen wir inmitten der sterbenden Natur mit der Frage: Werde ich selbst, da nun um mich herum alles abstirbt, die Kraft finden, um weiterzuleben? Nicht von ungefähr leiden so viele Menschen im Herbst an Niedergeschlagenheit und Depressionen; sie spüren das große Sterben, das die Natur ergriffen hat und das sie mitreißen will. Im Frühjahr, wenn die Knospen

wieder aufbrechen, alles wachsen und blühen will, werden wir mit einer inneren Todesfrage konfrontiert. In der Zeit vor Ostern erfüllt uns das Leiden und Sterben des Mensch gewordenen Gottes; das Rätsel vom Tod und dem Sieg darüber berührt uns im Frühjahr noch stärker als im Herbst. Der Herbst ruft uns trotz des Todes zum Leben auf, das Frühjahr hingegen ruft uns dank des Todes zum Leben auf. Das Miterleben des Leidens eines anderen, das Mitgehen auf dem Leidensweg vermag uns über allzu persönliche Probleme zu erheben und kann uns im Hinblick auf Ostern den Mut und die Zuversicht geben, nicht in dem eigenen Kummer zu verharren.

Leben trotz des Todes – Leben dank des Todes. Zweifach schenkt der Tod Leben, so lehrt das christliche Erleben des Jahreskreislaufes. Wer so die Sprache der Natur durch christlich orientiertes Gemüt zu verstehen lernt, findet die Kraft, sein persönliches Leid tragen zu lernen. Das Empfinden eines tieferen Zusammenhanges, der wechselseitigen Abhängigkeit der inneren und der äußeren Welt, erwacht im Licht des christlichen Geheimnisses vom Leben schenkenden Tod.

Ida Gerhardt dichtete einst den »Brief an die Großeltern«.[23]

> Das Kind, das wir so flehentlich gewünscht,
> sein Erden-Leben währte nur einen Tag,
> Es schneite schon, als wir es trugen,
> wo nun das Kreuz errichtet ist.
> Ich hab den Acker pflügen dürfen,
> die Erde trägt die Wintersaat.

So kann das Erleben des christlichen Mysteriums von Tod und Auferstehung im Verlauf des Jahres für uns Vorbereitung auf das Sterben von Kindern sein; wir lernen mitzuleben mit dem Sterben des Menschen, den wir als Kind lieben. Wenn es uns dann auch noch gelingt, etwas von dem Schmerz des Menschen mitzuerleben, der seinen Erdenweg vorzeitig beenden muß, werden wir davor bewahrt, in einen Kummer zu versinken, der uns blind macht.

Man sagt, Liebe mache blind, und damit meint man den rosaroten Schleier der Verliebtheit, der Fehler und Irrtümer des geliebten Menschen verbirgt. Liebe macht auch sehend, zugunsten der positiven, guten Seiten des anderen, seiner wirklichen Persönlichkeit. Genauso können auch Schmerz und Leid und überwältigender Kummer blind machen. Genauso kann Kummer also auch sehend machen: im Erleben des Leides eines anderen Menschen, der als Kind sterben muß.

Frei werden von sich selbst und den eigenen Gefühlen: darin besteht die Bewußtseinsveränderung, die das Sterben eines Kindes von uns verlangt. Wir können durch die Art und Weise, wie wir mitgehen im Sterben des Kindes, »auf den Tod genesen«. In dieser Genesung liegt die Befreiung für denjenigen, der mit dem geliebten Kind, das sterben wird, den Weg zu einer neuen Geburt gehen will.

Mit einigen Gedanken über das Begleiten eines sterbenden Kindes im Zeichen von Geburt und Wiedergeburt möchte ich diesen Teil des Buches zusammenfassen und abschließen.

Unser Kind stirbt

Wenn wir wissen, daß ein Kind sterben wird, wollen wir noch alles tun, was in unserer Macht steht. Mit welcher inneren Haltung gehen wir dann mit dem sterbenden Kind um? Wie lernen wir es, den Tod eines geliebten Kindes zu verarbeiten? In diesem Kapitel will ich zum Abschluß zusammenfassen, was in diesem Buch bisher zur Sprache kam.

Nähe

Unser Kind fordert von uns, daß wir ihm unsere ganze Aufmerksamkeit, Fürsorge und Liebe schenken; wenn es im Sterben liegt noch mehr, als wenn es krank ist. Das Kind merkt, daß etwas vor sich geht, das es auch dann nicht ganz begreifen kann, wenn es schon etwas älter ist; es braucht unsere Hilfe, um das Unbekannte zu verarbeiten. Es ist ein großer Unterschied, ob das Kind noch sehr jung oder schon etwas älter ist, ob es an den Folgen eines Unfalls oder an einer Krankheit stirbt, ob es bei klarem Bewußtsein bleibt oder auch in seinem Begriffsvermögen nachläßt. Manchmal muß das Kind unangenehme und schmerzhafte Behandlungen über sich ergehen lassen, hat es häufig Schmerzen. Trotzdem werden stets vor allem die, die das Kind kennt und denen es vertraut, ihm helfen können, die Schmerzen und die Zerrüttung zu ertragen, die mit Krankheit und Sterben einhergehen.
Von dem Menschen, der mit einem geliebten Kind einen längeren Weg zum Tod gehen muß, wird viel verlangt. Er muß sich ganz auf dieses Geschehen einstellen. Da ist dann nichts so wich-

tig wie ständige und innige Andacht und Fürsorge. Manchmal wird man das eigene Leben radikal ändern müssen. Man wird so viele Verpflichtungen wie möglich absagen müssen, man wird einen ganzen Lebensrhythmus von Angewohnheiten und Pflichten aufzugeben haben, um dem Kind, das Hilfe braucht, zur Verfügung zu stehen. – Wie war das zu jener Zeit, als das Kind erwartet wurde, dann die erste Zeit nach seiner Geburt? Damals drehte sich alles um das Kind, seine Anwesenheit und sein Rhythmus bestimmten das Leben von Vater und Mutter und der Familie. Die Erinnerung an die Zeit, als das Kind auf die Welt kam, ist auch darum so wichtig, weil die Welt des Kindes im äußeren Sinne nun wieder kleiner zu werden beginnt. Heranwachsend lebte es in eine immer größer werdende Welt hinein, es wurde immer selbständiger und für alle kleinen Verrichtungen brauchte es seine Eltern immer weniger, es verlor zusehends den intimen Kontakt mit seiner unmittelbaren Umgebung, die es fühlend, tastend und sich bewegend in sich aufgenommen hatte. Es entwuchs der Einheit mit seiner Umgebung und begann aus eigener Kraft und eigener Initiative die Welt zu erforschen und zu betreten.

Jetzt wird die Außenwelt wieder kleiner, schrumpft sie zusammen auf das Zimmer und das Bett. Das Kind hat weniger Kontakte, aber es lebt immer noch vorwärtsorientiert und möchte eigentlich weiter in die Welt hineinwachsen. Ab und zu dämmert ihm, daß sich etwas verändern wird: »Mama, ich will überhaupt nicht groß werden, ich möchte immer klein bleiben.« – Wenn es »klein« ist, fühlt sich das Kind bei der Mutter oder beim Vater geborgen; dann ist es nicht einsam, und es ist aufgenommen in die Welt, die ihm vertraut ist, in der es sich geborgen fühlt und in der die unbekannten Dinge von den Eltern aufgefangen werden. Das Gefühl der Geborgenheit in vertrauter Umgebung hatte das Kind auch durch die festen Gewohnheiten, die seinen Tag gestalten und einteilten: das Regelmaß der Mahlzeiten, das Spielen, Einkaufen mit der Mutter, das Erzählen abends vor dem Schlafengehen, die Gebete, die abends und morgens gesprochen wurden, das gemeinsame Singen. Wenn sie krank sind, fallen bei Kindern häufig Eigenarten auf: Sie fallen zurück auf Angewohnheiten, die jüngeren Kindern eigen sind. In der fremden Situation, in der sich das sterbende Kind befindet, ist das nicht anders. Alles, was vertraut ist, die Stimme, die erzählt und singt, die Musik, die in der Familie gemacht wird – alles gibt ihm dann Halt, weil es bekannt ist. Wenn das Kind nicht mehr nach draußen kann, um neue Erlebnisse und Erfahrungen zu sammeln, tauchen Erinnerungen auf, die endlos wiederholt werden müssen. Sie lassen das Kind (wieder)erlebend erfahren, daß es trotz allem noch das alte Ich ist; es fühlt sich getragen von seiner Vergangenheit und kann darum weiterhin vorwärtsorientiert leben. Die familiäre Lebensgemeinschaft mit Eltern und Geschwistern wird wichtiger denn je zuvor. Darum sollte jedes Kind zu Hause sterben dürfen. Im Krankenhaus fühlt es sich fremd, trotz aller Fürsorge und Zuneigung, die ihm dort zuteil wird. Das Krankenhaus ist »für kranke Menschen«, das fühlt das Kind ganz deutlich. Endlos krank zu sein kann ein Kind überhaupt nicht ertragen, sicher nicht, wenn es in seiner Umgebung dauernd das Drohende, Unbekannte fühlt, das wir den Tod nennen.

Ein krankes Kind kann sich nicht mit sich selbst identifizieren, es ist all den Dingen ausgeliefert, die mit ihm geschehen. Oft haben die Eingriffe und die verabreichten Medikamente eine zusätzliche verfremdende Wirkung: Das Kind weiß nichts damit anzufangen. Kinder können noch so krank sein, wenn sie hören, daß sie aus dem Krankenhaus entlassen werden und nach Hause dürfen, bedeutet das für sie, daß es ihnen »besser geht«. Sie mögen wie ein Häufchen Elend aussehen und sich kaum bewegen können, wenn sie zu Hause sind, »geht es ihnen besser«, denn zu Hause wissen sie sich voll und ganz behütet und geborgen.

In vielen Krankenhäusern sind die Kinderabteilungen heute den Eltern zugänglich; man darf dort den größten Teil des Tages verbringen. Aber auch dann bleibt das Kind eine lange Zeit allein,

86

gerade wenn es dunkel ist und das Kind sich besonders ängstigt, wenn es aus dem Schlaf schrickt und nicht genau weiß, wo es ist. Für die Eltern ist der tägliche Aufenthalt bei ihrem Kind im Krankenhaus oft eine wahre Strapaze; sie kommen nicht zur Ruhe, sind dauernd in Eile, bekommen nicht genug Schlaf. Das sind keine guten Voraussetzungen, dem Kind die ruhige und stetige Aufmerksamkeit zu widmen, die es nötig hat.

Wenn man erfährt, daß das Kind eigentlich »aufgegeben« ist, wenn die Behandlung höchstens das Leben verlängern kann, dann sollte man es nach Hause holen. Mit den Ärzten sollte offen besprochen werden, ob es wirklich erforderlich ist, daß das Kind weiterhin all die medizinische Betreuung erhält; häufig ist nämlich das Augenmerk einseitig auf eine mögliche Behandlung gerichtet und die Frage, ob das in Anbetracht des Zustandes des Kindes noch sinnvoll ist, wird dabei leicht außer acht gelassen. Deshalb sollten diese Dinge in aller Ruhe überlegt werden.

Man wird allen Mut aufbringen müssen, um zu dem Entschluß zu kommen, das Kind nach Hause zu holen und dann selbst für es zu sorgen. Aber die Freude des Kindes, »nach Hause« zu dürfen, wird einem viel Kraft geben, die Lebensgemeinschaft mit ihm wiederherzustellen und es zu Hause wieder zu sich selbst finden zu lassen, gerade im Gedanken an das Unabwendbare.

Heilender Todeskampf

Anne Surie hat in dem Buch »Mein Sohn« das Sterben ihres Sohnes Erik beschrieben.[24] Sie erzählt von seinem langen Aufenthalt in der Universitätsklinik, weit weg von zu Hause, und wie sich Erik dort durch die Medikamente immer mehr verändert, kaum mehr Kind sein kann, bis sie den Mut aufbringt, ihn ins Krankenhaus in der Nähe ihres Wohnortes zu holen. Die Behandlung wird beendet. Dort kann Erik wieder zu sich selbst finden, dort beginnt er wieder, »sich selbst zu gleichen«, wie seine Mutter schreibt. »Endlich gewann der Tod Einfluß auf ihn.«

Dann kam das letzte Zusammensein mit Erik: »Ich lag gemeinsam mit ihm in einem heilenden Todeskampf. Dem Todeskampf des Kindes, das ich einst unter dem Herzen getragen hatte. Todeskampf! Es war, als würde ich wachgerüttelt...«

»Einen heilenden Todeskampf« nennt Anne Surie die letzte Erfahrung mit ihrem sterbenden Kind, einen Todeskampf, der auch für sie heilend ist, weil sie »wachgerüttelt« wird. Ich habe bereits darzustellen versucht, was das Wesentlichste beim Begleiten sterbender Kinder ist. Der Erwachsene muß die Umwandlung, die innere Umkehr durchmachen, die der Tod mit sich bringt, und zwar schon dann, wenn das Kind noch lebt. Man muß für das Kind den Sterbeprozeß durchmachen, und darin liegt für den Erwachsenen die Heilung.

Wenn es uns ein wenig gelingt, auf diese Art und Weise unserem Kind das Geburtsgeleit zu geben, machen wir gewissermaßen das durch, was wir »von Natur aus« erfahren, wenn wir alt werden. Ida Gerhardt bringt in ihrem Gedicht »Geburt« oder »Das Werden« diese Erfahrungen klar zum Ausdruck.[25]

Alt zu werden ist das endliche Vermögen
weit weg zu sein von Pflanzen und von Zahlen.
Endlich Aufklärung der Augen,
bevor das Dunkel der Nacht fällt.

Es ist ein Öffnen der Weitsicht,
fast ein Genesen vom Geschundensein.
Ein Verweilen am Rande der Zeitlosigkeit,
als sähe man am Abend das Meer leuchten.

Es ist so nach und nach ein unumstößlich Wissen,
daß du erneuert sein wirst, neu erschaffen,
wenn man von dir einst schreiben wird: entschlafen,
wenn dein Name auf Erden vergessen ist...

Das Begleiten eines sterbenden Kindes kann uns Erfahrungen wie diese vermitteln. Man kann im Vorgriff auf den eigenen irdischen Tod eine Ahnung bekommen von jenem »…unumstößlichen Wissen, daß du erneuert sein wirst und neu erschaffen…« Es ist das Wissen um die Wiedergeburt im Tod, die das Sterben mit sich bringt. Täglich von Stunde zu Stunde mit dem sterbenden Kind mitleben zu dürfen ist eine inspirierende Hilfe, wenn man die Bewußtseinsveränderung zu erfahren beginnt, die der Tod verlangt. Das ist am besten zu Hause in der eigenen Umgebung möglich. Dort kann das Kind auch sterben wie ein Kind. Man kann sich innig in sein Kind einleben und gerade, weil man ihm nahe ist, kann man suchen, die notwendige innere Distanz zu schaffen und sich die Beweglichkeit zu erwerben, die man für seinen Beistand braucht.

Das Kind, das selbst so beweglich ist, hilft einem dabei. In sein Spielen werden wir selbstverständlich auch Tod und Sterben einbeziehen, weil sie dazugehören; in seinen Liedern singen wir davon. Auch dann, wenn es selbst im Sterben liegt.

Clara van Rijn erzählt in ihrem Buch »Hallo Anke« von ihrer Tochter Anke, vom »fröhlichen Leben und tristen Sterben ihrer fünfjährigen Tochter«, wie auf dem Umschlag des Buches steht. Ungefähr einen Monat vor ihrem Tod findet sie Anke langausgestreckt in der Diele liegen, neben ihr kniet Eefje, ihre Schwester.

Die Mutter fragt: »Was macht ihr da?«

»Wir spielen, daß ich sterbe«, sagt Anke.

Kann so eine Erfahrung nicht doch eine große Hilfe sein? Wie kann ein Kind anders als im Spiel, in dem es »so tut, als ob«, sich mit der Vorstellung vom eigenen Tod vertraut machen? Wir sollten nicht vergessen, daß Kinder, wenn ihr Tod naht, auch umgeben sind von Verstorbenen, die mit ihnen verbunden sind, und von Engeln, die sich das Schicksal von uns Menschen zu Herzen nehmen. Ein Kind, das seinem Sterben entgegenlebt und spielt, daß es tot ist, befindet sich in der beschützenden Obhut von

Engeln und Verstorbenen; es weiß instinktiv, daß der Tod eigentlich »überhaupt nicht so schlimm ist«.

Wir dürfen nicht zurückbleiben. Darum machen wir uns mit der Bilderwelt der Märchen, Mythen und Legenden vertraut, in denen das Sterben so gestaltet ist, daß sich das Kind damit identifizieren kann. Wir erzählen und lesen vor, wir sprechen Gebete in dem Bewußtsein, uns mit Dingen zu beschäftigen, die das Kind schon weiß, aber immer wieder hören will, um ihm die Sicherheit zu geben, daß es mit diesem Wissen nicht allein steht. Nun ist es auch Zeit, sich Vorstellungen zu machen von dem Reich, das den Kindern noch so verwandt ist, jenem Reich, das wir mit der Geburt verlassen und mit dem Tod wieder betreten; nun ist es auch an der Zeit, jenes Sinnesorgan, das wir Glaube nennen, zum Leben zu erwecken und zu aktivieren.

Man wird oft verzweifeln und sich machtlos fühlen und all den Schmerzen, dem Kummer und der Enttäuschung des Kindes nicht gewachsen sein. Doch steht man allein? Man kann die Niedergeschlagenheit mit vielen teilen, die einem beistehen können, man kann sich ruhig an Menschen seiner Umgebung wenden und sie um Hilfe und Beistand bitten. Und vor allem: Man sollte froh sein über die schönen, herzerwärmenden Erinnerungen, die man an sein Zusammensein mit dem Kind bewahren wird – und seien es auch nur wenige.

Ein altes Wiegenlied kann uns Trost vermitteln:[26]

Schlaf, mein Kind, über Wege weht der Wind,
dort kommen drei Bettler geschlichen:
der eine ist lahm, der andere ist blind,
der dritte kann nicht hören noch sprechen.

Schlaf, mein Kind, über Meere weht der Wind,
und überall ist er in seinem Reiche
im großen Ozean, in jedem engen Fjord
und hier auf unserm winzigen Teiche.

Schlaf, mein Kind, über Wellen weht der Wind,
dort siehst du drei Segelschiffe gleiten:
zuerst ein kleines Boot, sodann ein großes Schiff,
das letzte hat ein Leck an der Seite.

Schlaf, mein Kind, durch die Himmel weht der Wind,
er läßt dort drei große Sterne funkeln:
der eine leuchtet weiß, der andre scheint so rot,
und gelb die Mondensichel im Dunkeln.

Schlaf, mein Kind, durch die Herzen weht der Wind
und will in ihm edle Rosen pflanzen:
der Glaube keimt zuerst, die Hoffnung grünt alsdann,
die Lieb' vollendet alles zum Ganzen.

Schlaf, mein Kind, überall weht der Wind
und flüstert drei göttliche Namen:
den Vatergott zuerst, als zweiten seinen Sohn,
zuletzte den Geist« der helfe uns! – Amen.

Er möge uns helfen, wenn unser Kind, begleitet von unserer
Liebe, zurückkehrt zum Vaterhaus.

Der irdische Abschied

Dann hat man sein Kind zum letzten Mal in die Arme geschlossen. Nun liegt es dort still in seinem Bettchen. Dort sollte es so
lange wie möglich liegenbleiben. Ganz ruhig. Warum sollte es
bis zur Beerdigung irgendwo anders sein müssen? Blumen sollten ihm zur Seite gelegt werden, Kerzen sollten angezündet werden. Man sollte sich die Zeit nehmen, in diesen Tagen bei dem
Kind zu verweilen; manchmal allein, doch hin und wieder auch
mit den vielen anderen, die kommen, um einem beizustehen und
einen über den Verlust zu trösten.

Einen Toten zu sehen, sei es ein Kind oder ein Erwachsener, vertragen meistens nur Erwachsene. Sie können eine Verbindung herstellen zwischen den beiden Erscheinungen des Todes (vgl. S. 34). Auf Kinder wirkt die natürliche Erscheinung des Todes in der Form des verlassenen Körpers fremd und häufig auch furchteinflößend, denn sie können die Gefühle, die Erwachsene dabei haben, nicht verstehen. Es kommt aber auch vor, daß ein Kind unbedingt zu einem aufgebahrten Toten will. Dann ist es am besten, den Besuch nicht bis auf den letzten Moment hinauszuschieben, sondern einen Tag zu warten, bis durch die dann schon beim Toten niedergelegten Blumen nicht mehr der Eindruck der Leere und Kälte entstehen kann.

Ältere Kinder können meistens mit zur Beerdigung, noch problemloser zu einer Einäscherung, wo ihnen die schützende Umgebung eine Hilfe sein kann. Ältere Kinder teilen die Gefühle der Trauertragenden noch nicht ganz, erleben dadurch jedoch, was der Tod den Erwachsenen bedeutet. Die bildliche Aussage des Geschehnisses haben sie noch deutlich vor Augen: Der Leib wird der Erde zurückgegeben, das Individuum ist in seiner Seele frei geworden.

In diesen Tagen sollte man sich auch viel Zeit für die Geschwister und die Kinder der Nachbarschaft nehmen, die alle mitgelebt haben. Einige der Geschichten, die dem verstorbenen Kind erzählt wurden, können auch für sie hilfreich sein; sie können sich hineinversetzen in das Schicksal eines der ihren, das, ohne die irdische Reife erreicht zu haben, zurückgegangen ist in die Welt, aus der es kam. Bilder, wie z. B. die vom Schmetterling oder von der Libelle, Erlebnisse von Märchengestalten aus verschiedenen Bereichen unseres Daseins, sprechen sie ganz besonders an.

Auch ein verstorbenes Kind behalten wir noch ungefähr drei Tage bei uns, bevor wir es begraben. »Begraben« steht hier für Beerdigung und Einäscherung, die auch für ein Kind in Frage kommt. Man wird, vielleicht rein gefühlsmäßig, zwischen diesen beiden Möglichkeiten zu wählen haben. Ein Grab, das gepflegt werden muß, ist häufig eine Hilfe in der Leere, die in den langen Trauermonaten verarbeitet werden muß. Natürlich geht das Leben weiter, wie man so schön sagt, jedoch nie mehr so, wie es einst gewesen ist. Die bleibende Erinnerung in der Form eines Grabes kann neben der Sorge für die Familie und dem Wiederaufnehmen des eigenen Lebensfadens auch Hilfe dabei sein, nicht in Gefühlen unwiderruflichen Verlustes zu versinken.

Mit der Beerdigung nehmen wir Abschied von unserem Kind, irdischen Abschied. Man gibt die sterbliche Hülle eines Menschen fort, der eine Zeitlang eigenes Kind gewesen ist. Es war noch nicht erwachsen, man hätte es weiter umsorgen mögen; und wenn man auch während des Sterbeprozesses von seinem Kind als Kind ein wenig Abschied hat nehmen können, so ist die Wunde in der Lebensgemeinschaft mit ihm dennoch offen.

Genesung kommt auch von anderer Seite. Der rituelle Gottesdienst zur Beerdigung von Kindern bringt eine »genesende Trennung« mit sich und verbindet uns mit der dreieinigen göttlichen Gegenwart.

Von den Kindern sagt das Evangelium, daß ihre Engel im Himmel fortwährend das Angesicht des himmlischen Vaters sehen. Damit wird auch gesagt, daß Kinder dank der väterlichen Kraft, die ihre Körper aufbaut, aufwachsen. Kinder haben zwar das Vaterhaus verlassen, sind ihm aber noch nicht ganz entwachsen. Da das Kind nun verstorben ist, können wir in Demut sagen, daß der göttliche Vater es wieder zu sich in das Vaterhaus genommen hat. Unsere Trauer und der Schmerz über den Verlust hier auf Erden können durch das Bewußtsein gemildert werden, daß es beim himmlischen Vater ist; sie können durch die Hoffnung gelindert werden, daß es uns einst gegeben sein mag, es dort anzuschauen.

»Lasset die Kindlein zu mir kommen«, sagt Christus, und wir dürfen bei der Bestattungsfeier beten, daß Er bei unserem Kind sein möge und es zum Tor des Himmelreiches führt. Jesus Christus selbst ist den Kindern verwandt, die in der Untrennbarkeit leben, im »Zwischenreich« zwischen der irdischen und der himmlischen Welt. Er hat die Liebe zu Gott und zu den Menschen mit seinem eigenen Tod besiegelt. Wenn wir uns in unserer Trauer, mit unserem ärmer gewordenen Herzen an ihn wenden, dürfen wir hoffen, daß er unsere Liebe stärkt, daß er uns hilft, unsere Erinnerungen an unser verstorbenes Kind so stark und so lebendig zu machen, daß dieser Mensch, der unser Kind war, für uns in ihm weiterlebt.

Kinder sind auf besondere Art »Wissende«, sie wissen noch etwas von der himmlischen Welt, sie sind noch nicht im irdischen Schlaf versunken, in dem wir alles, was aus den himmlischen Welten kommt, »verschlafen«. Darum sind sie für uns noch Boten der himmlischen Welt, in ihnen brennt das noch nicht erloschene Geisteslicht für kurze Zeit auf Erden. Da wir uns nun in unserer Verlassenheit an den Gottesgeist wenden, mögen wir spüren, wie im Lichte des göttlichen Geistes die Individualität unseres verstorbenen Kindes kräftiger erstrahlen und zu sich selbst finden wird. Dieser Wahrnehmung kann die andere folgen, daß das verstorbene Kind den Menschen auf Erden etwas bedeuten kann: »In seinem weisen Geleite werden wir Kinder sein...« (vgl. S. 16).

Der Begräbnisgottesdienst für Kinder läßt uns trotz der schmerzlichen Trennung an der verjüngenden Kraft des Geistes teilhaben; wenn wir uns so an die göttliche Dreieinigkeit wenden können, läßt er uns ahnen, was es heißen kann, zu werden wie die Kinder. Während dieses Gottesdienstes wird Asche auf den Sarg gestreut: als ein Versprechen auf ein neues Dasein, in dem der irdische Tod besiegt ist. Als Ausdruck der weckenden und lebentragenden Kraft des Geistes wird der Sarg mit Wasser besprengt. Mit dem Weihrauch, der um den Sarg aufsteigt, erheben wir uns zu den Himmelswelten, aus denen wir den Gruß unseres Kindes erwarten.

Auf diese Art und Weise nehmen wir mit den Worten und dem Geschehen des Rituals irdischen Abschied von unserem Kind, von einem Toten, der durch das Leben genommen worden ist.

Trauer

Nach der Beerdigung beginnt der wirkliche Prozeß der Trauer. Als unser Kind noch lebte, haben wir uns gegen vorzeitig aufkommende Gefühle von Abschied und Ende wehren müssen, haben wir uns nicht der Trauer über den zu erwartenden Verlust hingeben dürfen. Wir haben mit dem Kind auf seinen Übergang zu einer anderen Lebensform hinleben wollen.

Nun ist da die große Leere, der schmerzliche Verlust. Eltern kennen die Erfahrung des so seltsam leeren Hauses, wenn die Familie in Urlaub ist; Väter vielleicht noch mehr als Mütter. Manchmal meinte man, Stimmen im Haus zu hören, Kinderschritte auf der Treppe. Man wußte natürlich ganz genau, daß sie nicht zu Hause waren. – Nun ist da eine bleibende Leere; die selbstverständliche Anwesenheit, die durch so vieles erkennbar war, hat nun ein Ende gefunden. Man hat das Gefühl, ein Teil des eigenen Ichs verloren zu haben; man wird an die Erfahrungen von Menschen erinnert, die einen Arm oder ein Bein verloren hatten und dennoch deutlich fühlten, dieses Glied noch zu haben. Man kommt sich unvollständig vor, man hat sich eine schmerzende und brennende Verletzung zugezogen.

Trauer ist ein Prozeß, ein Prozeß, in dem man sich abgewöhnen muß, auf den Verstorbenen zu warten, es ist eine schmerzhafte Entwöhnungskur, die man durchzustehen hat. Man muß sich an »das Leben ohne« gewöhnen, ohne all das, was durch das Kind und mit dem Kind Teil des eigenen Lebens geworden war. Man wird lernen müssen, den Verlust hinzunehmen, die Leere zu durchstehen; man wird lernen, Leid nicht in sich hineinzufressen, sondern frei auszuleben, man wird merken, daß man sich nicht in eine Höhle des Kummers zurückziehen und sich von den Menschen abkapseln kann. Man darf den Tod nicht verewigen, indem man in seiner Trauer befangen bleibt: »Ihr Trauernden, den Tod noch bekräftigend, was steht Ihr hier, das Licht begrabend...« sagt Nijhoff in einem seiner Stücke.[27] Das ist die Gefahr jeder Trauer: daß wir den Tod noch bekräftigen. Man muß es sich abgewöhnen, auf den Verstorbenen zu warten, man muß lernen, mit seiner Abwesenheit, mit seinem Fehlen in der äußeren Umgebung zu leben. Man würde ihn völlig verlieren, könnte man nicht auf die Kraft zurückgreifen, die durch innerlich geahnte oder erfahrene Wiedergeburt freigemacht wird. Nur durch den Gedanken an die Wiedergeburt kann man sich von sich selbst und von den Gedanken und Vorstellungen befreien, die sich vor allem um die eigene Person drehen. Die Frage, die sich voller Auflehnung gegen das Schicksal immer wieder durchringt: »Warum mußte gerade *mir* das passieren?«, ist nicht sehr fruchtbar. Die moralische Frage, die der Tod demjenigen stellt, der das Sterben mitmacht, ist nie vergangenheitsorientiert, sie weist vielmehr immer in die Zukunft.

Darum ist es viel sinnvoller, auf die Haltung zu achten, die während der Trauer wachsen kann: »Wie finde ich, nach allem, was geschehen ist, mit allem, was ich durchgemacht habe, einen neuen Platz im Leben?« Während man dem sterbenden Kind beigestanden hat, hat man sich verändert, das wird man immer deutlicher feststellen.

Wie nimmt man den Faden seines eigenen Lebens wieder auf? Aus der Kraft der Erinnerung. Die Erinnerungen an das Kind werden einem dabei helfen. Die Trauer, die schmerzhafte Entwöhnung, wird darum vor allem in der Umgebung stattfinden müssen, in der die Erinnerungen zu Hause sind. Es wird so weit kommen, daß man zeitweilig verzweifelt ist und Angst hat, die Erinnerungen könnten einem entgleiten; häufig werden sie erst einmal undeutlich, doch in dem Maße, in dem es einem gelingt, den Faden des eigenen Lebens wieder aufzunehmen, werden sie wieder stärker und reicher werden. In dem Maße, in dem das eigene Leid stiller wird, werden die Erinnerungen stärker.

Das Entkommen aus diesem Leid, das so überwältigend ist, daß es einen völlig in der Gewalt hat, eingesponnen in die eigenen Gefühle, hat A. Roland Holst in dem Gedicht »Das gestorbene Kind« in Worte gefaßt. Eine Mutter singt:

Heute nacht schlief ich mich frei
aus der Wolke dieses Schmerzes –
bis ich, an der Zeit vorbei erwacht,
schaute in den leeren Raum
und in Mond und Schnee
seine Stimme hörte, nicht es aber sah.

Es sang; ich fühlte, daß es vor mir
stand und mir ins Auge blickte.
Mir ward so hell, doch konnte ich
sein Singen nicht verstehen;
ich wußte nur noch, daß mein Kind
sang in Mond und Schnee.

Es sang so hell, es sang so froh,
daß ich nicht trauern mag,
da es doch singen kann und nie
die dunklen Tage sah –
O, läge doch, was ich ihm gab,
nicht verschmäht begraben...

Was ich ihm gab? – O nein, was es
mir sandte – O wundersam –
ein lichtes Blatt der Rose, die blüht,
wohin ich nicht kann reichen,
ein Zeichen seiner Liebe, die
mich in einem fernen Land erwartet.

Das ist die entscheidende Wende in der Trauer: Wenn man zu sehen lernt, was das Kind einem gab, und nicht das, was man selbst für es sein konnte. Dann wird man, frei werdend aus der Enge des eigenen Ichs, einen Blick für die feinen Zeichen bekommen, die einem sagen, daß der Mensch, der eigenes Kind gewesen ist, einem nicht verloren ist.

Für Kinder sind solche Erfahrungen ganz selbstverständlich. Ein Beispiel, das für viele andere stehen kann, will ich anführen. Es war Winter. In einem kleinen Dorf mit einigen hundert Bauerngehöften wurde ein Kind geboren, ein Junge. Es war ein zartes Kerlchen und viel zu früh zur Welt gekommen. Das Kind war nicht lebensfähig und starb nach einem Tag.

Die Eltern waren über den Tod ihres Sohnes sehr betrübt; sie hatten sich so auf das Kind gefreut, ein Brüderchen für die beiden Mädchen im Alter von drei und zwei Jahren.

Die beiden Schwestern erlebten das Sterben des Jungen auf ihre Weise, denn für sie war das Brüderchen nicht fort. Im Gegenteil. Noch wochenlang bezogen sie es in ihr Spiel mit ein, nannten seinen Namen und spielten, als wäre es »in Wirklichkeit« noch da.

Warum sollten solche Erfahrungen von der bleibenden Anwesenheit eines verstorbenen Kindes auf kleine Kinder beschränkt bleiben müssen? Das hängt doch davon ab, wie wir den Tod eines Kindes in unser weiteres Leben einbeziehen.

Ich möchte an dieser Stelle auf die Einsichten hinweisen, die Rudolf Steiner darüber hatte, wie verstorbene Kinder ihren Verwandten auf Erden verbunden bleiben. Steiner stellt dar, daß gestorbene Kinder für das Leben der Menschheit als Ganzes etwas bedeuten. Er sagt, wir Menschen auf Erden hätten es den verstorbenen Kindern zu verdanken, daß Frömmigkeit bestehen kann und daß das Ausmaß, in dem wir selbst fromm sind, stark damit zusammenhängt, wie jung verstorbene Kinder auf uns einwirken.

Das mag für viele vorerst ein fernliegender Gedanke sein. Aber man kann aufgrund dieser Vorstellung auf Dinge aufmerksam werden, die man in der gedanklichen Begleitung des verstorbenen Kindes zu erfahren beginnt. Den Mut, der Frömmigkeit heißt, hat man dabei sehr nötig.

Man wird die Erinnerung an sein Kind mit sich tragen, man wird sich nach dem Sinn des Lebens fragen, das so kurz sein mußte. Diese fragende Haltung, dieses sich wahrhaft selbst aufs Zuhören einstellen, vermag Ahnungen zu erwecken, die eine erste Antwort geben können. Ein Gedicht von Albert Verwey »Beim Tod eines Kindes« tastet sich fragend an so eine Antwort heran.[28]

Sie kam für ein Weilchen und schaute
mit offenem Auge die Welt an.
Dann ist sie dahingegangen.
Wir wußten nie, was sie am meisten bewegte.

Manchmal scheint es, als sei ein Kind
verirrt in dieses Leben.
Es geht, als besänne es sich
und dächte: Wo ist mein früheres Zuhause geblieben?
Wer weiß, ob ich es gleich noch finde.

Manchmal scheint es bei seinem Kommen schon erwachsen
Gleich einer süßen Frucht
bewegt's sich schwankend in der Frühlingsluft.
Die Haut ist warm, die reifes Blut durchströmt.
Es stirbt, so wenig erst ermüdet?
Aber das Rätsel, das es mit sich trug
war sein naher Tod.

Gefallen in das Chaos wie ein Funke
hat seine Gestalt uns kurz entzückt.
Ein Funke, der – wieder erlosch.
Nun tasten wir nach Farbe und nach Wort
und nähren die Erinnerung
mit Gedichten oder einer Zeichnung.

Allmählich beginnt man, einen neuen Platz im Leben zu finden; mit gewisser Ruhe vermag man auf den Verlust zurückzublicken und stellt fest, daß man durch all diese Erfahrungen ein anderer Mensch geworden ist. Man hat andere Werte angenommen, man steht nun als ein Mensch in der Welt, der zwischen den Dingen, die wichtig bleiben, und denen, die von vorübergehendem Interesse sind, unterscheiden kann. Jacques Lusseyran, der als Achtjähriger blind wurde, entdeckte schon bald, daß er, der Blinde, durch den Verlust seines Augenlichtes ein ganz neues Verhältnis zum Licht bekam. Er verlor das Licht seiner Augen und fand in sich selbst das unversehrte Licht wieder. Er brauchte sich nicht an das Licht zu erinnern, denn es war da, es war im wahrsten Sinne des Wortes eingraviert in sein ganzes Wesen, in seinen Körper und seine Seele. Das Licht war da, und es war dasselbe wie zuvor, nur sein Standpunkt hinsichtlich des Lichtes hatte sich verändert: Er war seinem Ursprung nähergekommen. Er konnte nicht mehr sagen, daß das Licht außen wäre und von außen käme, und ebensowenig, daß es aus seinem Inneren käme. Es war, als ob das Licht von dem Augenblick an, da er blind wurde, die Außenwelt und ihn selbst mit einer einzigen Bewegung in einem Griff umschloß.

Wie er das Licht, in dem er lebte, »sah«, hing ganz von seiner eigenen Verfassung ab; das Licht veränderte sich entsprechend seiner inneren Verfassung und war auch von seinem körperlichen Zustand abhängig, von Müdigkeit oder Ruhe, von Spannung oder Entspannung. Die letzten Veränderungen waren nicht so eingreifend; die großen Veränderungen hingen von seiner inneren Verfassung ab. Wenn er traurig oder ängstlich war, wurden alle Schattierungen des Lichtes dunkler und alle Konturen undeutlich; wenn er aufgeweckt und aufmerksam war, wurden die Bilder, die das Licht ihm gab, heller. Groll oder ein schlechtes Gewissen bewirkten Dunkelheit, ein großmütiges Vorhaben oder ein mutiger Beschluß sandten ihm einen hellen Lichtstrahl.

Traurigkeit, Haß und Angst verdunkelten nicht nur seine Welt, sie machten sie auch kleiner und bauten überall Hindernisse auf. Dann stieß er sich häufig und stolperte dauernd. Mut, Aufmerksamkeit und Freude hatten zur Folge, daß Räume sich öffneten und heller wurden; dann wurde seine Welt weit. Ganz allmählich lernte er, daß Liebhaben sehen bedeutet.

So eine Erweiterung der Welt kann einem in der Begleitung des verstorbenen Kindes zuteil werden. Man wird, wenn das Bewußtsein durch die Liebe zum Kind erweitert wurde, reicher als früher geworden sein. Man hat dann selbst erfahren, daß Liebhaben bedeutet, sehend zu werden.

II
TEXTE AUS VORTRÄGEN
VON RUDOLF STEINER

Einleitung

Rudolf Steiner hat oft über den Tod und über das Verhältnis der Lebenden mit den Verstorbenen gesprochen, und zwar besonders während des Ersten Weltkrieges. Dabei wies er auf die tiefe Bedeutung hin, die das Sterben so vieler junger Menschen für die Menschheit hat. Er sah sich veranlaßt, seine Zuhörer auf die große Verantwortung aufmerksam zu machen, die wir den Toten gegenüber haben, und er zeigte die Wege auf, die gegangen werden können, um die Verbindung zu den Verstorbenen zu erhalten.

Steiner geht davon aus, daß wir Menschen eigentlich Bürger zweier Welten sind: einer irdischen Welt, die zwischen Geburt und Tod unsere Heimat ist, und einer geistigen Welt, in der wir zu Hause sind, bevor wir geboren werden und nachdem wir gestorben sind. Zu Zeiten unseres irdischen Lebens haben wir im allgemeinen höchstens eine undeutliche Vorstellung von dieser geistigen Welt; viele Menschen leugnen deren Realität, andere glauben daran, ohne selbst über konkrete Erfahrungen zu verfügen.

Steiner ging davon aus, daß in jedem Menschen Fähigkeiten schlummern, die es ihm ermöglichen, sich Einsicht in die geistige Dimension des Daseins zu verschaffen. Er empfand es als seine Aufgabe, diese Fähigkeiten zu wecken; in seinen Büchern und Vorträgen wies er immer wieder auf die dafür zur Verfügung stehenden Möglichkeiten hin. Man kann sowohl die eigenen schlummernden Fähigkeiten zu entwickeln versuchen als auch aufmerksam darauf werden, wie alles, was Geist ist, auf das irdische Dasein einwirkt.

Die Vorträge, aus denen hier Passagen wiedergegeben werden,

wurden ohne Ausnahme vor Zuhörern gehalten, die bereits über anthroposophische Grundkenntnisse verfügten. Ursprünglich waren sie als mündliche, nicht als schriftliche Mitteilungen gemeint.

Dennoch meine ich, es verantworten zu können, diese Texte hier aufzunehmen, denn sie werfen ein Licht auf die Probleme, die uns beschäftigen, und sie sind eine große Hilfe für Menschen, die durch den Tod eines geliebten Angehörigen, vor allem eines Kindes, voller Fragen und vielleicht auch voller Ratlosigkeit sind.

Zur Erläuterung der hier auftauchenden Begriffe sei kurz skizziert, daß Rudolf Steiner seinem Menschenbild eine Viergliedrigkeit zugrunde legt: das ist der physische Leib, der Ätherleib oder Lebensleib – Träger der lebensaufbauenden Kräfte –, der Astrallcib oder Empfindungsleib – Träger der Neigungen, Wünsche und Begierden usw. –, und das Ich, das den Menschen über alle anderen Lebewesen der Erde erhebt. So wie der Mensch durch seinen physischen, stofflichen Leib zur Welt der toten Stoffe gehört, so gehört er durch seinen Ätherleib zur Welt des Lebenden, zur Ätherwelt. Der stoffliche Leib vergeht nach dem Tode, er löst sich in die Welt der Mineralien auf; der Ätherleib wird dann in die Welt des Lebens aufgenommen. Gemeinsam mit ihm verlassen Astralleib und Ich beim Tod den physischen Leib.

In den Kriegsjahren 1914–1918 begann Rudolf Steiner jeden seiner Vorträge mit zwei mantrischen Sprüchen als Fürbitte an die Schutzgeister all derer, die unter diesen besonderen Umständen ein schweres Schicksal zu ertragen hatten. In diesen Sprüchen werden die Lebenden als »Erdenmenschen«, die Verstorbenen als »Sphärenmenschen« angesprochen.

Für die im Felde Stehenden sagte er:

Geister eurer Seelen, wirkende Wächter,
Eure Schwingen mögen bringen
Unserer Seelen bittende Liebe

Eurer Hut vertrauten Erdenmenschen,
Daß, mit eurer Macht geeint,
Unsre Bitte helfend strahle
Den Seelen, die sie liebend sucht.

Und für die Gefallenen sagte er:

Geister eurer Seelen, wirkende Wächter,
Eure Schwingen mögen bringen
Unserer Seelen bittende Liebe
Eurer Hut vertrauten Sphärenmenschen,
Daß, mit eurer Macht geeint,
Unsre Bitte helfend strahle
Den Seelen, die sie liebend sucht.

Jungverstorbene

Am 26. Januar 1915 hielt Rudolf Steiner in Berlin einen Vortrag unter dem Titel: »Die Zeitforderung nach geistiger Erkenntnis«.[29] Darin geht er auf eine seinerzeit in psychiatrischen Kreisen herrschende Anschauung ein, derzufolge spirituelle oder psychische Phänomene identisch mit den materiellen, physischen Prozessen gesehen werden. Eine richtige Einsicht in diese Problematik ist vor allem wichtig, wenn man sich fragt, was der Mensch bei seinem Tod eigentlich von dem mitnehmen kann, was er hier auf Erden erworben hat. In der Vergangenheit haben die verschiedenen Religionen den Menschen auf den Tod vorbereitet.

»Aber das Wesentliche, was allen diesen Religionssystemen gemeinschaftlich ist, das ist, daß alle diese Religionssysteme der menschlichen Seele Vorstellungen liefern, durch welche die Seele sich stark macht, um in die geistige Welt einzutreten, daß die Seele auferweckt wird in ihren geistigen Untergründen. Was dann die einzelnen Religionslehrer den Seelen geben, das geben sie nach den Fähigkeiten der Seelen, nach den, ich möchte sagen, Bedingungen der einzelnen Menschenrassen, nach den klimatischen Verhältnissen oder den sonstigen Verhältnissen des Landes und der Zeit, in der sie aufzutreten haben. Aber allen ist das gemeinsam, daß sie die Seelen der Menschen stark und kräftig machen, man kann auch sagen, innerlich leuchtend machen, damit die Seelen nicht nur in der physischen Welt real sind, sondern auch in der geistigen Welt real sein können. Seelenstärkung ist das, was als ein Universell-Wahres nach den verschiedenen Möglichkeiten in allen Religionssystemen gegeben worden ist.

Unsere Zeit ist nun in die Notwendigkeit versetzt, die geistige Welt nach und nach immer mehr und mehr anders aufzunehmen, als verflossene, vergangene Zeiten das konnten.

Gewisse Vorstellungen, die sich seit dem Aufblühen der neueren Naturwissenschaft einmal gebildet haben, muß unsere Zeit innerlich erstarken, innerlich erkraften, so daß die Seele gerade durch solche Vorstellungen fähig wird, in der geistigen Welt nicht tot, sondern lebendig zu sein. Dadurch kommt von selbst etwas Tieferes, etwas die Seele allerdings mehr Anstrengendes, aber Tieferes zustande, als die verschiedenen Religionssysteme zustande gebracht haben. Ich habe im Laufe der Jahre verschiedene Gründe angegeben, warum unsere Zeit zur Geisteswissenschaft berufen ist. Aber ich möchte sagen: Für den, der dem geistigen Leben nahesteht, zeigt sich gerade heute auf Schritt und Tritt, und das gehört eben überall zu dem Erschütternden unserer Zeit, daß zu den Einschlägen, zu den Fermenten, welche das Leben unserer Zeit bekommen muß, die Geisteswissenschaft gehört.

Es sind ja in den letzten Monaten viele, viele Seelen durch die Pforte des Todes gegangen, in Jugendkraft durch die Pforte des Todes gegangen. Ich habe schon darauf hingewiesen, daß nach dem gewöhnlichen Verlauf der Dinge jene Menschenwesen, deren Seelen so durch die Pforte des Todes gegangen sind, alle die Anwartschaft gehabt hätten, noch länger auf Erden zu leben. Wenn nun ein Mensch durch die Pforte des Todes geht, so wissen wir, er legt zuerst den physischen Leib ab, dann nach verhältnismäßig kurzer Zeit den Ätherleib. Dieser Ätherleib gehört dann der äußeren Ätherwelt an, und der astralische Leib und das Ich gehören dem Menschen weiter an. Über diesen Ätherleib sagt man gewöhnlich, er löse sich auf in der geistigen Welt. Aber die Zeit, in welcher er sich auflöst, ist sehr verschieden. Wenn ein Mensch uralt geworden ist im physischen Leben, also sozusagen ein normales Alter erreicht hat, dann hat er die Kräfte seines Ätherleibes verbraucht, und es löst sich dieser dann rasch auf.

Geht aber ein Mensch in Jugendkraft durch die Pforte des Todes, so hätte ihm sein Ätherleib noch durch Jahrzehnte dienen können. Dieser Ätherleib ist eine zusammenhängende, in sich gefügte Organisation. Der löst sich im zweiten Falle nicht sogleich auf. Er trennt sich ab vom astralischen Leib und vom Ich. Diese gehen in der geistigen Welt ihre eigenen Wege; der Ätherleib jedoch trennt sich zwar ab, löst sich aber nicht sogleich auf. Es wird Ihnen nur natürlich erscheinen, daß der Mensch einen gewissen Zusammenhang mit dem Ätherleib behält, der sich zunächst abgetrennt hat, aber auch in der geistigen Ätherwelt vorhanden bleibt. Deshalb kann man sagen: In dieser geistigen Ätherwelt – absolut genommen, in der Erden-Aura-Nähe – sind eine außerordentlich große Anzahl von unverbrauchten Ätherleibern, von Ätherleibern mit frischen Kräften. Das ist das ganz besonders Eindrucksvolle in der gegenwärtigen Beobachtung der geistigen Welt, daß wir einer solchen großen Anzahl unverbrauchter Ätherleiber gegenüberstehen. Aber überall, wo wir an die Empfindungen herantreten können, welche die Toten in bezug auf diese ihre Ätherleiber haben, merken wir wiederum eines. Selbstverständlich sind diese Dinge so, daß Sie sie glauben können oder nicht; denn Anspruch auf Glaubwürdigkeit kann ich ja nur durch das haben, was den Ausführungen vieler Jahre, die ich Ihnen gemacht habe, an Wahrheitskraft innewohnte. Was man an Empfindungen der Verstorbenen gegenüber ihren Ätherleibern bemerkt, das ist, daß durch alle die Menschen, welche jetzt das Opfer des Todes gebracht haben, einem gewissermaßen geistig zugeflüstert wird: Die Zeit ist gekommen! Und recht anwenden wird die Menschheit das, was an unverbrauchten Kräften in unseren Ätherleibern ist, nur dann, wenn diese Menschheit sich bewußt wird, wie sie mit der geistigen Welt zusammenhängt! – Denn von diesen unverbrauchten Ätherleibern strahlen viele, viele Kräfte aus. Die kommen herein in unsere Welt, und diese Kräfte wird die Menschheit nur dann richtig anwenden, wenn sie die Gedanken auf die geistige Welt hinlenkt. Dann werden diese Kräfte der geopferten Ätherlei-

ber der Menschheit fördernde Kräfte sein. Das ist es gewissermaßen, was die Toten uns heute zurufen: Verbraucht unsere Ätherleiber nicht umsonst; laßt nicht die Zeit vorübergehen, in welche
die Kräfte unserer unverbrauchten Ätherleiber dem geistigen
Fortschritt der Menschheit dienen können!

Und das Besondere möchte ich noch sagen: Ich habe einmal oder
vielleicht öfter ausgeführt, wie man den Verstorbenen zu Hilfe
kommen kann. Besondere Umstände machen es ja möglich, daß
die Verstorbenen etwas davon haben, wenn wir das, was wir uns
als Geisteswissenschaft erobern, ihnen vorlesend zugänglich machen. Ich habe darauf hingewiesen, daß es für den, der durch die
Pforte des Todes gegangen ist, viel bedeutet, wenn wir im Geiste
ihm Geisteswissenschaftliches vorlesen, wenn wir ihn uns lebendig, lebensvoll geistig vorstellen und, selbstverständlich
nicht laut, sondern wie in Gedanken – es können auch mehrere,
können viele sein – ein Kapitel der Geisteswissenschaft ihm vorlesen. Das erscheint denjenigen absurd, die da glauben, wenn der
Mensch durch die Pforte des Todes tritt, ist die ganze geistige
Welt um ihn herum, also brauchte er nicht von uns vorgelesen zu
bekommen. Ganz so absurd ist es nicht. Selbstverständlich hat
der Verstorbene die geistige Welt um sich herum, ist in ihr darinnen. Aber gerade so wenig, wie hier ein Mensch die Welt – die
Sinneswelt – versteht, trotzdem er in ihr darinnen ist, wenn er
nicht die Wissenschaft von ihr hat, so hat auch der Verstorbene
nicht durch das Durchschreiten der Todespforte die Wissenschaft von der geistigen Welt, wenn er auch in ihr darinnen ist.
Diese Wissenschaft muß vielmehr hier erworben werden. Wie
etwas, was er als Nahrung empfängt, ist es für den Toten, wenn
wir ihm vorlesen; das strömt in ihn ein. Und recht viel stärkende
Kräfte kann die Menschheit für die nächsten Zeiten in bezug auf
das Spirituelle dadurch bekommen, daß gerade jenes Mantram,
welches ich jetzt immer am Beginne unserer Betrachtungen an-
wende, ›Geister eurer Seelen, wirkende Wächter‹ und so weiter,
mit der Veränderung ›Sphärenmenschen‹ in bezug auf die

Gefallenen, gebraucht wird. Wir können auch, während das sonst nur möglich ist bei solchen Verstorbenen, die wir selbst gekannt haben, gerade dieses Mantram an uns persönlich unbekannte Verstorbene richten; können, nachdem wir dieses Mantram recht andächtig gebraucht haben, vorlesen, ich möchte sagen, ins Unbekannte hinaus; und Tote, welche jetzt gerade durch unsere Ereignisse in den Tod gegangen sind, können es empfangen. Dann werden sie mit dem, was sie aus dem Zusammenhange mit uns schöpfen können, zurückwirken auf dem Umwege durch ihre Ätherleiber auf die Erdenkultur und werden mit den auf der Erde lebenden Menschen zusammenwirken, um das spirituelle Leben vorwärtszubringen.«

Ein siebenjähriges Kind

Seinen nächsten Vortrag in Berlin, »über die menschliche Persönlichkeit und was darüber hinausgeht«, hielt Steiner am 22. Februar 1915.[30] In der Zwischenzeit hatte er an verschiedenen Orten Vorträge gehalten und war länger als eine Woche in Dornach gewesen, wo auch in den Kriegsjahren viele Menschen mit dem Bau des (ersten) Goetheanum beschäftigt waren.

In diesem Vortrag knüpft Steiner an das an, was er vor fast vier Wochen gesagt hatte, und er berichtet, daß er in den vergangenen Wochen dreimal bei Einäscherungen gesprochen hat. Er schildert, wie er dabei sprechen konnte, weil er die Seelen der Verstorbenen wahrgenommen habe und auch das, was diese nach dem Tod durchgemacht hätten. Er führt aus, wie wichtig es für die Seele ist, die nach dem Tod in der geistigen Welt zu erwachen beginnt, zur Selbsterkenntnis zu kommen. Dafür sind Erkenntnisse aus der Wissenschaft des Geistes eine große Hilfe; in einer Zeit, in der so viele sterben, ist es die Pflicht der Lebenden, sich mit dem Phänomen Tod zu beschäftigen. Dann geht er auf den Tod eines siebenjährigen Kindes ein:

»Nun wissen wir, meine lieben Feunde, daß ja der Mensch, indem er durch die Pforte des Todes geht, so da durchgeht, daß er seinen physischen Leib der Erde übergeben hat, den Elementen der Erde; dann ist aus dem physischen Leib herausgetreten Ich und Astralleib. Wir haben ja im zweiten Falle gesehen, daß bei der Verbrennung schon der Ätherleib abgelegt war; schon nach Tagen geht der Ätherleib weg. Aber nun liegt es uns gerade in unserer Zeit ja unendlich nahe, eine Frage aufzuwerfen. So viele Menschen gehen in unseren Tagen im blühendsten Alter durch die Pforte des Todes. Wir können uns, indem wir übertragen eine rein physische Vorstellung in das Geistige, wo sie noch mehr gilt als im physischen Leben, die Frage aufwerfen: Wie ist es mit dem Ätherleib dieser durch die Pforte des Todes Gegangenen, der sich nach Tagen ablöst? Wie ist es mit einem solchen jugendlichen Ätherleib? Der betreffende Mensch, der im zwanzigsten, fünfundzwanzigsten, dreißigsten, fünfunddreißigsten Jahre, oder noch früher, durch die Pforte des Todes geht, der legt seinen Ätherleib ab, aber einen Ätherleib, der noch durch Jahrzehnte hätte seinem physischen Leben dienen können, der noch hätte arbeiten können hier im physischen Leben, der noch Kräfte gehabt hätte für Jahrzehnte. Nach dem Karma konnte er nicht die Kräfte verwenden, aber die Kräfte sind dennoch in ihm. Sie hätten hier im physischen Leben noch Jahrzehnte wirken können. Der Physiker denkt mit Recht: Keine Kräfte gehen verloren; sie verwandeln sich hier. Im Geistigen gilt das noch mehr. Die Kräfte hier bei einem jugendlichen auf dem Schlachtfeld Gefallenen, die noch jahrzehntelang das physische Leben hätten versorgen können, diese Kräfte gehen ja nicht in nichts über; sie sind da. Und schon jetzt können wir sagen, gerade durch die Ereignisse unserer Zeit veranlaßt: diese Kräfte gehen über in das Wesen der Volksseele des betreffenden Volkes. Sie nimmt diese Kräfte auf, und in der ganzen Volksseele wirken diese Kräfte des Ätherleibes. Das sind wirkliche geistige Kräfte, die außerdem vom Menschen noch da sind, außer dem, was er mit seinem Ich und seinem Astralleibe, seiner Individualität, durch die Zeit trägt zwischen dem Tode und einer neuen Geburt. Es wird sich nur darum handeln, daß möglichst verstanden werde in der Zukunft, daß in der Volksseele auch diese Kräfte darinnen sind, daß sie darinnen sind in dem allgemeinen Wirken, das diese Volksseele entfalten wird, als Kräfte, nicht als Wesenheiten. Sie werden da die fruchtbarsten, ich möchte sagen, die sonnenstrahlendsten Kräfte sein.

Ich möchte dazu ein nun wiederum uns naheliegendes Beispiel anführen, das ja zunächst natürlich nichts zu tun hat mit den Zeitereignissen, das aber durch die Art, wie es sich zugetragen hat und was aus ihm geworden ist, uns zugleich einen Ausblick geben kann auf alle die Fälle, wo ein unverbrauchter Ätherleib nach dem Tode, der nach einem jugendlichen Leben eingetreten ist, abgelegt wird. Wir haben ja im Herbst den Tod erlebt des Kindes eines Mitgliedes von uns, das siebenjährig war. Der Tod dieses Kindes ist gerade auf eigentümliche Weise eingetreten. Es war ein liebes Kind und ein, soweit das eben bei einem siebenjährigen Kinde möglich ist, mit sieben Jahren schon außerordentlich geistig regsames Kind; ein liebes, gutes und geistig sehr regsames Kind. Nun kam es dadurch zum Tode, daß es gerade in dem Augenblick an der Stelle war, wo ein Möbelwagen umfiel, der im Fallen das Kind erdrückte, so daß es den Erstickungstod erlitt; an einer Stelle, wo vielleicht überhaupt nicht vorher ein Wagen gefahren ist, nachher auch wieder nicht, sondern nur in diesem Augenblick. Außerdem kann man selbst äußerlich feststellen, daß dieses Kind durch allerlei Verhältnisse, die man in der äußeren materialistischen Weltanschauung Zufälle nennt, gerade in der Zeit, als der Wagen umfiel, an der Stelle war. Es holte etwas Speisevorräte für seine Mutter und ging gerade an jenem Abend etwas später weg, weil es aufgehalten worden ist. Wäre es fünf Minuten früher gegangen, so wäre es längst über die Stelle gewesen, wo der Wagen umfiel. Außerdem ging es zu einer anderen Türe hinaus, als es gewöhnt war; nur das eine Mal aus einer anderen Türe hinaus! An der anderen Türe wäre es rechts von dem Wagen gegangen. Der Wagen ist nach der anderen Seite gefallen. Es ist, wenn man den ganzen Fall wirklich geisteswissenschaftlich-karmisch verfolgt, einer jener Fälle, wo man so recht bestätigt finden kann, wie die äußere Logik, die man mit Recht im äußeren physischen Leben anwendet, fadenscheinig ist, nicht anwendbar ist. Ich habe ein Beispiel dafür schon öfter angewendet. Das Beispiel von dem Menschen, der an einem Fluß vorbeigeht und ins Wasser fällt gerade an der Stelle, wo ein Stein liegt. Die äußere Betrachtung wird selbstverständlich annehmen, daß der Mann über den Stein gestolpert und ins Wasser gefallen ist und dadurch den Tod gefunden hat; man wird auch bei der Meinung bleiben, er sei ertrunken. Aber wenn er seziert worden wäre, so würde sich herausgestellt haben, daß ihn der Schlag getroffen hat, und daß er dadurch tot ins Wasser fiel. Daß er also ins Wasser fiel, weil er tot war, und nicht tot wurde, weil er ins Wasser fiel. Ursache und Wirkung sind verwechselt. Solche Urteile finden Sie in der Wissenschaft auf Schritt und Tritt, wo Ursache und Wirkung verwechselt wird. Dasjenige, was ganz berechtigt logisch im äußeren Leben zu sein scheint, kann vollständig falsch sein. Nun wird man selbstverständlich im äußeren Anschauen den Fall des kleinen Theodor Faiß auch so beschreiben, daß man sagt: Nun ja, das ist ein unglückseliger Zufall! In Wahrheit aber war das Karma des Kindes so, daß das Ich, klar ausgedrückt, den Wagen bestellt hat, daß der Wagen umgefallen ist, um das Karma des Kindes zu erfüllen. Da haben wir einen ganz besonders jugendlichen Ätherleib. Das Kind hätte ja auch ein Mann werden können und hätte siebzig Jahre alt werden können. Die Kräfte waren im Ätherleib, die auch für siebzig Jahre ausgereicht hätten, sie waren nach sieben Jahren durch die Pforte des Todes gegangen. Das Ganze hat sich ja abgespielt in Dornach. Der Vater, der damals in das deutsche Heer eingerückt war, war gar nicht anwesend, während dies geschehen ist; er ist ja auch ganz kurz darauf gestorben, nachdem er im Kriege verwundet worden war. Der ganze Fall hat sich unmittelbar in der Nähe des Baues abespielt, und seit jener Zeit haben wir in der Aura des Dornacher Baues die Kräfte des Ätherleibes dieses Kindes. Und derjenige, der zu arbeiten hat für diesen Bau und wahrnehmen kann die geistigen Kräfte, die an diesem Bau walten, der findet darin die Kräfte dieses Kindes. So daß also, ganz abgesehen von dem, was nun als Ich und Astralleib in die geistige Welt übergegangen ist, um zu wirken in dem Leben zwischen Tod und neuer Geburt, der Ätherleib, der übriggeblieben ist, nun sich mit der ganzen geistigen Aura des Dornacher Baues vereinigt hat. Solche Dinge sind Erkenntnisse, die zugleich verbunden sind mit tiefen, bedeutungsvollen Gefühlen, mit wichtigen, bedeutungsvollen Gefühlen. Denn es sind nicht Erkenntnisse, die man trokken, wie zahlenmäßige Erkenntnisse empfängt, sondern die man empfängt mit innig dankbarer Seele. Denn selbstverständlich werde ich, solcher Erkenntnis eingedenk, niemals außer acht lassen, auch nur einen Augenblick im Bewußtsein, wenn ich selbst nur irgend etwas zu leisten habe für den Dornacher Bau, daß diese Kräfte für den Bau mir mitwirkende, mir helfende Kräfte sind. Da vereinigt sich eben dasjenige, was theoretische Erkenntnis ist, mit dem unmittelbaren Leben. Eingedenk solcher Erkenntnis, meine lieben Freunde, wird es einleuchtend sein, daß jetzt, wo so unzählige hier auf der Erde unvollendete Ätherleiber durch die Pforte des Todes gehen, wir erahnen können, was geschehen wird, wenn die Friedenssonne wieder da sein wird, nach der Dämmerung des gegenwärtigen Krieges. Da werden wirklich auch die Kräfte, die Ätherkräfte derjenigen da sein und sich vereinigen wollen zum Erdenheil und Erdenfortschritt mit denjenigen Seelen, die hier auf Erden wirken – die Ätherkräfte derer, die die Todespforte, die die Leidenspforte durchgemacht haben. Aber notwendig dazu wird sein, daß auf Erden Menschen sind, die für diese Dinge Verständnis haben, die bewußt sein können der Tatsache: da oben in der geistigen Welt sind in den zurückgebliebenen Ätherleibern diejenigen, die der Zeit das Opfer gebracht haben. Die wollen hier auf diese Erde hereinwirken. Ganz fruchtbar werden sie nur wirken können, wenn hier empfängliche Seelen sind, die selbst sich verbinden wollen in Gedanken mit dem, was ihnen aus der geistigen Welt kommt. So daß es für die Früchte dieser unserer ja großen, aber schweren und schmerzlichen Zeit unendlich wichtig ist, daß eine geistbejahende Erkenntnis Gedanken schafft, die dann sich vereinigen können mit den Gedanken, die von den Ätherleibern der Todesopfer herunterkommen. Also ist es eben, was uns darauf hinweist, daß wir schon in diesen schweren Ereignissen, die im Zeichen auch von Leiden und Tod stehen, auch im Zeichen der Größe stehen, daß wir von diesen schweren Ereignissen die Mahnung empfangen, daß sie uns heraufführen sollen eine Zeit, welche dem Geist geneigter ist, als es die verflossene Zeit war, damit nicht das eintrete, daß gewissermaßen die gebrachten Opfer herabzuschauen haben auf eine Erdenwelt, der sie sich selbst hingegeben haben, um für ihren Fortschritt und für ihr Heil zu wirken, und auf der sie nicht die Möglichkeit finden, einzugreifen, weil die Seelen nicht da sind, die ihnen die empfänglichen Gedanken entgegensenden. So müssen wir schon auch Geisteswissenschaft als etwas Lebendiges erfassen, als etwas Lebendiges, das notwendig ist für die Zeit, die da kommen soll, gerade in Anbetracht der Ereignisse unserer Tage.«

»Die Sonne würde vergeblich scheinen«

Am 9. März 1915, auch in Berlin, kommt Steiner am Ende seines Vortrages über »Den Rhythmus von Schlafen und Wachen im großen Entwickelungsgang des Weltenwesens« auf das zurück, was er in seinem Vortrag am 22. Februar gesagt hatte.[31] Es ist nötig, daß Menschen auf Erden durch ihre innere Aktivität für das empfänglich werden, was aus geistigen Welten herabkommt. Aus den Ätherleibern der jugendlichen Opfer des Krieges strö-

117

men Kräfte, die das spirituelle Leben auf der Erde vertiefen können. Darum, sagt Steiner, ist es unsere Aufgabe, mehr und mehr zu einem Erleben des Spirituellen zu kommen; diese Erkenntnis wird in Zukunft von größter Wichtigkeit sein.

»Unter den vielen Dingen, welche solch eine Erkenntnis dem Menschen nahelegen können, ist auch das, was ich schon wiederholt ausgesprochen habe: daß zahlreiche Menschen jetzt in verhältnismäßig kurzem Zeitraum hinauftragen ihr seelisches Wesen, hinauftragen so, daß sie unverbrauchte Ätherleiber haben, die noch Kräfte enthalten, die noch durch Jahrzehnte hindurch hätten die physischen Leben versorgen können, und die dadurch, daß sie jetzt durch das furchtbare historische Ereignis durch die Pforte des Todes gehen, ihre Ätherleiber unverbraucht hinaufbringen in die geistige Welt. Das werden aber die großen Mitarbeiter werden in der Spiritualisierung der menschlichen Kultur. Und neben allem übrigen hat dieses große Zeitereignis eben diese ungeheuer tiefe Bedeutung in der Menschheitsentwickelung, daß durch das Schaffen unverbrauchter Ätherleiber Kräfte hinausströmen können in unsere Erdenentwickelung, die das Geistige zu bewahrheiten in der Lage sein werden. Aber so wie es nichts helfen würde, meine lieben Freunde, wenn noch so viele Sonnen in der Welt wären, wenn die Menschen nicht aufnehmen würden durch Augen das Sonnenlicht, so wie das Wort wahr ist, das Goethe ausgesprochen hat: ›Wär' nicht das Auge sonnenhaft, nie könnt' die Sonne es erblicken‹, wie eben die Sonne vergeblich scheinen würde, wenn nicht Augen da wären, ihr Licht aufzunehmen – so müssen eben aus Erdenmenschenseelen heraus die Organe erwachen, um dasjenige wirklich aufzunehmen, was als geistiges Leben herunterströmt aus dem Kosmos und auch aus der Welt, in der die Menschen das Leben zwischen dem Tod und einer neuen Geburt zubringen und in der auch die unverbrauchten Ätherleiber sind. Verbinden muß sich so dasjenige, was geopfert wird durch die großen Kriegsopfer, dem geistigen kosmischen Dasein, aufgenommen muß es werden durch Menschenseelen, welche für das Geistige empfänglich sind.«

Die Heiligkeit des Schlafes

Ausgehend von der Erkenntnis, daß der Mensch als Mikrokosmos, als »kleine Welt«, vielfältige Verbindungen mit der »großen Welt«, mit dem Makrokosmos hat, beschreibt Steiner in seinem Vortrag vom 20.2.1917 in Berlin drei Begegnungen, die Begegnungen der Menschenseele mit dem Geistesgott, mit dem Sohnesgott und dem Vatergott.[32]

Die Begegnung mit dem Geist in der Gestalt des Genius des Menschen, seines Engels, findet jede Nacht statt und sollte uns mehr und mehr bewußt werden.

Die Begegnung mit dem Sohn ist an den Lauf des Jahres gebunden und geschieht zu Beginn der Weihnachtszeit; darum ist die darauffolgende Zeit bis Ostern besonders günstig, um wahrzunehmen, wie Jesus Christus in diesen Monaten im wahrsten Sinne des Wortes mit uns auf Erden wandelt. Das väterliche Prinzip, das das Fundament der Welt ist, lernt der Mensch im Laufe seines Lebens kennen. Zwischen seinem achtundzwanzigsten und zweiundvierzigsten Lebensjahr erfährt jeder Mensch, zumeist zwar unbewußt, in der Tiefe seiner Seele das väterliche Fundament der Welt.

Diese letzte Begegnung ist dem Verstorbenen in der ersten Zeit des Lebens nach dem Tode eine große Hilfe bei der Verarbeitung des vergangenen Lebens. Wer jünger stirbt, begegnet dem Vater in der Stunde seines Todes. Das ist von großer Bedeutung für das weitere Schicksal des Menschen, für sein »Karma«. Damit ist die Gesamtheit der Ereignisse und Taten in der Vergangenheit gemeint, die den Menschen geprägt haben und die bestimmend sind für sein künftiges Dasein.

»Eine Vorstellung möchte ich noch erwähnen. Denken Sie, wie

unendlich das Leben vertieft wird, wenn man zu dem allgemeinen Wissen über das Karma solche Einzelheiten hinzufügen kann wie diese, daß bei einem verhältnismäßig frühen Lebensende der Mensch im Tode die Begegnung mit dem Vater-Prinzip hat. Denn dann zeigt sich, daß eben im Karma des Menschen es notwendig gewesen ist, den frühen Tod herbeizuführen, damit eine abnorme Begegnung mit dem Vater-Prinzip stattfindet. Denn was findet denn eigentlich statt, wenn eine solche anormale Begegnung mit dem Vater-Prinzip stattfindet? Der Mensch wird ja dann von außen zerstört; sein physisches Wesen wird von außen untergraben. Auch bei einer Krankheit ist das in Wahrheit der Fall. Dann ist der Schauplatz, auf dem sich die Begegnung mit dem Vater-Prinzip abspielt, hier noch die physische Welt. Dadurch, daß diese äußere physische Erdenwelt den Menschen zerstört hat, dadurch offenbart sich an der Zerstörungsstätte selbst, im Rückblick natürlich später immer wieder sichtbar, die Begegnung mit dem Vater-Prinzip. Dadurch aber auch gewinnt der Mensch die Möglichkeit, durch sein ganzes Leben, das er durchschreitet, nachdem er durch die Pforte des Todes gegangen ist, festzuhalten den Gedanken an die Stätte hin, das heißt an die Erde, von Himmelshöhen herunter, wo die Begegnung mit dem Vater-Prinzip stattgefunden hat. Das aber bringt den Menschen dazu, von der geistigen Welt viel hereinzuwirken in die physische Erdenwelt.

Betrachten wir von diesem Gesichtspunkte einmal unsere heutige Zeit und versuchen wir, eine solch wichtige Empfindung, wie wir sie heute auch wieder in der Erwähnung der Begegnung mit dem Vater-Prinzip entwickelt haben, als Empfindung zu erleben, nicht bloß als abstrakte Vorstellung, versuchen wir mit dieser Empfindung auf die zahlreichen frühzeitigen Tode hinzublicken, dann müssen wir sagen: In ihnen liegt die Prädestination, die Vorbereitung dazu, daß in der kommenden Zeit viel gewirkt werden kann von der geistigen Welt herunter in die physische Erdenwelt. Und da haben Sie von einem anderen Gesichtspunkte dasjenige, was ich jetzt unter den Eindrücken der traurigen Ereignisse schon seit Jahren gesagt habe, daß diejenigen Menschen, die frühzeitig heute durch die Pforte des Todes gehen, ganz besondere Helfer werden sollen für die künftige Entwickelung der Menschheit, die starke Kräfte braucht, um sich aus dem Materialismus herauszuwinden. Aber das alles muß uns zum Bewußtsein gebracht werden; das alles soll ja nicht im Unbewußten oder Unterbewußten vor sich gehen. Und es ist deshalb schon notwendig, daß hier auf der Erde die Seelen sich dafür empfänglich machen – ich habe es schon einmal angedeutet –, sonst gehen die Kräfte, die entwickelt werden aus der geistigen Welt, nach anderen Seiten hin. Damit der Erde fruchtbar werden können diese Kräfte, die prädestiniert sind, die da sein können, dazu ist notwendig, daß auf der Erde Seelen sind, welche sich mit Erkenntnis der geistigen Welt durchdringen. Und immer mehr und mehr müssen Seelen sein, die sich mit der Erkenntnis der geistigen Welt durchdringen. Versuchen wir deshalb fruchtbar zu machen dasjenige, was ja schon einmal durch Worte gesagt werden muß, nämlich den Inhalt der Geisteswissenschaft. Und versuchen wir mit Hilfe der Sprache – ich habe das Wort im vorletzten Vortrage hier gebraucht –, die wir durch die Geisteswissenschaft lernen, wieder zu beleben solche alten Vorstellungen, die nicht umsonst hereinverwoben werden in unser gegenwärtiges Leben – versuchen wir zu beleben, was wir hören von so einem Plutarch: daß der Mensch, sonst eben als physischer Mensch, durchdrungen ist von dem geistigen Menschen, daß aber noch im besonderen normalerweise ein höheres Glied außerhalb des Hauptes zum Menschen dazugehört geistig, das seinen Genius darstellt, dem der Weise willig folgt. Versuchen wir zu, ich möchte sagen, Hilfsempfindungen zu kommen, um nicht in Unaufmerksamkeit diesen Erscheinungen des Lebens gegenüberzustehen.

Und zum Schlusse lassen Sie uns heute eine Hilfsvorstellung, eine Hilfsempfindung unserer Seele besonders nahegelegt sein:

Es ist leider schwierig für viele Menschen heute in unserem modernen materialistischen Leben, etwas zu empfinden, das ja die traurige Prüfungszeit mildert, aber die nicht nur gemildert bleiben sollte – was ja kaum zu hoffen ist, wenn der Materialismus in der Stärke andauern sollte, in der er da ist, das sehr, sehr erhöht und mehr und mehr erhöht werden sollte –, es ist für viele Menschen in unserer materialistischen Zeit sehr, sehr schwierig, dasjenige zu empfinden, was ich nennen möchte: die Heiligkeit des Schlafes. Wenn erlebt wird, daß geradezu die in der Menschheit lebende Intelligenz allen Respektes entbehrt für die Heiligkeit des Schlafes, so ist das eine wilde Kulturerscheinung. Man denke nur – solche Dinge sollen ja nicht getadelt werden, sie sollen auch nicht in dem Sinne hier aufgezählt werden, daß sie zu einer nun einmal nicht durchzuführenden Askese führen, wir müssen mit der Welt leben, aber wir müssen sehend mit der Welt leben, denn nur dadurch reißen wir unsere Körperlichkeit von dem Niederen los und erheben sie –, man denke nur, wieviele Menschen, die im rein dem Materiellen Zugewendeten die Abendstunden verbringen, sich dann dem Schlafe übergeben, ohne die Empfindung zu entwickeln – sie wird ja nicht recht lebendig aus der materialistischen Gesinnung heraus –, ohne die Empfindung zu entwickeln: Der Schlaf vereinigt uns mit der geistigen Welt, der Schlaf schickt uns hinüber in die geistige Welt. – Und wenigstens sollten die Menschen nach und nach dasjenige entwickeln, was sie sich mit den Worten sagen können: Ich schlafe ein. Bis zum Aufwachen wird meine Seele in der geistigen Welt sein. Da wird sie der führenden Wesensmacht meines Erdenlebens begegnen, die in der geistigen Welt vorhanden ist, die mein Haupt umschwebt, da wird sie dem Genius begegnen. Und wenn ich aufwachen werde, werde ich die Begegnung mit dem Genius gehabt haben. Die Flügel meines Genius werden herangeschlagen haben an meine Seele.

Ob man eine solche Empfindung lebendig macht, wenn man an sein Verhältnis zum Schlafe denkt, oder ob man es nicht tut, davon hängt sehr, sehr viel ab in bezug auf die Überwindung des materialistischen Lebens. Diese Überwindung des materialistischen Lebens kann nur durch die Erregung intimer, aber auch der geistigen Welt entsprechender Empfindungen geschehen. Nur wenn wir recht rege machen solche Empfindungen, dann wird das Leben im Schlafe so intensiv sein, daß anderseits die Berührung mit der geistigen Welt so stark ist, daß nach und nach auch unser waches Leben sich erkraften kann, und wir da nicht bloß die sinnliche Welt, sondern die geistige Welt um uns haben, die doch die wirkliche, die wahrhaft wirkliche Welt ist. Denn diese Welt, die wir gewöhnlich die wirkliche nennen, ist ja, wie ich selbst in dem letzten öffentlichen Vortrage ausgeführt habe, nur ein Abbild der wirklichen Welt. Die wirkliche Welt ist die des Geistes.«

Die Verbindung mit den Verstorbenen

In den ersten vier hier wiedergegebenen Passagen aus seinen Vorträgen spricht Steiner darüber, wie die Verstorbenen, und vor allem die jung Verstorbenen, auf das irdische Leben der Menschen einwirken können und wollen. Steiner gibt den Lebenden konkrete Anweisungen, die Empfänglichkeit zu erreichen, die nötig ist, damit die Kräfte nicht verlorengehen, die aus der geistigen Welt wirken. Nun folgen Passagen aus Vorträgen, in denen Steiner darauf eingeht, wie Lebende und Verstorbene miteinander verbunden bleiben. Die ersten drei Vorträge davon hielt er Anfang 1918 auf einer Reise durch Deutschland und Österreich. Einer der Aspekte der Verbindung mit den Verstorbenen, auf den Steiner uns aufmerksam macht, betrifft den Umstand, daß die in jungem Alter Verstorbenen ganz anders mit den auf Erden Lebenden verbunden sind als die, die als Ältere durch die Pforte des Todes gehen. Er weist auch darauf hin, wie unterschiedlich die Trauer der Lebenden beim Hingehen eines jüngeren und eines älteren Menschen ist. Darum haben die Bestattungsfeiern, die für Kinder oder für Erwachsene in Betracht kommen, unterschiedlichen Charakter.

Was Steiner über diese Bestattungsfeierlichkeiten sagte, muß durch einen Hinweis auf die beiden seit 1922 in der Christengemeinschaft vollzogenen Gottesdienste bei Beerdigungen oder Einäscherung ergänzt werden, denen der Charakter zu eigen ist, den Steiner 1918 beschreibt. Der Gottesdienst bei der Beerdigung Erwachsener hat in der Tat mehr die »protestantischen« Nuancen, der bei der Beerdigung von Kindern wird vom »katholischen« Stempel geprägt (vgl. auch S. 128 und 134).

Das Band von Seele zu Seele

Der Vortrag vom 5.2.1918, »Die Bedeutung von Wachen und Schlafen im Menschenleben. Über das Zusammensein der Lebenden mit den Toten« ist der dritte einer Reihe in Berlin gehaltener Vorträge über das Sterben der Erde und das Leben der Welt.[33] Hier spricht Steiner über das Phänomen, daß der Mensch eigentlich nur mit seinem Vorstellungsleben wach in der Welt steht; das Gefühls- und das Willensleben befinden sich noch im Schlafzustand. So wie der Mensch im Schlaf doch umgeben bleibt von einer Welt, die er dann zwar nicht wahrnimmt, so lebt er, schlafend und wach, inmitten derer, die wir die Toten nennen. Für den Kontakt mit den Toten eignen sich die Augenblicke des Überganges vom Schlaf- in den Wachzustand und umgekehrt am besten.

»Nun können wir einen Unterschied machen zwischen verschiedenen Seelen, welche durch des Todes Pforte gegangen sind, wenn man einmal erfaßt hat, daß ein solcher Kontakt fortwährend mit den Toten da ist. Wenn wir eigentlich immer durch das Feld der Toten gehen, entweder indem wir im Einschlafen Fragen stellen an die Toten, oder Antworten von ihnen bekommen

im Aufwachen, dann wird es uns auch nahegehen, wie wir mit
den Toten in Verbindung stehen, je nachdem die Toten durch des
Todes Pforte gegangen sind als jüngere Menschen oder als ältere.
Die Tatsachen, die hier zugrunde liegen, zeigen sich allerdings
nur dem hellsichtigen Bewußtsein. Aber das ist ja nur das Wissen
davon, die Realität findet fortwährend statt. Jeder Mensch steht
so mit den Toten in Verbindung, wie es eben durch das hellsich-
tige Bewußtsein ausgesprochen wird. Wenn jüngere Menschen –
Kinder oder Jugendliche – durch des Todes Pforte gehen, dann
zeigt sich namentlich, daß ein gewisser Zusammenhang bestehen
bleibt zwischen den Lebendigen und diesen Toten, ein Zusammenhang, der anderer Art ist, als wenn ältere Menschen in Frage
kommen, die in der Abenddämmerung ihres Lebens durch die
Todespforte gegangen sind. Da ist ein durchgreifender Unterschied. Wenn wir Kinder verlieren, wenn jugendliche Menschen
von uns weggehen, ist es eigentlich so, daß sie im Grunde genommen gar nicht richtig von uns weggehen, sondern eigentlich
bei uns bleiben. Das zeigt sich dem hellsichtigen Bewußtsein dadurch, daß die Botschaften, die beim Aufwachen uns zukom-
men, gerade lebendig, lebhaft sind, wenn es sich um Kinder oder
jugendliche Personen handelt, die gestorben sind. Da ist eine
Verbindung zwischen den Zurückgebliebenen und den Verstorbenen vorhanden, die man schon so bezeichnen kann, daß man
sagt: Ein Kind, einen jugendlichen Menschen hat man in Wirklichkeit gar nicht verloren; sie bleiben eigentlich da. – Und sie
bleiben vor allem aus dem Grunde da, weil sie nach dem Tode ein
lebendiges Bedürfnis darnach zeigen, in unser Aufwachen hineinzuwirken, in unser Aufwachen hinein Botschaften zu senden.
Es ist schon sehr merkwürdig, aber es ist so, daß mit alledem,
was mit dem Aufwachen zusammenhängt, das jugendlich verstorbene Menschenkind außerordentlich viel zu tun hat. Dem
hellsichtigen Bewußtsein wird es ganz besonders interessant, wie
es eigentlich jugendlich früh verstorbenen Seelen zu danken ist,
wenn die Menschen im äußeren physischen Leben eine gewisse

Frömmigkeit, eine gewisse Neigung zur Frommheit empfinden. Denn das sagen ihnen die früh verstorbenen Seelen. Ungeheuer viel wird mit Bezug auf Frömmigkeit gewirkt durch die Botschaften der früh verstorbenen Seelen.

Anders ist es, wenn Seelen im Alter, im physischen Alter dahingehen. Da können wir das, was sich dem hellsichtigen Bewußtsein zeigt, in einer andern Weise darstellen. Wir können sagen: Die verlieren uns nicht, denen bleiben wir mit unseren Seelen. – Merken Sie den Gegensatz: Die jugendlichen Seelen verlieren wir nicht, sie bleiben unter uns; die älter verstorbenen Seelen verlieren uns nicht, die nehmen gewissermaßen etwas von unseren Seelen mit sich. – Es ist nur vergleichsweise gesprochen, wenn ich mich vergleichsweise ausdrücken darf. Die älter verstorbenen Seelen ziehen uns mehr zu sich hin, während die jugendlich Verstorbenen sich mehr zu uns hinziehen. Daher haben wir selbst im Momente des Einschlafens viel an die älteren verstorbenen Seelen zu sagen, und wir können ein Band zur geistigen Welt besonders dadurch weben, daß wir uns geeignet machen, uns an die älteren verstorbenen Seelen im Momente des Einschlafens zu richten. Mit Bezug auf diese Dinge kann der Mensch wirklich einiges tun.

Wir sehen also, wir stehen mit den Toten in einer fortwährenden Verbindung; wir haben eine Art Fragen und Antworten, eine Wechselwirkung mit den Toten. Um uns besonders zum Fragen geeignet zu machen, also gewissermaßen um den Toten nahezukommen, ist folgendes das richtige. Gewöhnliche abstrakte Gedanken, also Gedanken, die aus dem materialistischen Leben heraus sind, bringen uns wenig mit den Toten zusammen. Die Toten leiden auch unter unseren Zerstreuungen im rein materiellen Leben, wenn sie in irgendeiner Weise zu uns gehören. Wenn wir dagegen das festhalten und pflegen, was uns gefühlsmäßig und willensmäßig mit den Toten zusammenbringt, dann bereiten wir uns gut dazu vor, an die Toten entsprechende Fragen zu richten, bereiten uns gut dazu vor, im Momente des Einschlafens mit den Toten in Beziehung zu kommen. Diese Beziehungen sind ja vorzugsweise dadurch vorhanden, daß die betreffenden Toten im Leben mit uns in Zusammenhang gestanden haben. Der Zusammenhang im Leben begründet das, was weiter folgt für den Zusammenhang nach dem Tode. Es gibt natürlich einen Unterschied, ob ich mit irgend jemandem gleichgültig spreche oder mit Anteil, ob ich mit ihm so spreche, wie ein Mensch mit einem andern spricht, wenn er diesen andern lieb hat, oder ob ich mich gleichgültig verhaltend spreche. Es gibt einen großen Unterschied, ob ich mit jemandem wie beim Five-o'clock-tea rede oder ob mich ganz besonders interessiert, was ich von dem andern vernehmen kann. Wenn man intimere Beziehungen schafft im Leben zwischen Seele und Seele, solche Beziehungen, die auf Gefühlen und Willensimpulsen beruhen, und wenn man, nachdem eine Seele durch des Todes Pforte gegangen ist, vorzugsweise solche gefühlsmäßigen Beziehungen, solches Interesse an der Seele, solche Neugier zu den Antworten, die sie geben wird, festhalten kann, oder wenn man vielleicht den Drang hat, ihr selbst etwas zu sein, wenn man in diesen Reminiszenzen zu der Seele leben kann, Reminiszenzen, die nicht aus dem Inhalte des Vorstellungslebens zu der Seele fließen, sondern aus den Beziehungen zwischen Seele und Seele, dann ist man besonders geeignet, um im Momente des Einschlafens fragend an die Seele heranzukommen.

Um dagegen Antworten, Botschaften zu bekommen im Momente des Aufwachens, dazu wird man besonders geeignet, wenn man fähig und geneigt ist, auf das Wesen des betreffenden Toten während seines Lebens erkennend einzugehen. Bedenken Sie, wie man, besonders in der Gegenwart, an den Menschen vorbeigeht, ohne sie wirklich kennenzulernen. Was kennen eigentlich heute die Menschen voneinander? Es gibt – wenn man gleich dieses etwas sonderbare, frappierende Beispiel nehmen darf – Ehen, die Jahrzehnte dauern, ohne daß die beiden Eheleute sich auch nur irgendwie kennenlernen. Es ist so. Es ist aber durchaus möglich – was nicht von einem Talent abhängt, es ist eigentlich von der Liebe abhängig –, verständnisvoll auf das Wesen des andern einzugehen und dadurch eine wirkliche Vorstellungswelt von dem andern in sich zu tragen. Das aber bereitet besonders gut dazu vor, im Momente des Aufwachens von dem Toten selbst Antworten zu empfangen. Daher ist man eigentlich auch eher geneigt, beim Aufwachen von einem Kinde, von einem Jugendlichen Antworten zu empfangen, weil man Jugendliche doch noch immer eher kennenlernt als die, welche sich verinnerlicht haben und älter geworden sind.

So können die Menschen schon etwas dazu tun, um in der rechten Weise das Verhältnis zwischen den Lebenden und den Toten zu begründen. Eigentlich ist unser ganzes Leben von diesem Verhältnis durchzogen. Wir sind als Seelen eingebettet in die Sphäre, in der auch die Toten sind. Der Grad – das habe ich schon vorhin gesagt –, in dem wir fromm sind, hängt sehr stark damit zusammen, wie die jugendlich verstorbenen Menschen auf uns wirken. Und würden nicht jugendlich verstorbene Menschen in das Leben hereinwirken, so gäbe es wahrscheinlich überhaupt keine Frömmigkeit. Daher verhalten sich die Menschen zu jung verstorbenen Seelen am besten so, daß sie das Andenken mehr im allgemeinen halten. Trauerfeiern für Kinder oder jugendlich verstorbene Menschen sollten immer etwas Kultushaftes, etwas Generelleres haben. Man sollte beim Tode von jugendlich Verstorbenen eine Art von Kultus haben. Die katholische Kirche, die alles auf das jugendliche, auf das kindliche Leben abnuanciert, die es überhaupt nur mit Kindern zu tun haben möchte, Kinderseelen zu verwalten haben möchte, sie wendet daher wenig die Bitte an, individuelle Reden zu halten für das kindliche Leben, das mit dem Tode geschlossen hat. Das ist ganz besonders gut. Die Trauer, die wir um Kinder haben, ist anderer Art, als unsere Trauer um ältere Leute. Die Trauer um Kinder möchte ich am liebsten Mitgefühltrauer nennen; denn die Trauer, die wir um ein Kind haben, das uns hinweggestorben ist,

ist eigentlich vielfach eine Reflexion aus unserer eigenen Seele gegenüber dem Wesen des Kindes, das eigentlich dageblieben ist in unserer Nähe. Wir leben das Leben des Kindes mit, und das Wesen des Kindes macht da die Trauer mit. Es ist Mitgefühltrauer. Wenn die Trauer dagegen besonders gegenüber älter verstorbenen Personen auftritt, kann man sie nicht als Mitgefühltrauer bezeichnen; sie ist dann immer als eine egoistische zu bezeichnen, und sie wird am besten durch die Erwägung getragen, daß der Tote uns dann eigentlich mitnimmt, wenn er älter geworden ist; er verliert uns nicht, wenn wir versuchen, uns geeignet zu machen, um mit ihm zusammenzukommen. Daher können wir dem älteren Toten gegenüber das Andenken mehr individuell gestalten, mehr in Gedanken tragen, können in Gedanken vereint bleiben mit dem, was wir in Gedanken mit ihm gepflogen haben, wenn wir versuchen, nicht als ein unbequemer Genosse uns zu benehmen. Er hat uns, aber er hat uns auf eine sonderbare Art, wenn wir Gedanken haben, die gar nicht von ihm aufgenommen werden können. Wir bleiben bei ihm, aber wir können ihm zur Last werden, wenn er uns mitschleppen muß, ohne daß wir solche Gedanken in uns hegen, die er mit sich vereinigen kann, die er geistig in entsprechender Weise anschauen kann.

Bedenken Sie, wie konkret das herauskommt, was unsere Beziehungen zu den Toten sind, wenn wir wirklich geisteswissenschaftlich unsere Beziehungen zu den Toten beleuchten können, wenn wir wirklich in der Lage sind, das ganze Verhältnis der Lebenden zu den Toten ins Auge zu fassen. Es wird der Menschheit der Zukunft schon wichtig werden, dies ins Auge zu fassen. So trivial es klingt – weil man sagen kann, daß jede Zeit eine Übergangszeit ist –, unsere Zeit ist doch eine Übergangszeit. Unsere Zeit muß übergehen in eine sprituellere Zeit. Sie muß wissen, was aus dem Reiche der Toten kommt, muß wissen, daß wir hier von den Toten so umgeben sind, wie von der Luft. Es wird in Zukunft einfach eine reale Empfindung sein: Wenn jemand älter hinweggestorben ist, darfst du ihm nicht zum Alp werden; du wirst ihm aber zum Alp, wenn du Gedanken in dir trägst, die er nicht in sich aufnehmen kann. Bedenken Sie, wie sich das Leben bereichern kann, wenn wir dies in uns aufnehmen. Dadurch wird ja erst das Zusammenleben mit den Toten zu einem realen gemacht werden.

Ich habe öfter gesagt: Geisteswissenschaft will nicht eine neue Religion gründen, will auch nicht etwas Sektiererisches in die Welt setzen, sonst verkennt man sie vollständig. Ich habe dagegen oft betont, daß sie das religiöse Leben der Menschen vertiefen kann, indem sie reale Grundlagen schafft. Das Totenandenken, der Totenkult hat seine religiöse Seite. Auf dieser Seite des religiösen Lebens wird eine Grundlage geschaffen, wenn das Leben geisteswissenschaftlich beleuchtet wird. Aus dem Abstrakten werden die Dinge herausgehoben, indem das Richtige geschieht. Es ist zum Beispiel nicht gleichgültig für das Leben, ob einem jugendlichen Menschen oder einem älteren eine richtige Totenfeier gehalten wird. Denn diese Dinge, ob eine richtige oder eine falsche Totenfeier einem Verstorbenen gehalten wird, das heißt eine Feier, die nicht aus dem Bewußtsein heraus kommt, was ein jugendlich verstorbener Mensch ist und was ein älter verstorbener – diese Tatsache, ob eine Totenfeier richtig oder unrichtig gemacht wird, ist für das Zusammenleben der Menschen viel wichtiger als ein Gemeinderatsbeschluß oder ein Parlamentsbeschluß, so sonderbar es klingt. Denn die Impulse, die im Leben wirken, werden aus den Menschenindividuen selber herauskommen, wenn die Menschen im richtigen Verhältnis zu der Welt der Toten stehen. Heute möchten die Menschen alles durch abstrakte Struktur der sozialen Ordnung einrichten. Die Menschen sind froh, wenn sie wenig nachzudenken brauchen über das, was sie tun sollen. Viele sogar sind froh, wenn sie nicht viel nachzudenken haben über das, was sie denken sollen. Aber das ist ganz anders, wenn man ein lebendiges Bewußtsein, nicht nur von einem pantheistischen Zusammenleben mit einer Geisteswelt, sondern ein lebendiges Bewußtsein von einem konkreten Zusammenleben mit einer geistigen Welt hat. Man kann voraussehen ein Durchtränktwerden des religiösen Lebens mit konkreten Vorstellungen, wenn eben durch Geisteswissenschaft dieses religiöse Leben vertieft werden wird.«

Nähe

Einige Tage später, am 10.2.1918, hält Steiner in Nürnberg einen Vortrag unter dem Titel: »Der Tod als Lebenswandlung.«[34] Er beschreibt, wie intim der Verstorbene diejenigen kennenlernt, mit denen er in seinem Leben verbunden war, und auch, welche Gefahren dabei drohen. Auch in diesem Vortrag beschäftigt er sich ausführlich mit dem Schlafen und Wachsein und den Möglichkeiten des Kontaktes zwischen Lebenden und Verstorbenen im Augenblick des Überganges zwischen Schlafen und Wachsein. Zwei Motive werden in diesem Vortrag nachdrücklich behandelt: die Art der Trauer beim Sterben von jungen und alten Menschen, und der Charakter der Totenfeiern für Kinder und für Erwachsene.

»Nun ist ein großer Unterschied zwischen den Toten, je nachdem eine Seele durch die Pforte des Todes verhältnismäßig früh geht oder in späteren Jahren. Ob junge Kinder dahinsterben, die uns gerne gehabt haben, oder ob uns als jüngeren Leuten ältere dahinsterben, ist ein großer Unterschied. Wenn man nach den Erfahrungen mit der geistigen Welt diesen Unterschied charakterisieren will, so könnte man es etwa in der folgenden Weise tun. Wenn junge Kinder dahinsterben, so ist das Geheimnis des Zusammenseins mit den Kindern, die gestorben sind, dadurch auszusprechen, daß man sagt: Geistig betrachtet verliert man eigentlich diese Kinder nicht. Sie bleiben geistig da. Kinder, die früh im Leben sterben, sind eigentlich wirklich in hohem Grade immer geistig unmittelbar da. – Wir werden gleich näher auf die Sache noch eingehen. Ich möchte als Meditationssatz vor Ihre

Seelen hinstellen, den man weiter durchdenken kann, daß Kinder, wenn sie uns hinsterben, für uns nicht verloren sind; wir verlieren sie nicht, sie bleiben geistig immer da. Und bei älteren Leuten, die hinsterben, kann man das Umgekehrte sagen. Da kann man sagen: Sie verlieren uns nicht. Kinder verlieren wir nicht und ältere Leute verlieren uns nicht. Ältere Leute, wenn sie hinsterben, haben nämlich eine große Anziehungskraft zu der geistigen Welt, aber sie haben dadurch auch die Macht, so hineinzuwirken in die physische Welt, daß sie an uns leichter herankommen. Sie entfernen sich zwar viel mehr als die Kinder, die bei uns bleiben, von der physischen Welt, aber sie sind mit höheren Wahrnehmungsfähigkeiten ausgestattet als die Leute, die jünger sterben. Sie behalten uns. Wenn man mit verschiedenen Seelen in der geistigen Welt bekannt wird, ob sie jung oder alt gestorben sind: die älter Gestorbenen, die leben dadurch, daß sie die Kraft haben, in Erdenseelen leichter einzudringen, die verlieren die Erdenseelen nicht; und die Kinder, die verlieren wir nicht, die bleiben mehr oder weniger in der Sphäre des Erdenmenschen.

Das kann man auch noch an etwas anderem charakterisieren. Sehen Sie, auch für das, was der Mensch so mit seiner Seele auf dem gewöhnlichen physischen Plane erlebt, hat er ja nicht eigentlich immer die ganz tiefen Empfindungen. Wenn uns Menschen hinsterben, so haben wir Trauer; Schmerz empfinden wir darüber. Ich habe oftmals gesagt, gerade wenn uns selber gute Freunde aus der Gesellschaft gestorben sind: Anthroposophisch orientierte Geisteswissenschaft hat nicht die Aufgabe, in schaler Weise die Leute über den Schmerz zu trösten, ihnen den Schmerz auszureden. Schmerz ist berechtigt, man soll stark werden, ihn zu tragen, aber man soll ihn sich nicht ausreden lassen. Aber man unterscheidet mit Bezug auf den Schmerz nicht danach, ob man diesen Schmerz über den Hingang jung Verstorbener oder den Hingang älterer Menschen hat. Und dennoch, geistig angesehen ist da ein großer, großer Unterschied. Man kann sagen: Derjenige, der hier als Hinterbliebener ist, hat mit Bezug auf Kinder, die ihm hinweggestorben sind, seien es seine eigenen oder solche, die er sonst geliebt hat, er hat, wenn ich es technisch sozusagen ausdrücken darf, einen gewissen Mitgefühlsschmerz. – Kinder bleiben eigentlich bei uns, und dadurch, daß wir mit ihnen verbunden waren, bleiben sie uns so nahe, übertragen sie ihren Schmerz auf unsere Seelen, und wir fühlen ihren Schmerz, daß sie noch gerne da wären. Dadurch wird ihnen der Schmerz leichter, daß wir ihn mittragen. Eigentlich fühlt das Kind in uns. Es ist gut, wenn es mit uns fühlen kann, dadurch wird ihm sein Schmerz erleichtert. Dagegen kann man den Schmerz, den wir empfinden, wenn ältere Menschen dahinsterben, seien es die Eltern oder auch Freunde, einen egoistischen Schmerz nennen. Der ältere Gestorbene, der verliert uns nicht, er hat daher auch nicht das Gefühl, das der jung Verstorbene hat. Er behält uns, er verliert uns nicht. Wir hier im Leibe, wir haben das Gefühl, daß wir ihn verloren haben; daher geht der Schmerz nur uns an. Es ist ein egoistischer Schmerz. Wir fühlen nicht sein Gefühl wie bei den Kindern, sondern fühlen den Schmerz für uns.

Man kann wirklich diese zwei Arten des Schmerzes sehr genau unterscheiden: Egoistischer Schmerz älteren Leuten gegenüber, Mitgefühlsschmerz für jüngere Leute. Das Kind lebt in uns weiter, und wir fühlen eigentlich, was das Kind fühlt. So richtig mit unserer eigenen Seele traurig sind wir nur den älteren Dahingestorbenen gegenüber. Dies ist nicht bedeutungslos.

Nun, gerade an solch einer Sache kann man so recht sehen, daß das Wissen von der geistigen Welt doch eine große Bedeutung hat. Denn sehen Sie: Nach diesem kann sich in gewissem Sinne der Totenkultus schon einrichten. Dem Kinde gegenüber, das uns hingestorben ist, wird das ganz Individuelle im Totenkultus nicht ganz angebracht sein, sondern dem Kinde gegenüber, weil das ja ohnedies in uns weiterlebt und bei uns bleibt, ist es gut, wenn man das Andenken so belebt, daß es mehr ins Allgemeine geht, daß man dem mit uns lebenden Kinde etwas Allgemeines gibt. Daher ist zum Beispiel bei dem Totenkultus für Kinder das

Zeremoniell bei der Leichenfeier vorzuziehen gegenüber einer besonderen Leichenrede. Ich möchte sagen, auf die beiden Konfessionen, katholische und protestantische, verteilt sich da je nachdem das Bessere. Der Katholizismus hat nicht die eigentliche Leichenrede, sondern ein Trauerzeremoniell, einen Ritus. Das ist etwas Allgemeines, das ist für alle gleich. Dasjenige nun, was für alle gleich sein kann, ist besonders für Kinder gut; wenn wir das Andenken überhaupt so einrichten können, daß es für alle gleich sein kann. Für den älter Gestorbenen ist das Individuelle bedeutsamer. Bei den älter Gestorbenen wird das beste Trauerzeremoniell das sein, wenn wir geradezu sein Leben betrachten. Das Protestantische, die besondere Leichenrede, die sich auf das Leben des Toten bezieht, wird große Bedeutung haben für den Hingestorbenen; da würde der katholische Ritus weniger Bedeutung haben. Aber auch sonst im Andenken an den Toten: Für das Kind ist es am besten, man versetzt sich in eine Stimmung, wo man verbunden ist mit dem Kinde; dann versucht man Gedanken an das Kind zu richten, die dann zu ihm hinziehen werden beim Einschlafen. Diese Gedanken können mehr allgemein gehalten sein, also zum Beispiel Dinge, die mehr oder weniger an alle Toten gerichtet werden können. Bei Älteren, da ist es schon notwendig, daß man im Andenken an diesen speziellen Menschen sich richtet, daß man also individuell an diesen speziellen Menschen sich richtet und nachdenkt über dasjenige, was ihm nahegelegen hat, was man mit ihm gemeinschaftlich durchgelebt hat. Namentlich ist es von großer Bedeutung bei einem älteren Menschen, um mit ihm in den richtigen Verkehr zu kommen, sich sein Wesen zu vergegenwärtigen, sein Wesen in einem selbst lebendig zu machen. Also nicht bloß, daß man sich erinnert an das, was er einem gesagt hat und wofür man besonderes Gefühl hatte, sondern was er als Individualität war, was er wert war für die Welt: das in sich rege zu machen, das wir einen befähigen, zu einem älteren Verstorbenen in Beziehung zu kommen und das richtige Andenken zu haben. Sie sehen also: Für die

Pietät, die wir entwickeln, hat es Bedeutung, zu wissen, wie man sich verhalten muß zu jüngeren und älteren Verstorbenen. Bedenken Sie, wie sehr es für die Gegenwart immerhin in Betracht kommt, wo so viele Leute in jüngeren Jahren sterben, sich sagen zu können: Sie sind eigentlich in einem hohen Grade immer da, sie sind nicht verloren für die Welt. – Ich habe das zu Ihnen auch hier schon von anderen Gesichtspunkten aus gesagt, aber man muß im Geistigen die Dinge von verschiedenen Gesichtspunkten aus betrachten. Und bringt man es zuwege, Bewußtsein zu haben von der geistigen Welt, dann wird aus dieser unendlichen Traurigkeit der Gegenwart wohl das eine in geistiger Beziehung sich entwickeln können, daß, weil die Toten dageblieben sind, sofern es junge Leute sind, durch diese Gemeinschaft mit den Toten ein reges geistiges Leben entstehen kann.«

Bande, vom Schicksal geschmiedet

Wieder einige Tage später, am 14.2.1918, spricht Steiner in München zum gleichen Thema, »Wachen, Träumen und Schlafen im Erdenleben und nach dem Tode.«[35] Hier betont er, daß es für ein richtiges Verständnis der Geschichte erforderlich ist, die Art der Verbindung der auf Erden Lebenden mit der geistigen Welt und der Welt der Toten zur Kenntnis zu nehmen. Er spricht über den Grad der Verbindung im wachen oder schlafenden Zustand, der hierbei eine Rolle spielt. Wer durch realistische Gedanken mit dieser Welt verbunden ist, wird die für das irdische Leben notwendigen sprituellen Impulse in sein Willensleben aufnehmen können. In jedem dieser drei kurz nacheinander gehaltenen Vorträge fallen andere Nuancen und Einzelheiten auf; darum wurden alle drei Passagen aufgenommen.

»Wer gewöhnt ist, die Vorstellungen zu vollziehen, die sich in ihm bilden, wer also Wachsamkeit in seinem Denken entwickelt, der nur ist vorbereitet, auch zu achten auf solche Dinge wie die

Augenblicke des Aufwachens und des Einschlafens. Was aber nicht wahrgenommen wird, das ist doch da. Und der Verkehr des Menschen mit den Toten ist da, und er ist insbesondere rege im Moment des Einschlafens und des Aufwachens. Im Grunde genommen stellt jeder Mensch im Momente des Einschlafens unzählige Fragen und gibt unzählige Mitteilungen an geliebte Tote und empfängt Kundschaften und Antworten im Momente des Aufwachens von den Toten. Man kann aber in einer gewissen Weise, ich möchte sagen, kultivieren diesen Verkehr mit den Toten. Mancherlei Arten, den Verkehr mit den Toten zu kultivieren, haben wir ja öfter besprochen, aber wir wollen noch das Folgende heute sagen.

Es ist ein Unterschied, ob irgendein Gedanke, den wir in Verbindung mit einem Toten haben, dazu führt, daß wir uns im Momente des Einschlafens an ihn richten können, oder ob er nicht dazu führt. Das ist ein gewisser Unterschied. Derjenige, welcher sich nicht einzig und allein in sinnlich-egoistischer Weise in das Leben hineinstellt, wird ja schon aus einem gesunden Empfinden heraus das Bedürfnis haben, den Verkehr nicht zu unterbrechen, den das Karma ihm gebracht hat mit gewissen Persönlichkeiten, die nun durch die Pforte des Todes vor kurzer oder vor längerer Zeit gegangen sind, und er wird wohl seine Gedanken öfter verbinden mit solchen hingegangenen Persönlichkeiten. Es kann durchaus sein, daß solche Gedanken, die wir anknüpfen an die Vorstellung dahingegangener Persönlichkeiten, einen richtigen Verkehr mit den Toten ergeben, auch wenn wir sie nicht kennen, auch wenn wir nicht achten können auf das, was im Momente des Einschlafens vor sich geht. Aber gewisse Gedanken sind günstiger für einen solchen Verkehr, andere Gedanken sind ungünstiger. Abstrakte Gedanken, Gedanken, die wir in einer gewissen Gleichgültigkeit, vielleicht gar nur aus Pflichtgefühl hegen, die sind wenig geeignet, im Momente des Einschlafens zu dem Toten hinüberzugehen. Dagegen Gedanken, Vorstellungen, welche hervorgehen aus dem Erfühlen eines besonderen Interesses, das uns vereinigt hat im Leben mit dem Toten, diese Gedanken sind geeignet, zum Toten hinüberzugehen. Erinnern wir uns an den Toten so, daß wir nicht bloß mit abstrakten Gedanken, mit kalten Vorstellungen an ihn denken, sondern einen Moment in unsere Seele rufen, wo wir an seiner Seite warm geworden sind, wo uns das, was er sagte, nicht nur Mitteilung war, sondern etwas Liebes war, erinnern wir uns eben derjenigen Momente, die wir mit dem Toten verbracht haben in einer Gefühlsgemeinschaft, in einer Gemeinschaft auch der Willensimpulse, erinnern wir uns solcher Momente, wo wir mit dem Toten zusammen dies oder jenes unternommen, beschlossen haben, was uns beiden wert ist, was uns beide geführt hat zu einer gemeinsamen Handlung, kurz, an irgend etwas, was die Herzen zusammenklingen ließ, machen wir dieses Zusammenklingen der Herzen lebendig, dann färbt das den Gedanken an den Toten so, daß der Gedanke zu ihm hinüberströmt im Momente des nächsten Einschlafens. Ob man diesen Gedanken um neun Uhr, um zwölf Uhr, um zwei Uhr hat, der ganze Tag kann uns irgendwelche Zeit geben, um diesen Gedanken zu haben, er bleibt und geht im Momente des Einschlafens zum Toten.

Im Momente des Aufwachens können wir von dem Toten wieder Antwort, Mitteilung, Botschaften bekommen. Das braucht nicht gerade im Moment des Aufwachens, wenn man nicht darauf achten kann, an unsere Seele heranzutreten, sondern es kann im Laufe des Tages irgendwie aus unserer Seele heraufkommen in Form irgendeines Einfalles, wie wir glauben, wenn wir überhaupt an solche Dinge glauben. Aber auch da wiederum ist einiges günstiger, einiges ungünstiger. Unter gewissen Verhältnissen finden die Toten eher den Zugang zu unserer Seele, um uns dieses oder jenes in unsere Seele hereinzusprechen, so daß es in unserer Seele selbst spricht; in anderen Fällen sind die Verhältnisse für so etwas ungünstiger. Günstiger sind insbesondere die Verhältnisse, wenn wir eine gute, treffsichere Vorstellung von dem Wesen der Toten uns angeeignet haben, wenn wir so starkes Interesse an dem Wesen der Toten haben, daß uns dieses Wesen vor dem geistigen Auge wirklich gestanden hat. Sie werden sich fragen: Warum sagt er denn das eigentlich? Wenn einem jemand nahegestanden hat, so hat man doch eine Vorstellung von seinem Wesen! – Das glaube ich gar nicht, meine lieben Freunde, insbesondere nicht in unserer Zeit! In unserer Zeit gehen die Menschen aneinander vorüber und kennen einander sehr, sehr wenig. Das entfremdet einen vielleicht gar nicht für hier, für die physische Welt; das entfremdet einen aber gar sehr für die Welt, die der Tote durchlebt. Sehen Sie, für hier, für die physische Welt, sind zahlreiche unbewußte oder unterbewußte Kräfte und Impulse, welche die Menschen einander nahebringen, auch wenn sie sich nicht kennenlernen wollen. Es soll ja vorkommen im Leben, wie vielleicht manche von Ihnen schon gelesen haben, daß man schon Jahrzehnte verheiratet sein kann und sich sehr wenig wirklich kennenlernt. Aber da gibt es eben andere Impulse, die nicht auf der gegenseitigen Erkenntnis beruhen, die die Menschen zusammenführen. Das Leben ist überall durchsetzt von unterbewußten und unbewußten Impulsen. Aber wie gesagt, diese unterbewußten Impulse, sie binden uns hier, sie binden uns nicht mit den Wesen zusammen, die durch den Tod uns vorangegangen sind. Da ist es schon notwendig, daß wir wirklich etwas in die Seele aufnehmen, wodurch das Wesen des anderen lebendig in uns lebt. Und je lebendiger es in uns lebt, desto leichter hat es zu unserer Seele den Zugang, desto leichter kann es sich mit uns verständigen.

Das ist es, was ich Ihnen charakterisieren möchte über den fortdauernden, immer und immer vorkommenden Verkehr der sogenannten Lebenden mit den sogenannten Toten. Jeder von uns verkehrt fortwährend mit den sogenannten Toten, und daß es nicht gewußt wird, kommt nur daher, weil man nicht in genügender Weise beachten kann den Moment des Einschlafens, den Moment des Aufwachens. Ich sagte dieses, um Ihnen konkreter dieses Zusammensein mit der übersinnlichen Welt, in der die Toten sind, zu gestalten. Es wird sich uns noch konkreter gestalten, wenn wir einige andere Verhältnisse noch in Erwägung ziehen. Es sterben jüngere Leute, es sterben ältere Leute. Und doch ist der Tod bei jüngeren Leuten, die dahinsterben, im Verhältnis zu den zurückbleibenden Lebenden etwas anderes als der Tod alter Leute, die dahinsterben. Über solche Dinge läßt sich ja wirklich nur reden, wenn man einzelne konkrete Verhältnisse auf diesen Gebieten ins Auge zu fassen vermag. Es ist durchaus nicht aus einer allgemeinen Wissenschaft heraus, daß ich das schildere, sondern ich fasse nur zusammen dasjenige, was in einzelnen konkreten Fällen wirklich vorgekommen ist. Wenn man mit dem schauenden Bewußtsein verfolgt, was geschieht, wenn Kinder ihren Eltern wegsterben, wenn junge Leute von ihren Angehörigen hinweg durch die Pforte des Todes gehen, und wenn man dann erkennen lernt, wie diese Seelen weiterleben, dann stellt sich diese Erkenntnis so dar, daß man sie in folgende Worte zusammenfassen möchte. Man muß sagen: Im Bewußtsein dieser durch die Pforte des Todes gegangenen jüngeren Leute lebt das, was man damit charakterisieren kann, daß man sagt: Sie sind eigentlich den Lebenden nicht verloren, sie bleiben da, sie bleiben in der Nähe, in der Wesenheit der Überlebenden. Sie trennen sich als jüngere Leute durch lange Zeit hindurch nicht von den Zurückgebliebenen, sie bleiben in ihrer Sphäre. – Von älter hingestorbenen Menschen, von Eltern zu Kindern und so weiter, kann man etwas anderes sagen. Diese Dinge sind vielleicht am besten, wenn man sie epigrammatisch ausdrückt. Von älter Hingestorbenen kann man sagen: Die Seelen dieser im späteren Leben hingestorbenen Menschen, die verlieren ihrerseits die Seelen derer, die zurückgeblieben sind, nicht. – Also, während die Zurückgebliebenen die jüngeren Seelen nicht verlieren, verlieren die älteren Leute, wenn sie durch die Pforte des Todes gegangen sind, diese, die dann auf der Erde sind, die Seelen der Zurückgebliebenen nicht, trotzdem diese anderen hier sind. Sie ziehen gewissermaßen dasjenige mit, was sie von uns haben wollen; sie haben von den hiergebliebenen Seelen alles leichter, was die Jüngeren nur haben können, wenn sie dableiben. Das tun diese auch, sie bleiben mehr oder weniger in der Sphäre der Übriggebliebenen, die jüngeren Seelen.

Man kann diese Verhältnisse auf eine ganz bestimmte Weise studieren, so daß einem das, was ich jetzt gesagt habe, zur Gewißheit werden kann. Man muß natürlich diese Dinge mit dem schauenden Bewußtsein studieren. Und man kann mit dem schauenden Bewußtsein studieren die Trauer, den Trennungsschmerz. Trauer und Trennungsschmerz sind eigentlich zwei ganz verschiedenartige Zustände. Die Menschen wissen das nicht, aber wenn man in der Seele eines Menschen die Trauer, den Schmerz über ein hingestorbenes Kind beobachtet, so ist das ganz etwas anderes, als die Trauer und der Schmerz, den man beobachten kann, wenn ein älterer Mensch dahingestorben ist. Die Menschen wissen es nicht, aber es ist doch grundverschieden, wenn man es in der Seele als einen inneren Zustand beurteilt.

Das Merkwürdige ist dieses: Wenn, sagen wir, Eltern ihre früh gestorbenen Kinder betrauern, so ist dies eine Trauer, die eigentlich ihrem wirklichen Inhalte nach, ihrem tieferen Impulse nach, nur ein Reflex, ein Widerschein desjenigen ist, was das dagebliebene Kind hineinlebt in die Seele der Zurückgebliebenen. Das Kind ist dageblieben, und es empfindet, indem es dageblieben ist, allerlei, und das lebt sich hinein in die Seele des Zurückgebliebenen und erweckt da einen Impuls. Es ist ein Mitleidsschmerz, ein Mitgefühlsschmerz, es ist eigentlich der Schmerz oder das Leid des Kindes selber, den man in sich erlebt. Man schreibt ihn natürlich sich zu, den Schmerz, aber es ist ein Mitgefühlsschmerz. Sie müssen mich nicht mißverstehen – wir müssen ja diese Ausdrücke in vernünftiger Weise nehmen, nicht mit allerlei schlimmen Nebendeutungen –, man könnte sagen: Wenn ein jüngerer Angehöriger einem dahinstirbt, so ist man von dem Schmerze aus dem eigenen Seelenleben des Dahingestorbenen heraus besessen, wenn auch in normaler Weise besessen, so daß es nicht schadet, er lebt in einem weiter, und was sich als Schmerz interpretiert, das ist sein Leben in uns.

Anders ist es bei der Trauer einem älteren Menschen gegenüber, der uns verlassen hat. Da tritt ein Schmerz ein, der nicht der Widerschein ist desjenigen, was in dem anderen lebt, denn der andere kann das wirklich hinaufbekommen, was in unserer Seele ist; er verliert uns nicht von sich aus. Wir können nicht von seinem Schmerz besessen sein, überhaupt nicht von seinen Empfindungen in dieser Weise besessen sein, denn er hat keine Sehnsucht danach, mit seinen Empfindungen in uns hineinzudringen, weil er uns ja mitzieht. Er verliert uns nicht. Deshalb ist dieser Schmerz, diese Trauer eine egoistische Trauer, ein egoistischer Schmerz. Das ist kein Tadel, es ist gewiß berechtigt, aber wir müssen diese beiden Arten der Trauer in ganz wesentlicher Art voneinander unterscheiden.

Wichtig wird die Sache dann, wenn man übergeht in der Betrachtung von der Beschreibung des Schmerzes oder des Zusammenlebens mit den dahingegangenen Toten zu den Toten selbst. Wenn das Verhältnis zu einem in jüngeren Jahren dahingegangenen Menschen ganz anders ist als das Verhältnis zu einem in späteren Jahren hingegangenen Menschen, dann wird es begreiflich sein, daß auch für die Pflege des Andenkens, für die Pflege des Gedächtnisses gegenüber den Toten in dem einen und dem anderen Falle es anders sein muß. Einem jüngeren Kinde gegenüber werden wir den richtigen Kultus, das richtige Gedächtnis haben, wenn wir darauf Rücksicht nehmen, daß das Kind dageblieben ist, daß das Kind mit uns lebt und sich besonders gerne einlebt in das, was hier uns möglich gewesen wäre, an das Kind heranzubringen, wenn das Kind hier geblieben wäre. Die Erfahrung zeigt, daß solche Kinder nach ihrem Tode besonders begehren, im Gedächtnis, in dem, was man ihnen entgegenbringt, allgemein menschliche Verhältnisse zu finden, auch im Totenkultus etwas zu finden, was mehr allgemeine Interessen darbietet, was wenig zu tun hat mit speziellen Interessen. Für Kinder, die dahingestorben sind, ist zum Beispiel die katholische Totenfeier angemessener, wo ein allgemeiner Ritus ist, wo man einen Ritus hat, der für alle in gleicher Weise gilt. Ein dahingestorbenes Kind möchte eine Totenfeier haben, die mehr allgemeinmenschlich, die nicht für es allein, für es speziell ist, sondern die für alle sein könnte.

Für einen dahingestorbenen älteren Menschen ist die protestantische Totenfeier besser, wo man sich einläßt auf die besonderen Lebensverhältnisse, wo man eine Leichenrede hält, die sich auf seine speziellen individuellen Verhältnisse bezieht. Und will man das Andenken pflegen für einen solchen älteren Dahingestorbenen, dann ist es besonders günstig, sich an Einzelheiten des Lebens, die ihm eigen waren, an sein spezielles, an sein individuelles Leben anzuklammern und dort die Gedanken zu suchen, durch die man das Andenken des älter Dahingestorbenen feiert.«

»Anders ankommen in der geistigen Welt«

In einem Vortrag über »Zeit und Raum«, gehalten am 2. September 1918 in Dornach, kommt eine Passage vor, die die Folgen des Todes junger Menschen für die himmlische, geistige Welt und die spirituellen Folgen des menschlichen Alterns für die irdische, physische Welt beleuchtet.[36]
Diesen Gesichtspunkt möchte ich nicht auslassen.
»Wenn gegenwärtig ganz junge Menschen sterben, zum Beispiel Kinder, so haben diese Kinder – bei jungen Menschen ist es ebenso – eben in die Welt hereingeschaut; sie haben nicht voll das Dasein hier auf dem physischen Plane ausgelebt. Mit einem auf dem physischen Plane unausgelebten Leben kommen sie hinüber in die andere Welt, die zwischen dem Tode und einer neuen Geburt verlebt wird, so verlebt wird, wie ich es gestern geschildert habe. Dadurch, daß sie einen Teil nur des Erdenlebens gelebt

haben, bringen sie etwas vom Erdenleben mit hinüber in die geistige Welt, das man nicht hinüberbringen kann, wenn man alt geworden ist. Man kommt anders in der geistigen Welt an, wenn man alt geworden ist, als wenn man jung stirbt. Wenn man jung stirbt, so hat man das Leben so durchlebt, daß man noch viele Kräfte in sich hat vom vorgeburtlichen Leben. Man hat als Kind und als junger Mensch das leibliche Leben so durchlebt, daß man darinnen noch viel von den Kräften in sich hat, die man vor der Geburt in der geistigen Welt hatte. Dadurch hat man eine innige Verbindung geschaffen zwischen dem Geistigen, das man mitgebracht hat, und dem Physischen, das man hier erlebt hat. Und durch diese innige Verbindung kann man etwas, was man auf der Erde erwirbt, in die geistige Welt mit hinübernehmen. Kinder oder sonst jung gestorbene Leute, nehmen von dem Erdenleben etwas in die geistige Welt mit hinüber, was gar nicht mit hinübergenommen werden kann, wenn man als älterer Mensch stirbt. Das, was da mitgenommen wird, ist dann drüben in der geistigen Welt, und was da hinübergetragen wird durch Kinder und junge Leute, das gibt der geistigen Welt eine gewisse Schwere, die sie sonst nicht haben würde, derjenigen geistigen Welt, in der dann die Menschen gemeinsam drinnen leben, das gibt eine gewisse Schwere der geistigen Welt..., denn von einem gewissen Alter an hat man nicht mehr jene innige Verbindung zwischen dem, was man mitgebracht hat bei der Geburt und dem physischen Erdenleben. Ist man alt geworden, so löst sich diese innerliche Verbindung, und es tritt gerade das Umgekehrte ein. Von einem gewissen Lebensalter an träufeln wir in einer gewissen Weise dem innerhalb der physischen Erde befindlichen Geistigen unser eigenes Wesen ein. Wir machen die physische Erde geistiger als sie sonst wäre. Also von einem bestimmten Alter an vergeistigen wir in einer gewissen Weise, die man nicht mit äußeren Sinnen wahrnehmen kann, die physische Erde. Wir tragen Geistiges in die physische Erde hinein, wie wir Physisches in die geistige Welt hinauftragen, wenn wir jung sterben; wir pressen gewissermaßen Geistiges aus, wenn wir alt werden, ich kann es nicht anders sagen. Das Altwerden besteht im geistigen Sinne von einem gewissen Aspekt aus darinnen, daß man Geistiges hier auf der Erde auspreßt.«

Geburt und Tod

Die Darstellung von der Entwicklung des Kindes ist einer der Schlüssel, die die Anthroposophie uns zur Erlangung einer besseren Einsicht in die uns beschäftigenden Probleme in die Hand gibt. Von diesem Gesichtspunkt aus erweist sich der Beginn des irdischen Lebens des Menschen als langwährender und differenzierter Prozeß. Eine Menschenkunde, die die hieran mitwirkenden geistigen Realitäten in ihre Sicht mit einbezieht, wird dann auch Gesichtspunkte geben können, die für unser Thema von Wichtigkeit sind.

In den folgenden Passagen werden erhellende Einzelheiten der menschenkundlichen und karmischen Aspekte des Sterbens von Kindern herausgestellt. Rudolf Steiner weist darauf hin, daß das Alter, in dem ein Kind stirbt, sein Leben nach dem Tod bestimmt; das pränatale Leben wirkt noch lange beim heranwachsenden Kind nach. Die Frage, »warum« Kinder früh sterben oder tot geboren werden, und die Frage, was Eltern »ihren« Kindern mitgeben, stellt sich in einem neuen Licht.

Zwischen dem neunten und zehnten Lebensjahr

In einem Vortrag am 7.8.1921 in Dornach unter dem Titel: »Die kindliche Entwickelung bis zur Geschlechtsreife« erhellt Steiner die bedeutende Veränderung, die Kinder zwischen dem neunten und zehnten Lebensjahr durchmachen. Diese Veränderung, die z.B. in der sogenannten »Autoritätskrise« zum Ausdruck

144

kommt, findet statt, wenn das pränatale Leben nicht mehr direkt auf das irdische Leben einwirkt. Nach dem neunten oder zehnten Lebensjahr nabelt sich das Kind von seinem himmlischen Dasein ab und wird gegenüber den geistigen Realitäten, mit denen es noch verbunden war, selbständig.[37]

»Daher ist es auch so, daß Kinder, die vor diesem Zeitpunkte sterben, im Grunde genommen in dem Leben, das sie da bis zum fünften, sechsten, siebenten, selbst noch bis zum achten, neunten Lebensjahre durchmachen, etwas haben, was sie noch wenig getrennt hat von jener geist-seelischen Welt, die zwischen dem Tod und einer neuen Geburt durchgemacht wird; so daß die Kinder verhältnismäßig leicht wiederum zurückgerissen werden in diese geistig-seelische Welt, daß sie gewissermaßen nur etwas anstückeln an das Leben, das sie vollendet haben mit der Empfängnis oder mit der Geburt, daß ein eigentliches Abschnüren eines neuen Lebens, wenn wir dieses Sterben in Betracht ziehen, eigentlich erst da ist, wenn die Kinder nach diesem Zeitpunkte sterben. Da bindet sich gewissermaßen das neue Leben nicht in so intensiver Weise an das alte Leben. Da erst werden deutlich durchgemacht jene Zustände, die ich in meiner »Theosophie« beschrieben habe, während es bei Kindern, die früher sterben, so ist, daß sie gewissermaßen wiederum zurückgeworfen werden und anstückeln das Leben, das sie auf der Erde durchgemacht haben, an das Leben, das sie geführt haben bis zur Konzeption oder bis zur Geburt. Man muß eben sagen: Dasjenige, was man in dem Kinde vor sich hat bis zu diesem Zeitpunkte zwischen dem neunten und zehnten Lebensjahre, das ist eigentlich so, daß es viel ungetrennter das Leiblich-Seelische und das Geistig-Seelische enthält, als der spätere Mensch es enthält. Der spätere Mensch ist viel mehr ein dualistisches Wesen als das Kind. Das Kind hat in seinem Leibe drinnenstecken das Geistig-Seelische, und es arbeitet das Seelisch-Geistige am Leibe. Als eine Zweiheit erscheint das Geistig-Seelische gegenüber dem Leiblich-Seelischen erst nach diesem geschilderten Zeitpunkte. So daß man sagen muß: Von diesem Zeitpunkt ab bekümmert sich das Geistig-Seelische im Menschen weniger um das Leibliche, als es sich vorher bekümmert hat. Das Kind ist als leibliches Wesen ein viel seelischeres Wesen als der spätere Mensch. Der Leib des Kindes ist eben durchaus noch in seinem Wachstum von den Seelenkräften durchsetzt, denn es bleiben noch immer seelische Kräfte zurück, auch wenn sich ein großer Teil mit dem Zahnwechsel eben verwandelt hat...

Wie gesagt, das Kind in seinem früheren Lebensalter wird mehr zurückgeworfen zu seinem vorigen Leben, der Mensch nach diesem Zeitabschnitte ist getrennt von seinem vorigen Leben. Und was sich da loslöst, das enthält in sich die Keime, um durchzugehen durch die Pforte des Todes. Man kann mit imaginativer Erkenntnis sehr genau diese Dinge durchschauen, und man kann auf die Einzelheiten sehr genau hindeuten. Man kann hindeuten darauf, wie die Kräfte, die da auftreten, zu scharf konturierten Begriffen führen – die aber abdämpfen die geistigen Realitäten, in deren Mitte wir im Schlafzustande leben – und die den Menschen eben zu einem selbständigen Wesen machen.

Dadurch, daß er sich abschnürt, daß er abdämpft die geistigen Realitäten, wird ja der Mensch neuerdings der Geist unter Geistern, der er sein muß, wenn er durch die Pforte des Todes geht. Das Kind schlüpft, ich möchte sagen, in die geistigen Realitäten immer hinein; der spätere Mensch löst sich los von diesen geistigen Realitäten, wird in sich selber konsistent.«

Die Aufgaben Jungverstorbener

Im Oktober 1915 hält Rudolf Steiner in Dornach eine Reihe von Vorträgen zu dem Thema: »Die okkulte Bewegung in neunzehnten Jahrhundert und ihre Beziehung zur Weltkultur.« Im siebenten Vortrag dieser Reihe, am 22. Oktober, betont er noch einmal, daß die Anthroposophie auf gar keinen Fall weder auf die Kenntnisse noch auf die Methoden zurückgreifen will, die in vergangenen Zeiten kennzeichnend für das okkulte Terrain waren.[38] Er erinnert daran, daß er in seiner Theosophie die Prinzipien ausgearbeitet hat, wie im zwanzigsten Jahrhundert übersinnliche Phänomene behandelt werden sollten. Was dort ganz allgemein beschrieben wird, müßte auf jedem Gebiet durch Einzelheiten ergänzt werden; das gelte auch für alles, was das Leben nach dem Tod beträfe.

»So ist es notwendig, wenn man ein genaues Bild über die ersten Jahre oder Jahrzehnte des Lebens nach dem Tode gewinnen will, zu vergleichen, wie sich dieses Leben ausnimmt bei Menschen, die ganz jung, sagen wir, in dem jüngsten Kindesalter gestorben sind, und wie es sich ausnimmt bei Menschen, die etwas später, etwa in der Mitte des Lebens gestorben sind, und dann wieder bei Menschen, die im hohen Alter gestorben sind. Da sind die Dinge überall in hohem Maße verschieden. In Wirklichkeit ist das Leben nach dem Tode in hohem Maße verschieden, je nachdem man früh oder spät verstorben ist; und ein wirklich getreues Bild ergibt sich erst aus solchen Vergleichen der Erlebnisse von den in verschiedenen Lebensaltern verstorbenen Menschen.

So zum Beispiel war es eine wesentliche, eine wichtige Grundlage, um auf gewisse Dinge zu kommen, daß man sich davon überzeugte, wie es mit früh aus dem Leben geschiedenen Menschen ist, ich will sagen, mit kleinen Kindern, und dann wieder mit aus dem Leben geschiedenen Menschen von elf, zwölf, dreizehn Jahren. Es ist wirklich ein großer Unterschied zu bemerken für das Leben post mortem, für das nachtodliche Leben, ob ein Mensch vor dem achten, neunten Jahre oder vor dem sechzehnten, siebzehnten Jahre gestorben ist. Das ist deutlich zu entnehmen aus gewissen Erlebnissen, die man mit den Toten haben kann. So kann man beobachten bei ganz früh verstorbenen Menschen, bei Menschen, die im zartesten Kindesalter gestorben sind, daß sie sich nach dem Tode sehr, sehr viel beschäftigen mit den Aufgaben, die die Menschheit hat unmittelbar in der Zeit, die nach diesen Toden folgt.

Die äußeren Vertreter der Religionsgemeinschaften tun gar nichts dagegen, daß sich gewisse Vorstellungen bei den Menschen festsetzen, die mit der Wahrheit nicht übereinstimmen. Sie werden es aus Ihrer eigenen Lebenspraxis wissen, daß von seiten der Vertreter der Religionsgemeinschaften nicht viel geschieht gegen die Vorstellungen, daß, wenn ein alter Mensch oder ein Kind stirbt, die Menschen es sich so vorstellen, daß dann der Alte drüben auch als Alter und das Kind drüben auch als Kind weiterlebt. Aber die Art, wie die Seelen hier leben, hat nichts zu tun mit der Art, wie sie drüben leben. Wenn ich auch als drei oder sechs Monate altes Kind sterbe, so kommen da die vielen ganzen Erdenleben in Betracht, und ich kann doch als sehr reife Seele in die geistige Welt eintreten. Es ist also total falsch, sich vorzustellen, daß das Kind als Kind fortlebt. Da findet man dann, daß solche Seelen, die früh im Kindesalter gestorben sind, Aufgaben bekommen, die zusammenhängen mit dem, was die Erde braucht, um den nötigen Geistesfond zu bekommen zum Weiterarbeiten. Ich möchte sagen, die Menschen können nicht arbeiten auf der Erde, ohne von den geistigen Welten heraus Impulse zu bekommen. Die Impulse kommen aber nicht in einer solch verwaschenen Weise, wie es sich der Pantheismus vorstellt, sondern sie kommen von wirklichem Wesen, und unter diesen findet man auch die Seelen früh verstorbener Kinder.

Konkret gesprochen: Nehmen wir an, wir sehen *Goethe* heranwachsen. Natürlich hat Goethe etwas von seiner Genialität auch dadurch, daß ihm die geistige Welt zu Hilfe kommt. Aber wenn man dem nachgeht, so kommt man zu den Seelen von Kindern, die früh verstorben sind. Das Geistige, das da in der Welt lebt, hat zu tun mit den Seelen früh verstorbener Kinder. Wenn dagegen Kinder sterben, welche neun bis zehn Jahre, aber noch nicht sechzehn, siebzehn Jahre alt sind, dann findet man sie ganz bald nach dem Tode in Gesellschaft von geistigen Wesen. Aber diese geistigen Wesen sind Menschenseelen. Man findet sie viel in Gemeinschaft mit Menschenseelen, und zwar mit solchen, die bald herunterkommen müssen auf die Erde, mit solchen, die auf ihre nächste Inkarnation warten. Diejenigen Menschen, die ganz früh im Kindesalter sterben, also bis zum siebenten, achten Jahre, findet man viel beschäftigt mit Menschen, die hier unten sind. Diejenigen aber, welche im Alter von sieben, acht bis sechzehn, siebzehn Jahren sterben, findet man mit solchen Seelen beschäftigt, die bestrebt sind, sich bald zu inkarnieren. Das sind dann für diese Seelen bedeutsame Stützen und Hilfen, man könnte sagen, wichtige Boten für dasjenige, was sie brauchen, um sich vorzubereiten für ihr Erdendasein. Das ist wichtig zu wissen, wenn man nicht im Allgemeinen herumreden, sondern wirklich eindringen will in diese geistigen Welten.

Nun aber ist es nicht so ohne weiteres leicht möglich, diese Dinge zu durchschauen. Man kann darauf kommen, wie diese Sachen sind, wenn man zum Beispiel sich sagt: Wie findet man eigentlich am besten die Toten? Da stellt sich dann heraus, daß man die Toten, wenn sie vor Jahren, selbst vor Jahrzehnten gestorben sind oder in der allerletzten Zeit, dadurch findet, daß man mit dem Bewußtsein für die geistige Welt im Schlafe aufwacht.

Ich habe Ihnen öfter geschildert: man kann auf zweierlei Arten aufwachen. Man wacht entweder mitten im Schlafe auf und weiß, jetzt schläfst du nicht, sondern du bist in der geistigen Welt darinnen – Andeutungen darüber finden Sie schon in dem Schriftchen ›Ein Weg zur Selbsterkenntnis des Menschen. Acht Meditationen‹, das auch einmal in München erschienen ist –, oder auch man wacht mitten im Wachen auf. Aber dieses Forschen über das Leben der Toten geschieht besser, wenn man mitten im Schlafe aufwacht, weil man dann selber am verwandtesten ist in seiner Tätigkeit mit der Tätigkeit der Toten.

Man macht dann eine ganz merkwürdige Entdeckung. Nicht wahr, hier im physischen Leben ist es so, daß der Mensch vom

Aufwachen bis zum Einschlafen sich immer erinnert an das frühere Leben vom Aufwachen bis zum Einschlafen. Wie lebt eigentlich der Mensch? Nicht wahr, so: Aufwachen, Tagesleben, Einschlafen; Aufwachen, Tagesleben, Einschlafen und so weiter. Während des Tageslebens erinnert er sich immer an das, was zurückliegt in einem früheren Tagesleben. Eigentlich besteht das Tagesleben, wenn es alltäglich verläuft, darin, daß man sich so erinnert. Anders ist es, wenn unser Ich [durch den Schlaf] unterbrochen wird, wenn wir uns nicht so erinnern. Das Kuriose ist aber dann, daß wir uns während des Schlafes immer nur erinnern an die vorangegangenen Schlafzustände. Nur ist das dem Menschen unbewußt. In den meisten Fällen erinnert er sich nicht an die zurückliegenden Schlafzustände. Es ist aber eine unterbewußte Erinnerung während des ganzen Lebens im Schlafe vorhanden.

Betrachten wir das Leben, welches umfaßt Einschlafen, Nacht, Aufwachen; Einschlafen, Nacht, Aufwachen. Das geht gerade so fort, daß durch das Tagleben das Nachtleben so unterbrochen wird, aber es ist eine kontinuierliche Lebensströmung doch da. Das Merkwürdige dabei ist, daß, während wir bei der Tagerinnerung passiv sind – die Dinge der Erinnerung sind da, sie tauchen auf in der Erinnerung und nur in Ausnahmefällen müssen wir uns anstrengen, um uns auf etwas Vergangenes zu besinnen –, ist es im Schlafe so, daß wir, wenn wir uns zu irgendeinem Zwecke an etwas erinnern wollen, Anstrengungen machen müssen. Diese Anstrengung im Schlafe ist die Regel. Aber der Mensch hat gewöhnlich nicht die Kraft, dieser Aktivität sich bewußt zu werden, daher erinnert er sich nicht während des Schlafes. Aber der Mensch ist während des Schlafes in der Regel viel regsamer, viel tätiger in der Seele als während des Wachens. Das ist immer so. Da kommt kein Träumen. Das Träumen entspricht dem, was wir im Wachen dann haben, wenn wir uns recht anstrengen, um uns zu erinnern. Aber wenn wir uns in der Nacht leicht anstrengen, so entspricht das dem gewöhnlichen Erinnern am Tage, wo wir uns nicht anstrengen, wo wir uns erinnern, weil die Erinnerungen von selber kommen. Die Erinnerung, die wir an das Tagleben haben, wird nach dem Tode in dem Rückblick auf das beendete Erdenleben rasch abgebraucht. Die Erinnerung aber an das, was der Mensch während der Nacht erlebt hat, wird rückwärts durchlaufen. Der Mensch durchläuft alle Erlebnisse der Nächte rückwärts in der Kamalokazeit.

Nicht wahr, hier im Leben sind wir wirklich mit dem beschäftigt, was uns der Tag zu geben hatte, und weiter mit dem, was wir während der Nacht durchlebt haben, aber ohne daß wir es wissen. Nach dem Tode kommt uns aber alles das zum Bewußtsein, was wir während der Nacht durchlebt haben. Nacht für Nacht kommt uns zurück. Und das ist wichtig, daß man darauf kommt, daß der Tote eigentlich zunächst seine Nächte durchlebt. Man kommt erst nach und nach darauf, und es ist gar nicht so leicht, darauf zu kommen, daß der Tote eigentlich seine Nächte durchlebt. Natürlich durchlebt er sein Leben, aber er erlebt es auf dem Umwege seiner Erlebnisse durch die Nächte hindurch.

Ich habe öfter gesagt: es ist ungefähr ein Drittel der Lebenszeit, die man in Kamaloka durchlebt. Wenn Sie nun bedenken, daß ein Mensch, der nicht als Kind stirbt, ungefähr ein Drittel des Lebens verschläft, dann werden Sie begreifen, warum die Kamalokazeit ungefähr ein Drittel der Erdenlebenszeit beansprucht. Die Kamalokazeit dauert so lange, wie die Nachtschlafenszeit dauerte, die ungefähr ein Drittel der gesamten Erdenlebenszeit ausmacht.

Sehen Sie, so fügen sich die Dinge zusammen. Es ist durchaus notwendig, daß man nach und nach die konkreten Erkenntnisse sorgfältig zusammenhält. Daher ist es so, wie soll ich sagen, so schockierend – das Wort gibt allerdings nicht vollständig wieder, was ich meine, aber ich will es doch gebrauchen –, wenn man mit voller Verantwortung über die geistige Welt reden will, und man nach den Vorträgen von jedem Beliebigen gefragt wird über dieses oder jenes. Die Leute möchten gern alles wissen, aber andererseits möchte man nur sagen, was man unmittelbar durchdacht hat. Man ist also gezwungen, dann über eine Menge Dinge zu sprechen, über die man noch nicht Gelegenheit hatte, eine sorgfältige Nachprüfung anzustellen. Man kann ja sprechen, denn die Wissenschaft des Okkultismus ist da; aber wenn man sich zum Grundsatz gesetzt hat, nur das zu sagen, was man nachgeprüft hat, so ist dieses Sprechen etwas, was man eigentlich nicht so tun möchte.

Nun erinnern Sie sich, daß ich gesagt habe: Wenn man so über die Schwelle der geistigen Welt tritt, findet man einen Menschen, der im elften, zwölften, dreizehnten, vierzehnten Jahre gestorben ist, verhältnismäßig bald nach seinem Tode unter denjenigen Menschen, die bald wieder auf die Erde kommen wollen und Aufgaben verrichten wollen auf der Erde. Er hilft nun mit, daß sie die rechten Wege finden in die Verkörperung hinein. Es sieht sonderbar aus, wenn man das sagt, aber es ist doch so.

Diese Dinge hängen nun aber wiederum mit gewissen Geheimnissen des Lebens, mit ganz bestimmten Geheimnissen des Lebens zusammen. Die Sache liegt so, daß man eigentlich auf bestimmte Dinge in der richtigen Weise erst dann kommt, wenn man die richtige Frage stellen kann. Nicht jede Frage, die man stellt, ist richtig gestellt, sondern man muß erst abwarten, bis man gewissermaßen gewürdigt wird, die richtige Frage zu stellen.

Nun werde ich Ihnen etwas sagen, was Sie vielleicht ganz merkwürdig berühren wird, was aber doch richtig ist. Sehen Sie, da tritt einmal die Frage auf, die sich durch das Folgende ergibt: Nicht wahr, der Mensch bekommt zweimal Zähne. Zunächst bekommt er diejenigen Zähne, die herausfallen gegen das siebente Jahr zu, und dann bekommt er ein zweites Mal Zähne. Das ist eine Tatsache. Ich glaube nicht, daß sehr viele Menschen sich die Frage vorlegen: Wie verhält es sich eigentlich mit diesem zweimaligen Zähnebekommen? Denn ich habe immer gefunden, daß, wenn über dieses zweimalige Zähnebekommen unter Fachleuten die Rede gewesen ist, sie so redeten, als ob das ein und dieselbe Sache wäre, das erste Zähnebekommen und das zweite Zähnebekommen. Wenn man sich die Sache aber als Okkultist vorlegt, so sind das ganz verschiedene Dinge, das erste und das zweite Zähnebekommen. So mußte ich einmal jemandem, der mir als ärztlicher Fachmann die Frage stellte, eine ganz groteske Antwort geben, die aber vom Standpunkte des Okkultismus richtig ist, obwohl sie ihm spaßig vorkam. Er sagte, man müßte die Kinder mit Milchzähnen möglichst bald an das Beißen gewöhnen, denn dazu haben ja die Menschen die Zähne, und daher muß man sie daran gewöhnen, daß sie beißen. Dieser Gedankengang ist aber nicht richtig, vom okkulten Standpunkte wenigstens nur halb richtig. Er muß jedenfalls schärfer ins Auge gefaßt werden. Von den zweiten Zähnen ist es ganz ohne Frage, daß man sie zum Beißen hat. Von den ersten Zähnen aber ist es eine Frage. Die hat man nämlich durch Vererbung. Man hat sie, weil sie die Eltern und die Voreltern gehabt haben; sie sind etwas Vererbtes. Erst wenn man diese abgestoßen hat, entwickelt man die zweiten Zähne. Die sind dann erst eine individuelle Errungenschaft. Die ersten hat man ererbt. Das ist ein Unterschied. Das ist etwas, was nur dann in Betracht kommt, wenn man auf feine Unterschiede acht gibt. Es ist keine besonders wichtige Sache, es können nicht besonders große Fehler gemacht werden, wenn man diese Frage nicht aufwirft. Aber wichtig ist, daß man weiß, daß die ersten Zähne zum Vererbungsimpulse in ganz anderer Beziehung stehen als die zweiten. Die zweiten Zähne wird man in Zusammenhang finden mit der gesamten Gesundheit, mit der ganzen Organisation des Menschen, während die ersten Zähne, namentlich in ihrem Gesundheitswert, viel mehr in Zusammenhang stehen mit der Gesundheit der Eltern und Voreltern. Insofern ist schon ein Unterschied da, den man auf empirischem Felde weiterverfolgen kann. Das sind feine Unterschiede. Aber wenn man in dieser Weise einmal hingelenkt ist auf die Zähnegeschichte, dann stellt sich etwas anderes heraus, und da kommt nun das, was Sie vielleicht sonderbar berühren wird, was aber doch eben wahr ist.

Nehmen Sie an, ein Kind stirbt, bevor es vollständig die zweiten Zähne bekommen hat, oder kurz danach. Da ist merkwürdig, weil es sich für die okkulte Forschung herausstellt, daß sich in der geistigen Welt realisiert, ob das Kind die zweiten Zähne noch nicht oder seit einiger Zeit schon bekommen hat. Angenommen, das Kind sei acht, neun Jahre alt gewesen und dann gestorben. Da entdeckt man, daß da etwas wirkt von den Impulsen, die sonst in die physische Welt hineingehen. Da macht man die Entdeckung, daß das die Kräfte sind, die in die Zähne hätten hineingehen sollen, jetzt aber dem Kinde zur Verfügung stehen. Insbesondere aber merkt man es bei dem Kinde, das früh verstorben ist, das die ersten Zähne verloren, aber die zweiten Zähne noch nicht bekommen hat, oder die zweiten eben erst bekommen hat. Da stellt sich merkwürdigerweise heraus, daß das Kind gewisse Kräfte hat, und daß diese Kräfte von ganz derselben Art sind wie diejenigen, womit auf dem physischen Plane die Zähne befördert werden in ihrem Herauswachsen aus dem ganzen Organismus. Also, nicht wahr, wenn man hier in der physischen Welt steht, muß man gewisse physische Kräfte entwickeln, um die Zähne herauszuentwickeln aus dem Organismus. Wenn man diese Zähne noch nicht oder erst kaum entwickelt hat und vorher stirbt, so hat man diese Kräfte frei in der geistigen Welt, um mit ihnen hereinzuwirken in diese irdische Welt. Wenn man in der physischen Welt ist, wachsen diese Kräfte in die Zähne hinein, mit denen man dann in der physischen Welt wirkt....

Ich habe ferner gesagt, daß die Menschenseelen, die zwischen dem achten, neunten und sechzehnten, siebzehnten Jahre sterben, unter denjenigen Seelen sind, die sich bald verkörpern wollen. Die haben wiederum besondere Seelenkräfte, die auch das Resultat einer Umwandlung sind. Der Mensch wird im vierzehnten, fünfzehnten, sechzehnten Jahre geschlechtsreif. Die Kräfte, die zur Geschlechtsreife führen, wandeln sich, wenn die

Geschlechtsreife noch nicht zum Ausdruck gekommen oder eben vorbei ist, in der geistigen Welt um zu solchen Kräften, mit denen man unter denjenigen Seelen wirken kann, die ihre nächste Erdeninkarnation erwarten, um ihnen zu helfen, ihre nächste Erdeninkarnation vorzubereiten.

Denken Sie, welch unendlich tiefer Zusammenhang da besteht: die Produktionskräfte werden in der geistigen Welt umgewandelt zu Hilfskräften für die Seelen, die demnächst herabsteigen wollen in die physische Welt. Das sind wirklich Zusammenhänge, die uns zeigen, wie das Geistige, das jenseits der Schwelle wirkt, hier im Einzelnen, im Konkreten weiterwirkt. Wir lernen auch die physische Welt wirklich erst richtig erkennen, wenn wir die Sache so verfolgen und uns sagen: Wir beachten in der Regel gar nicht, daß Kraftentfaltungen da sind dadurch, daß der Mensch die Zähne abstößt und andere entwickelt. – Das sind Kraftentfaltungen. Und wiederum: daß er geschlechtsreif wird, das bedeutet Kraftentfaltungen. Wenn der Mensch reif ist, so sind die Kräfte etwas ganz anderes.«

Karmische Fragen

Bis 1913 fand Steiner seine Zuhörer vor allem innerhalb der damaligen Theosophischen Gesellschaft; bis 1913 war er Vorsitzender der deutschen Sektion dieser Gesellschaft. Er trug nur die Ergebnisse seiner eigenen Forschungen auf spirituellem Gebiet vor, knüpfte aber an die Terminologie seiner Zuhörer an. »Vor dem Tor der Theosophie« lautete das Thema einer Reihe von einleitenden Vorträgen, die Steiner 1906 in Stuttgart hielt. Im achten Vortrag (29. 8. 1906) behandelte Steiner das Thema Gut und Böse und kam schließlich auf einige Fragen im Zusammenhang mit dem Karma.[39]

Diese Vorträge wurden nicht stenographisch festgehalten; der herausgegebene Text beruht auf Notizen von Zuhörern. Es ist wichtig, letzteres nicht zu vergessen, insbesondere hinsichtlich dessen, was Steiner über totgeborene Kinder sagt.

»Wir wollen nun noch einige karmische Einzelfragen behandeln, die häufig gestellt werden. Welches ist der karmische Zusammenhang, daß viele Menschen schon so jung sterben, zum Beispiel schon als Kinder? Fälle, die der Geheimwissenschaft bekannt sind, lehren das Folgende. Man konnte zum Beispiel ein Kind, das früh gestorben ist, in Beziehung auf das Vorleben untersuchen, und da zeigte sich, daß es in seinem früheren Leben recht gut veranlagt war und diese Anlagen auch gut benutzt hatte. Es war ein recht fähiges Mitglied der menschlichen Gesellschaft geworden, aber es war etwas schwachsichtig. Durch diese schwachen Augen und das weniger genaue Ansehen-Können bekamen alle seine Erfahrungen einen besonderen Anstrich. Es fehlte dadurch überall an einer Kleinigkeit, um die es hätte besser sein können; der Mensch blieb immer etwas zurück wegen der schwachen Augen. Er hätte ganz Außerordentliches leisten können, wenn er gute Sehorgane gehabt hätte. Er starb und wurde dann ganz kurze Zeit danach wieder inkarniert mit gesunden Augen, lebte aber nur wenige Wochen. Dadurch aber hatten die Wesensglieder erfahren, wie man gesunde Augen bekommt, und der Mensch hatte ein Stückchen Leben bekommen, um zu erwerben, was ihm noch gefehlt hatte, gleichsam eine Korrektur des vorhergehenden Lebens. Der Schmerz der Eltern wird natürlich karmisch ausgeglichen, aber sie mußten das Werkzeug für diese Korrektur sein.

Was ist der karmische Zusammenhang bei totgeborenen Kindern? Bei einer Totgeburt hat sich der Astralleib zwar schon mit dem physischen Leib verbunden, auch die zwei unteren Leiber sind in Ordnung, aber der Astralleib des Menschenkeimes zieht sich wieder zurück, so daß der Mensch tot zur Welt kommt. Warum aber zieht sich der Astralleib zurück? Das hängt so zusammen: Gewisse Glieder der höheren Menschennatur hängen mit gewissen physischen Organen zusammen. Kein Wesen zum

Beispiel kann ohne Zellen einen Ätherleib haben. Der Stein hat keinen Ätherleib, weil er keine Gefäße oder Zellen zur Aufnahme des Ätherleibes hat wie die Pflanze. Ebenso ist der Astralleib an ein Nervensystem gebunden. Die Pflanze hat keinen Astralleib, eben weil sie kein Nervensystem hat. Sobald eine Pflanze von einem Astralleib durchzogen würde, könnte sie nicht mehr physisch wie eine Pflanze aussehen, sie müßte mit einem Nervensystem versehen sein, wie der Stein mit Zellen begabt würde, wenn er von einem Äherleib durchzogen würde.

Soll nun der Ich-Leib nach und nach Platz greifen, dann muß innerhalb des physischen Körpers warmes rotes Blut vorhanden sein. Alle Tiere, die rotes Blut haben, sind in einer Zeit aus dem Menschen herausgesondert worden, in der sich für den Menschen der Ich-Zustand vorbereitet hat. Daraus erkennen wir, daß die physischen Organe in Ordnung sein müssen, wenn die höheren Leiber Wohnsitz in ihnen nehmen sollen. Wichtig ist nun, zu berücksichtigen, daß der physische Körper ausgestaltet wird in seiner Form durch rein physische Vererbung. Nun kann die Zusammensetzung der Säfte eine unrichtige sein, während die Eltern sonst geistig und seelisch gut zueinander passen. Dann kommt kein ordentlicher physischer Leib zustande; da bekommt der Menschenkeim einen physischen Leib, in dem die höheren Leiber ihren Wohnsitz nicht errichten können. Zum Beispiel der Ätherleib verbindet sich mit dem physischen Leib, nun soll sich der Astralleib des physischen Leibes bemächtigen. Da findet er kein geeignetes Werkzeug, kein ordentlicher Organismus steht ihm zur Verfügung, und der Astralleib muß sich wieder zurückziehen. So bleibt der physische Leib zurück, der dann tot geboren wird. Mithin wird eine Totgeburt bewirkt durch eine physisch schlechte Säftemischung, die kein geeignetes Werkzeug für den geistig-seelischen Menschenkeim geliefert hat, und somit ist dies auch ein karmischer Zusammenhang. Der physische Leib gedeiht nur soweit, als höhere Wesensglieder in ihm wohnen können.«

Kompensation

Auf einer Reise durch Finnland und Schweden sprach Steiner am 8.6.1913 in Stockholm über den scheinbaren Gegensatz zwischen Natur und Geist: »Natur und Geist im Licht geisteswissenschaftlicher Erkenntnis.«[40] Im Verlauf seiner Erläuterungen nennt er als Beispiel den Menschen, der auf der Suche nach einer Kompensation für das ist, was er im vorherigen Leben vermißt hat. Diesen Gesichtspunkt haben wir schon in der ersten Passage aus dieser Rede des Jahres 1906 kennengelernt.

»Man könnte aber jetzt noch in einer anderen Weise über Natur und Geist sprechen. Man braucht nur den Menschen selber zu betrachten. Beim Menschen tritt uns in gewisser Weise etwas entgegen, was die Begriffe ›Natur und Geist‹ als Gegensätze zu rechtfertigen scheint. Das Kind wird geboren, alle Lebensäußerungen des Kindes in der ersten Zeit erscheinen wie etwas aus dem Physischen, aus der ganzen physischen Natur Herausgebildetes. Daher sagt man oft: Das Kind handle noch ganz nach seiner Natur. Erst später werde das Geistige, das Seelische aus dem Leibe geboren. Im Anfang seines Lebens ist der Mensch mehr Natur, später entwickelt er mehr den Geist. – Das ist aber wiederum nichts als eine nachlässige Betrachtungsweise. Denn in den ersten Zeiten unseres Lebens ist viel Geist in uns, er ist nur in mehr verborgener Weise in uns als später. Alles, was unserem Leibe seine Formen gibt, ist wirkender Geist, nur ist es nicht so, daß wir uns innerlich im Geiste betätigen und ihn mit dem Erinnerungsvermögen durchleuchten. Wir haben wahrhaftig in den ersten Kindheitsjahren nicht weniger Geist in uns als in den späteren Jahren. Man könnte wirklich unter Umständen noch radikaler sprechen. Jemand fragte in diesen Tagen: Was bedeutet es, wenn ein Kind nur ein paar Tage lebt und dann stirbt? – Es zeigt uns nun die okkulte Wissenschaft, daß ein so kurzes Leben doch einen Sinn hat. Oft hat das Wesen, das in diesem Kinderleibe ist, vieles ausbilden können, aber bisweilen hat es eines nicht ausbilden können, zum Beispiel ganz gesundes Sehen. Nehmen wir an, jemand ist in einer Inkarnation ein vorzüglicher Mensch gewesen, hatte aber ein schwaches Sehvermögen. Dann wird es geschehen, daß ein solcher später in einer Inkarnation nur wenige Tage lebt, nur um das, was ausgeblieben ist in dem vorigen Leben wegen seiner schwachen Augen, auszugleichen. In diesem Falle muß man diese Inkarnation zu der vorigen mitrechnen. Man unterschätzt im allgemeinen sehr die Bedeutung des Lernvermögens von dem Kinde in den ersten Tagen. Wenn das Kind lernt ins Licht zu sehen, so ist dazu mehr Kapazität notwendig, als zu alledem, was man lernt im ersten akademischen Semester.«

Die Möglichkeit zu sterben

Im Rahmen der Vorträge in Berlin, die schon erwähnt wurden, gibt Rudolf Steiner am 6.8.1918 unter dem Thema »Zeitprobleme« einige Ausführungen von tiefer Eindringlichkeit. Was geben Eltern durch die Empfängnis und die Geburt eigentlich ihrem Kind mit?[41]

Mit diesem Gesichtspunkt sollen die Texte aus Vorträgen von Rudolf Steiner abgeschlossen werden.

»Wir wissen aus der Geisteswissenschaft, daß aus den geistigen Welten das Wesentliche, das Zentrale des Menschen herunterkommt, sich mit dem verbindet, was als fleischliche, materielle Hülle den Menschen zwischen Geburt und Tod oder zwischen Empfängnis und Tod umgibt. Heute untersucht man die Probleme der Empfängnis, der Geburt, der embryonalen Entwickelung, aber man kann sie ja nicht untersuchen, weil man nur das in das Lebendige eingebettete Tote studiert. Damit wird man niemals zum Begreifen desjenigen kommen, was einem die Menschheit einzig und allein verständlich macht: Wenn der Mensch so aus der geistigen Welt herunterkommt, er wird empfangen, wird von Vater und Mutter empfangen, geht durch die ganze embryonale Entwickelung durch. Heute lebt die Wissenschaft in der Anmaßung, Vater und Mutter gäben dem Kinde das Dasein. Und da Vater und Mutter Mittelpunkt der Familie sind und die Familie die Grundlage der sozialen Gemeinschaft, so betrachten auch die sozialen Gemeinschaften, welche die erweiterte Familie sind, den Menschen als ihr Eigentum. Da kommt man auf sehr bittere Begriffe in der Gegenwart. – Aber so ist es nicht.

Was gibt denn der Empfängnisakt dem Menschen? Was hat der Mensch vom Empfängnisakt? Was der Mensch empfängt – wie die Geisteswissenschaft zeigen kann –, ist die Möglichkeit, ein sterbliches Wesen zu sein; die Möglichkeit zu sterben erhält er durch den Empfängnisakt. Nehmen Sie das, was in meinen verschiedenen Büchern beschrieben ist: Sie werden erkennen, daß das, was ich jetzt sage, die notwendige Tatsachenfolge ist. Schon indem der Mensch empfangen wird, wird ihm das eingegliedert, was hier auf der Erde sein Sterben möglich macht. Das ganze Leben zwischen Geburt und Tod ist eine Entwickelung zum Tode hin, und eingeimpft wird der Tod in das Empfangene. Was der Mensch als Mensch, als Lebewesen ist, das wird nicht bei der Empfängnis irgendwie erzeugt, sondern einzig und allein wird diesem sonst Unsterblichen das eingeimpft, was die Möglichkeit zu sterben enthält. Eltern können dem Kinde nur den Tod geben. – So würde es extrem ausgedrückt heißen –, nur die Möglichkeit, hier auf der Erde einen sterblichen Leib zu tragen. Was an diesem Leibe lebt, das muß durch das kommen, was aus der geistigen Welt herunterkommt. Daß dieser ganze Organismus, der ganze Mechanismus, mit dem der Mensch umkleidet wird und den er mit dem Keim des Todes durch das Empfangenwerden erhält, überhaupt lebensfähig ist, das geschieht durch das, was aus der geistigen Welt herunterkommt. Man muß lernen, den Menschen wieder in seiner konkretesten Erscheinungsform an die geistige Weltenentwickelung anzuschließen.«

III
GEDICHTE UND SPRÜCHE

Für künftiges Erdenleben
dich kräftig zu bereiten,
warst du uns übergeben
durch deiner Eltern Willen.
Im Schmerz an des Todes Pforte
zu sprechen vermögen wir allein
die seelenbeflügelten Worte,
die dem reifenden Leben bestimmt.

So nimm statt der Schule Lenken
für irdisch Tun und Leben
der Lehrer liebend Gedenken
hinüber in jenes Geistessein,
wo die Seele umwebet
der Ewigkeit helles Licht,
wo der Geist erlebet
das Gotteswillensziel.

Rudolf Steiner

Mein Tod

Frohlocket
und streut lebendige Blumen über meinen Leib,
ich bin gestorben, ihr Menschen.
Ich habe den Schmerz ausgezogen,
die Begierden, die Qualen der täglichen Stunden,
die Wunden der jeglichen Schlachten
sind nun vernarbt.

Ich bin aufgeflogen,
ich schwebe noch über euren Tränen,
aber heut nacht im Mondeskahn
segle ich an die anderen Ufer.
Frohlocket,
das Tor sprang auf,
und die neue Straße blüht überselig im Licht!

Kurt Heynicke

Das Wissen des Engels

Nun laßt mein Wissen euch entdecken,
Die ihr des Todes Macht erfuhrt,
Sein ernster Blick soll euch nicht schrecken,
Denn auch das Sterben ist Geburt.

Gequält von eures Schmerzens Wunde,
Wähnt ihr vollendet eine Bahn,
Schon aber hat zur selben Stunde
Ein Neues Tor sich aufgetan.

Aus eurer dunklen Sterbezelle
Führt euch der Sturm zum Himmel hin,
Ihr nennt es: Tod, ich nenn es: Schwelle,
Ihr nennt es: Ende, ich: Beginn.

Er geht dahin, das Licht zu grüßen,
Den ihr der Nacht verfallen glaubt,
Mit Blumen unter seinen Füßen
Und Glorie über seinem Haupt.

Henry von Heiseler

Sag, woher kommen
Die schönen, die frommen,
Die Tausend und aber Millionen
Weißgekleideten Anemonen?

»Wir sind die Kindlein, die abgeschieden
So frühe hienieden;
Nun wohnen wir oben
Im Vaterhause da droben.«

Was tut ihr nun hier
Im Waldesrevier,
Ihr lieblichen Kleinen,
beim Frühlingserscheinen?

»Drum dürfen wir fort,
Jedes an seinen Heimatort:
auf Ostern, da wird Vakanz gegeben,
drei Wochen lang, welch ein Freudenleben.

Und darum sind wir hier
Im Waldesrevier.
Alle weiß gekleidet, Mägdlein und Söhnlein
Mit goldenen Krönlein.«

Christian Wagner

Das abgeschiedene Kind an seine Mutter

Ich aber will, geheimnisvoll verbündet
mit meines Vaters Geist, nicht von dir lassen,
bis ich das Wort der Worte dir verkündet,
das, kannst du's auch nicht ungestorben fassen,
doch all dein Sinnen fesselt und dein Denken,
bis es sich ganz dir aufschließt im Erblassen.
Ich will in meinen Vater mich versenken,
ich will mein tiefstes Ahnen ihm entdecken,
ich will ihm Bilder und Gedanken schenken,
die selbst vor einem Dichter sich verstecken,
Und faßt' er sie so wenig wie die Harfe,
den Ton, den Abendlispel in ihr wecken,
so wird er doch nach innerstem Bedarfe
sie fromm in deine Brust hinüberleiten.
Dann löst in ihr der Mißlaut sich, der scharfe,
da ew'ge Harmonien ihn bestreiten.

Friedrich Hebbel

Die toten Kindlein

Sie wollen um uns bleiben,
sie gehn so schnell nicht fort.
Mit uns sie weiterleiben
des Daseins Hier und Dort.

Mit uns sie weiter sinnen
des Lebenslaufes Bild.
Und ihr ergebnes Minnen,
es macht uns tief und mild.

Friedrich Doldinger

Stimme eines verstorbenen Kindes

In dem Tal der goldnen Schlüsselblume
Seh' ein Pförtchen ich die Flügel breiten,
Lichtgeädert gleich dem Schmetterling.
Sprang die goldne Blume aus der Krume
In das Schlößchen, daß es Flügel fing? –
Klang wie Atemholen einer Leier,
Und ich hör' mich Intervalle schreiten –
Aus dem Sichelstand zur Sonne weiten
In das Himmelsrund zur Osterfeier.

Emma Krell-Werth

Auf meines Kindes Tod

Freuden wollt ich dir bereiten,
Zwischen Kämpfen, Lust und Schmerz
Wollt' ich treulich dich geleiten
Durch das Leben himmelwärts.

Doch du hast's allein gefunden
Wo kein Vater führen kann,
Durch die ernste dunkle Stunde
Gingst du schuldlos mir voran.

Wie das Säuseln leiser Schwingen,
Draußen über Tal und Kluft,
Ging zur selben Stund' ein Singen
Ferne durch die stille Luft.

Und so fröhlich glänzt' der Morgen,
's war, als ob das Singen sprach:
Jetzo lasset alle Sorgen,
Liebt ihr mich, so folgt mir nach!

Joseph v. Eichendorff

Aus den Kindertotenliedern

Oft denk' ich, sie sind nur ausgegangen,
bald werden sie wieder nach Haus gelangen,
der Tag ist schön, o sei nicht bang,
sie machen nur einen weitern Gang.

Jawohl, sie sind nur ausgegangen,
und werden jetzt nach Haus gelangen,
o sei nicht bang, der Tag ist schön,
sie machen den Gang zu jenen Höhn.

Sie sind uns nur vorausgegangen,
und werden nicht hier nach Haus verlangen,
wir holen sie ein auf jenen Höhn
im Sonnenschein, der Tag ist schön.

Friedrich Rückert

Ich sitze und sinne im lichten Wind
Ich suche, ich rufe nach meinem Kind.
Wo ist meine Wonne?
Schein es, oh Sonne!

Ihr Blumen, ihr Bäume, hört mich an,
Sagt, wo mein Kindlein weilen kann.
Du Bach ohne Ruh,
schnell rausch es mir zu!

Nun summen, nun singen der Bach und der Baum
Die Sonne, der Wind, der Sternenraum:
Auf schimmerndem Stern
Dein Kind singt erdfern!

Sei stille, sei selig, mein sehnendes Herz!
Mein Kind ist ohn allen Erdenschmerz,
Hat Wonnen gar viel,
Mein Kind ist am Ziel.

Ich sitze und sinne im lichten Wind,
Ich weiß nun, wo ich mein Kindlein find.
Nun staun ich und sinne
Das Herz voller Minne.

Annie Waldt

Du Mond, du scheinst so groß und licht –
O stör meinen süßen Schlafpeter nicht!
Spinnst silberne Fäden durchs Fenster herein
Willst spielen mit meinem Kindelein?
Es liegt und schläft und träumt so süß
Träumt von den Engeln im Paradies.
Mit silbernen Strahlen spielt es so hold,
Um seine Locken, da leuchtets wie Gold,
Hat Flügel perlmuttern und silberblau,
Spielt zu den Füßen der seligsten Frau.
Du Mond – o weck nicht mein Kindelein,
Es will nun immer ein Engel sein.

Annie Waldt

Du fandest Dich herab ins Erdensein,
Du fandest Dich hinauf ins Geisterland.
Ich bin auf Erden noch
Und heb nur meine Hand
Hinauf zu Dir –
Hilf mir!
O reiche
Du eine Gabe mir herab!
Schenk einen Stab,
Damit ich sicher gehe!
O schenk ein Bild mir – eine ferne bleiche
Nachahmung aus dem Land des Lichts
Daß ich nicht blinden Angesichts
Und toten Wortes taste in der Wahrheit Reiche.

Gustav Waldt

Nimm mein Blut und nimm mein Leben
Auf in Dich und Deine Fluten,
Glühe sie in Deiner Sonne
Wandle hoch ob reinen Fluten!

Also schaffst Du neue Erde,
Drauf ich still beginn zu grünen,
Drauf ich still beginn zu blühen,
Drauf ich still beginn zu dienen.

Gustav Waldt

Wie ich, erwachend aus den Spiralnebeln,
Hände hervorstrecken sehe,
die Wolkengebilde wegschiebend:

In violettem Talar, den Farben der Mitternacht,
ein Greis erscheint, Abschied nehmend.
Und hierauf ein Kind sich naht
im Sonnengold des Morgens.

Ach, so war ich und so werde ich sein,
denn ich schaue mein eigenes Selbst,
das durch Tod und Geburt geht.

Albert Steffen

Trost

Unsterblich duften die Linden –
was bangst du nur?
Du wirst vergehn und deiner Füße Spur
wird bald kein Auge mehr im Staube finden.
Doch blau und leuchtend wird der Sommer stehn
und wird mit seinem süßen Atemwehn
gelind die arme Menschenbrust entbinden.
Wo kommst du her? Wie lang bist du noch hier?
Was liegt an dir?
Unsterblich duften die Linden. –

Ina Seidel

Von Drüben

»Ja, – als ich noch an Erdennöten litt,
Da atmete im Schlaf Erbarmen mit.
Und alles restliche Gewicht des Tags
Zerschmolz daran zu Licht auf Honigwachs, –
Denn was ich tat, erfüllte ich mit Fleiß,
Was ich entbehrte, flammte nächtens heiß
Um seinen Docht und spendete als Sicht,
Was jetzt durch Engelszungen zu mir spricht. –
Ich, Arbeitsbiene, dunklem Tal entronnen,
Darf eine Weile mich im Himmel sonnen...«

Emma Krell-Werth

Mondsichel

Ich hob den Blick: da wurde spät
Noch hohes Kummergras gemäht...
Der Wagen steil am Himmel stand.
Das blitzte auf und dunkelte –
Vergrub sich und durchfunkelte
Mit sicherem Schnitt die schwanke Mahd –
Bis ich durch schimmerndes Oblat
Jenseits des Schlummers Einlaß fand...

Emma Krell-Werth

Ja, du bist Welle vom frühesten Licht,
Hast ein Erdenkleid genommen,
Bist in eine Welt gekommen.
Glaub an die Heimat! Betrübe dich nicht!
Glaub an die Heimat! Sie ist überall.
Schwarze Kohle wird heller Kristall,
Vom Strahl des Geistes getroffen.
Der Weg zum Ursprung, noch steht er uns offen.
Liebende flochten die magische Leiter,
Immer liebender wage dich weiter
Bis zu der letzten Sprosse hinan,
Wo dich ergreift der unendliche Bann!
Wenn die Seele dann herrlich erschrickt
Vor Abgründen, in die kein Ahne geblickt –
Stürze hinab! Geheiligt dein Fall –
Heimat umleuchtet dich bald überall.

Hans Carossa

Wer hat den roten Rosenstrauch
So liebevoll gepflegt?
Es ist der Toten stiller Brauch –
Von ihrem Blick und Leuchtehauch
Ward sorglich er umhegt.

Am Abend, wenn das Schweigen tönt,
Und du ins Innre gehst –
An das verlassne Haus gewöhnt
Und in der Seele ausgesöhnt,
Entrückt am Fenster stehst –

Entzündet sanfte Helligkeit
Dein Wesen nach und nach –
Und du geleitest dienstbereit
Zu himmlischer Geselligkeit
Die Freunde ins Gemach.

Emma Krell-Werth

Offenbarung

Auf deinem Grabe saß ich stumm
in lauer Sommernacht;
die Blumen blühten rings herum,
die schon dein Grab gebracht.
Und still und märchenhaft umfing
ihr Duft mich, süß und warm,
bis ich in sanftem Weh verging,
wie einst in deinem Arm.

Und meine Augen schlossen sich,
vom Schlummer leicht begrüßt;
mir war, als würden sie durch dich
mir leise zugeküßt.
Still auf den Rasen sank ich hin,
der deinen Staub bedeckt,
doch ward zugleich der innre Sinn
mir wunderbar geweckt.

Was ich geträumt, ich weiß es nicht,
ich ahn' es nur noch kaum,
daß du, ein himmlisches Gesicht,
mir nahe warst im Traum.
Doch was dies flücht'ge Wiedersehn
in meiner Brust geschafft,
das kann die Seele wohl verstehn,
die glüht in neuer Kraft.

Du hast der Dinge Ziel und Grund
an Gottes Thron durchschaut,
und tatest kühn mir wieder kund,
was dir der Tod vertraut.
Und wenn das große Lösungswort
auch mit dem Traum entschwand,
so wirkt es doch im Tiefsten fort,
gewaltig, unerkannt!

Friedrich Hebbel

Mancherlei hast du versäumet;
Statt zu handeln, hast geträumet,
Statt zu denken, hast geschwiegen,
Solltest wandern, bliebest liegen.

»Nein, ich habe nichts versäumet!
Wißt ihr denn, was ich geträumet?
Nun will ich zum Danke fliegen;
Nur mein Bündel bleibe liegen!

Heute geh ich: komm ich wieder,
Singen wir ganz andre Lieder.
Wo so viel sich hoffen läßt,
Ist der Abschied ja ein Fest.«

Goethe

IV

MÄRCHEN UND ERZÄHLUNGEN

Einleitung

Kinder lieben Märchen. Die tiefe Wahrheit, die den Märchen zugrunde liegt, ist Nahrung für ihr Seelenleben, das ungeachtet des körperlichen Zustandes des Kindes seiner eigenen Entwicklung folgt. Daß die Märchenbilder direkt körperliche Auswirkung haben, können wir feststellen, wenn ein unruhiges Kind ruhiger wird, wenn die Atmung regelmäßiger und tiefer wird oder wenn das Kind beim Erzählen des Märchens einschläft.
Wenn wir Märchen erzählen, arbeiten wir mit Bildern, die nicht statisch sind. Wir beschreiben dann keine stillstehende Welt, keine »Fotografie«, sondern wir »betreiben« Ereignisse, Handlungen, die das Kind innerlich mit-erlebt. Wir müssen versuchen, einen Blick dafür zu bekommen, ob und inwieweit das Kind die »Geste« des Märchens mitmachen kann, ob das Märchen mit der innerlichen »Geste« übereinstimmt, die das Kind selbst in dem Augenblick macht, da wir das Märchen erzählen wollen. Wenn man sich selbst hineinbegibt in diese »Geste« des Märchens, das heißt, noch mehr in seine Bewegung als in seine einzelnen Bilder, kann man nach und nach spüren und unterscheiden, was in eine bestimmte Situation paßt: ob das Kind gegen seine Krankheit oder seine Umgebung kämpft, ob es schon länger oder erst seit kurzem krank ist, wie auch das Maß, in dem das Kind bewußt erlebt, was mit ihm geschieht und wie seine Umgebung darauf reagiert. Das alles erfordert stets eine passende »Geste« von uns.
Ein Beispiel: Im Märchen vom Aschenputtel wird erzählt, daß sie zweimal Linsen aus der Asche lesen muß, die ihre Stiefmutter dort hineingeschüttet hat. Sie ruft die Tauben zur Hilfe, die die Linsen für sie herauspicken, »die Guten ins Töpfchen, die

Schlechten ins Kröpfchen«. Das erste Mal wird die Schüssel mit Linsen in zwei Stunden voll, das zweite Mal zwei Schüsseln in einer Stunde.

In diesem Bild sind zumindest zwei Gesten feststellbar. Die erste Geste ist die gewaltige Bewegung des Suchens und Sortierens der Linsen. Das kann von einem gesunden Kind, oder z.B. vom Bruder oder der Schwester des kranken Kindes, sehr gut ertragen werden; es ist schließlich selbst dauernd damit beschäftigt, die Dinge auf Erden unterscheiden zu lernen. Ein sterbendes Kind braucht dies überhaupt nicht mehr, es macht diese Aktivität innerlich nicht mehr mit, es ist schon weiter; die Arbeit wird für das Kind getan, könnte man sagen. Für ein sterbendes Kind ist die zweite »Geste«, das Bild der Tauben, die Aschenputtel stets begleiten, die von draußen hereinkommen, um ihm in der Küche zu helfen, viel wichtiger.

Wenn einem todkranken Kind (das gilt ganz allgemein auch für Kinder bis ungefähr sieben Jahren) Märchen erzählt oder vorgelesen werden, ist es wichtig, daß sich die Stimme die ganze Zeit über so neutral wie möglich anhört, so daß das Kind nicht beeinflußt wird, sondern sich im Miterleben das Gehörte selbst ausmalen kann. Der Klang der Stimme ist an sich schon so eindringlich, daß zu viele Variationen in der Intonation nicht dazu passen. Außerdem ist es ratsam, auch dann weiterzuerzählen – oder weiterzulesen – wenn man feststellt, daß das Kind eingeschlafen ist. Ein gesundes Kind wird sofort wach, wenn die Stimme verstummt, ein ängstliches Kind wird sich alle Mühe geben, wach zu bleiben, im Bereich der Stimme zu bleiben; es wird, wenn es doch kurz in Schlaf gefallen ist, nachher um so lauter rufen. Ein todkrankes Kind, für das »Himmel und Erde etwas dichter beieinander liegen«, wird nicht immer ausdrücken können, daß es das Märchen oder die Geschichte bis zu Ende hören möchte, weil es sich zu der anderen Welt, von der ihm gerade erzählt wird, stark hingezogen fühlt. Wenn ein Kind absolut nicht mehr zuhören möchte, wird es das zu erkennen geben. Versucht man so, auf die innere Geste des Kindes einzugehen, kann man sich wie ein im Spinngewebe gefangenes Eichenblatt fühlen, das mitvibriert: Man ist voll und ganz eingestellt auf die Signale, die das Kind aussendet.

Ich selbst habe die Erfahrung gemacht, daß »Singen«, daß heißt ein dem eigenen Atmungsrhythmus angepaßtes Erzählen im Singsang, sehr tief und nachhaltig zu dem Kind durchdringen kann.

Der Tod im Märchen

Wer sich ein Bild davon machen möchte, wie im Märchen mit dem Tod umgegangen wird, dem gibt »Gevatter Tod« eine fundamentale Orientierung. Alles Leben ist ein Geschenk des Todes, der in der Weltordnung auch seinen eigenen Platz und seine Berechtigung hat. Der Tod tritt auf dem Lebensweg eines jeden als Pate auf. Innerhalb der Grenzen, die der Tod zieht, kann der Mensch von den Gaben des Todes Gebrauch machen, doch falls nötig, stellt der Tod das Ordnungsgefüge des Lebens wieder her. Auch in dem Märchen »Der Geist im Glas« begegnet man einem Wesen, das Macht über Leben und Tod verleiht. Der Jüngling bekommt von dem »Geist im Glas« eine Fähigkeit, die er in Freiheit anwenden kann oder nicht. Darin liegt auch ein tiefes Schicksalsgeheimnis. Des Jünglings Mut und Unerschrockenheit verwandeln die Todesnatur und lassen heilendes Leben daraus entspringen.

So läßt sich manches lernen aus der Art, wie die Märchen von der Welt der Toten sprechen. Man erfährt die Unerbittlichkeit des Todes, die Heiligkeit der Daseinsgesetze, aber auch den Hinweis auf jenes Geheimnis, daß das Lebenslicht eines fernen Tages aufs neue angezündet werden wird. Das alles will uns das Märchen in seinen Bildern vermitteln, die, wenn wir sie unvoreingenommen auf uns wirken lassen, eine Stimmung der Vertrautheit, eine Atmosphäre wachsender Selbstverständlichkeit erstehen läßt, die heilsam sein kann.

Märchen zum Erzählen

Aus der Stimmung der genannten Märchen (die nicht als Vor-
lese- oder Erzählstücke für kleine Kinder gemeint sind) können
wir uns ganz vorsichtig an das herantasten, was wir für ein todkrankes Kind auswählen könnten und was für seine nächste Umgebung, seine Brüder, seine Schwestern, seine Eltern eine Hilfe
sein könnte.

Dabei muß man für ein krankes oder sterbendes Kind eine andere Wahl treffen als für seine Brüder oder Schwestern; man muß
stets nach zwei Arten von Geschichten suchen, gerade aufgrund
der innigen, starken Bande, die das kranke Kind mit seinen Geschwistern verbindet. Auch bei den Letztgenannten muß man
auf ihre »Geste« eingehen, auf das, was sie mitmachen, wenn das
Brüderchen oder Schwesterchen todkrank ist. Dann kann man
sie durch Märchenbilder etwas bereichern und ihnen einen Impuls geben, der es ihnen ermöglicht, dieses Ereignis auf ihrem
Lebensweg zu verarbeiten. Das heißt: Wir geben dem Kind etwas, das es in die Lage versetzt, das zu äußern, was eigentlich
schon in ihm ist. Es soll lernen, mit dem »umzugehen«, was in
ihm lebt.

Bei der Auswahl von Geschichten für ein sterbendes Kind ist
große Zurückhaltung geboten hinsichtlich des Einbringens von
Märchenbildern, die neue Impulse oder Nuancen geben; denn
das Kind ist schon sehr viel weiter als wir. Märchen, in denen das
Sonnengold des Himmels ganz nahe ist – im Gegensatz zu den
Geschichten, in denen der goldene Weg der Erde beschrieben
wird –, sind für so ein Kind sogar noch in der Endphase angebracht.

Was wir tun wollen, das ist nicht so sehr ein »Umgehen mit« den

Märchen und ihren Bildern als vielmehr ein »Eingehen auf« die inneren Gesten der Kinder; daran versuchen wir mit der Wahl unserer Geschichten anzuschließen.

Hier folgt nun eine Auswahl aus Märchen und Erzählungen, die zum Erzählen geeignet sein können.

Genesung und Hilfe

Märchen, in denen die Gestalt einer Urmutter auftritt mit all ihren heilenden und Beistand gebenden Qualitäten, in denen sich das Kind geborgen fühlen kann, spielen sich häufig in prächtiger Natur ab. Sie sind für Kinder jeden Alters, kranke und gesunde, geeignet. Sehr schön ist »Frau Holle«, worin »das Leben nach dem Tode« bis zu einer neuen Geburt geschildert wird.
Die Motive von Genesung und Hilfe klingen auch in den darauffolgenden Märchen an: »Die Prinzessin und die Mondsichel« und »Der wunderbare Fischzug«.

Frau Holle

Eine Witwe hatte zwei Töchter, davon war die eine schön und fleißig, die andere häßlich und faul. Sie hatte aber die häßliche und faule, weil sie ihre rechte Tochter war, viel lieber, und die andere mußte alle Arbeit tun und der Aschenputtel im Hause sein. Das arme Mädchen mußte sich täglich auf die große Straße bei einem Brunnen setzen und mußte so viel spinnen, daß ihm das Blut aus den Fingern sprang. Nun trug es sich zu, daß die Spule einmal ganz blutig war, da bückte es sich damit in den Brunnen und wollte sie abwaschen; sie sprang ihm aber aus der Hand und fiel hinab. Es weinte, lief zur Stiefmutter und erzählte ihr das Unglück. Sie schalt es aber so heftig und war so unbarmherzig, daß sie sprach: »Hast du die Spule hinunterfallen lassen, so hol sie auch wieder herauf.« Da ging das Mädchen zu dem Brunnen zurück und wußte nicht, was es anfangen sollte, und in seiner Herzensangst sprang es in den Brunnen hinein, um die

Spule zu holen. Es verlor die Besinnung, und als es erwachte und wieder zu sich selber kam, war es auf einer schönen Wiese, wo die Sonne schien und viel tausend Blumen standen. Auf dieser Wiese ging es fort und kam zu einem Backofen, der war voller Brot; das Brot aber rief: »Ach, zieh mich raus, zieh mich raus, sonst verbrenn ich, ich bin schon längst ausgebacken.« Da trat es herzu und holte mit dem Brotschieber alles nacheinander heraus. Danach ging es weiter und kam zu einem Baum, der hing voll Äpfel und rief ihm zu: »Ach, schüttel mich, schüttel mich, wir Äpfel sind alle miteinander reif.« Da schüttelte es den Baum, daß die Äpfel fielen, als regneten sie, und schüttelte, bis keiner mehr oben war; und als es alle in einen Haufen zusammengelegt hatte, ging es wieder weiter. Endlich kam es zu einem kleinen Haus, daraus guckte eine alte Frau, weil sie aber so große Zähne hatte, ward ihm angst, und es wollte fortlaufen. Die alte Frau aber rief ihm nach: »Was fürchtest du dich, liebes Kind? Bleib bei mir, wenn du alle Arbeit im Hause ordentlich tun willst, so soll dir's gut gehn. Du mußt nur achtgeben, daß du mein Bett gut machst und es fleißig aufschüttelst, daß die Federn fliegen, dann schneit es in der Welt*; ich bin die Frau Holle.« Weil die Alte ihm so gut zusprach, so faßte sich das Mädchen ein Herz, willigte ein und begab sich in ihren Dienst. Es besorgte auch alles nach ihrer Zufriedenheit und schüttelte ihr das Bett immer gewaltig auf, daß die Federn wie Schneeflocken umherflogen; dafür hatte es auch ein gut Leben bei ihr, kein böses Wort und alle Tage Gesottenes und Gebratenes. Nun war es eine Zeitlang bei der Frau Holle, da ward es traurig und wußte anfangs selbst nicht, was ihm fehlte, endlich merkte es, daß es Heimweh war; ob es ihm hier gleich vieltausendmal besser ging als zu Haus, so hatte es doch ein Verlangen dahin. Endlich sagte es zur ihr: »Ich habe den Jammer nach Haus kriegt, und wenn es mir auch noch so gut hier unten

---

* Darum sagt man in Hessen, wenn es schneit, die Frau Holle macht ihr Bett.

geht, so kann ich doch nicht länger bleiben, ich muß wieder hinauf zu den Meinigen.« Die Frau Holle sagte: »Es gefällt mir, daß du wieder nach Hause verlangst, und weil du mir so treu gedient hast, so will ich dich selbst wieder hinaufbringen.« Sie nahm es darauf bei der Hand und führte es vor ein großes Tor. Das Tor ward aufgetan, und wie das Mädchen gerade darunterstand, fiel ein gewaltiger Goldregen, und alles Gold blieb an ihm hängen, so daß es über und über davon bedeckt war. »Das sollst du haben, weil du so fleißig gewesen bist«, sprach die Frau Holle und gab ihm auch die Spule wieder, die ihm in den Brunnen gefallen war. Darauf ward das Tor verschlossen, und das Mädchen befand sich oben auf der Welt, nicht weit von seiner Mutter Haus, und als es in den Hof kam, saß der Hahn auf dem Brunnen und rief:

»Kikeriki,
    unsere goldene Jungfrau ist wieder hie.«

Da ging es hinein zu seiner Mutter, und weil es so mit Gold bedeckt ankam, ward es von ihr und der Schwester gut aufgenommen.

Das Mädchen erzählte alles, was ihm begegnet war, und als die Mutter hörte, wie es zu dem großen Reichtum gekommen war, wollte sie der andern häßlichen und faulen Tochter gerne dasselbe Glück verschaffen. Sie mußte sich an den Brunnen setzen und spinnen; und damit ihre Spule blutig ward, stach sie sich in die Finger und stieß sich die Hand in die Dornhecke. Dann warf sie die Spule in den Brunnen und sprang selber hinein. Sie kam, wie die andere, auf die schöne Wiese und ging auf demselben Pfade weiter. Als sie zu dem Backofen gelangte, schrie das Brot wieder: »Ach, zieh mich raus, zieh mich raus, sonst verbrenn ich, ich bin schon längst ausgebacken« Die Faule aber antwortete: »Da hätt ich Lust, mich schmutzig zu machen«, und ging fort. Bald kam sie zu dem Apfelbaum, der rief: »Ach, schüttel mich, schüttel mich, wir Äpfel sind alle miteinander reif.« Sie antwortete aber: »Du kommst mir recht, es könnte mir einer auf den Kopf fallen«, und ging damit weiter. Als sie vor der Frau Holle Haus kam, fürchtete sie sich nicht, weil sie von ihren großen Zähnen schon gehört hatte und verdingte sich gleich zu ihr. Am ersten Tag tat sie sich Gewalt an, war fleißig und folgte der Frau Holle, wenn sie ihr etwas sagte, denn sie dachte an das viele Gold, das sie ihr schenken würde; am zweiten Tag aber fing sie schon an zu faulenzen, am dritten noch mehr, da wollte sie morgens gar nicht aufstehen. Sie machte auch der Frau Holle das Bett nicht, wie sich's gebührte, und schüttelte es nicht, daß die Federn aufflogen. Das ward die Frau Holle bald müde und sagte ihr den Dienst auf. Die Faule war das wohl zufrieden und meinte, nun würde der Goldregen kommen; die Frau Holle führte sie auch zu dem Tor, als sie aber darunterstand, ward statt des Goldes ein großer Kessel voll Pech ausgeschüttet. »Das ist zur Belohnung deiner Dienste«, sagte die Frau Holle und schloß das Tor zu. Da kam die Faule heim, aber sie war ganz mit Pech bedeckt, und der Hahn auf dem Brunnen, als er sie sah, rief:

»Kikeriki,
      unsere schmutzige Jungfrau ist wieder hie.«

Das Pech aber blieb fest an ihr hängen und wollte, solange sie lebte, nicht abgehen.

Die Prinzessin und die Mondsichel

Es war einmal ein König. Omokrit hieß er, und er herrschte über das weite Reich der Sonne, über die große Insel, die im Weltenmeer schwamm wie die helle Scheibe eines Apfels, und dort, wo sich bei einer Apfelscheibe die braunen Kerne befinden, in der Mitte des Landes, barg sich der Palast des Königs, sein Schloß aus schwarzem Marmor. Ausgedehnte Gärten umgaben es, deren Wege mit feinem, hellrotem Sand bestreut waren. In diesem Punkt blühten Sonnenblumen in allen Größen, vom leuchtendsten Gelb bis zum dunkelsten Goldbraun. Es gab keine andere Blume in den Gärten des Königs. Sonnenblumen blühten hier vom Frühling bis zum Herbst, sie schmückten den Sockel der Gebäude, die Stufen der Freitreppen, den Rand des achteckigen Brunnens, die weiten Beete und Säume der Alleen. Sonnenblumen hoben sich vor der goldenen Mauer hoch, die des Königs Gärten vom übrigen Land der Insel trennte. Außerhalb des Parkes dehnten sich Kornfelder aus, wogten die rostbraunen Wellen der Roggenfelder hin, bedeckten meilenweit das Inselreich, und die kleinen Bauerngehöfte saßen so tief in den Feldern wie die Hennen in ihren Brutlöchern. Wohl gab es auch Brachland auf der Insel, doch lag es so fern dem Palast, daß der König selbst es noch nie betreten hatte. Auch die wenigen Wälder und Haine hatte er noch nie aufgesucht, denn der Herrscher und alle übrigen Bewohner des Schlosses litten an einer seltsamen Krankheit: Sie konnten sich nur mit Mühe an zwei goldenen Stöcken fortbewegen. Auch fühlten sie weder große Lust noch tiefen Schmerz. Langsam und unbeholfen wankten sie durch die weiten Gärten, und sie beschauten sich die Blumen, ohne irgendein Gefühl der Freude dabei zu empfinden, so wie auch die Mahlzeiten und Ruhepausen ihnen wenig Genuß bereiteten. Ja, selbst die Geburt einer kleinen Prinzessin und der Tod der Königin berührten sie im Grunde sehr wenig. Nur der König empfand etwas wie Freude, als er am Tage der Taufe die kleine Maryllis in die Arme des Fürsten Amakron legte, der von weither über das Meer gekommen war, um dem Kind Pate zu sein und dessen Erziehung zu überwachen.

Amakron war der Rede und des Gehens mächtig, und zu ihrem Erstaunen bemerkten die übrigen Gäste, daß über des Fürsten Antlitz Gefühle und Gedanken hin- und herschwebten wie Licht und Schatten, daß seine Augen bald aufstrahlten, bald aber wieder ernst in die Ferne blickten.

197

Fürst Amakron in seinem weißen Mantel trug das Kind zur Taufe, zum goldenen Taufbecken des Tempels. Er schritt ohne Stütze, ganz frei und mit erhobenem Haupte voran, als wäre er der König, und hinter ihm humpelte an goldenen Stöcken die ganze Hofgesellschaft. Im Innern des Tempels bildeten sie einen Kreis. Der Fürst trat in die Mitte der Priester, benetzte die Stirne des Kindes mit dem von guten Geistern durchzogenen Wasser und sprach die Worte, die nur er und die Priester verstanden:

»Jene Zeit ist nicht mehr ferne,
Wo uns leuchten Mond und Sterne,
Wo die Nächte kühler wehen,
Fremde Blumen uns erstehen.
Zukunft liegt in kleinen Händen,
Die des Weltalls Achse wenden.
Große Macht ward dir gegeben,
O Maryll', in deinem Leben.«

Von dieser Stunde an wohnte der fremde Fürst im königlichen Schloß, und sobald die kleine Maryllis gehen und sprechen gelernt hatte, und o Wunder, sie lernte gehen ohne Stöcke, von dieser Zeit an begann der Fürst sie in allem Wissenswerten zu unterrichten. Im Sommer lehrte er sie in der Nähe des achteckigen Brunnens unter dem schützenden Dach einer Linde, im Winter aber im violetten, herzförmigen Saale des Palastes. Er ließ die kleine Prinzessin zuerst Sterne, dann Sonnen und Monde malen, später durfte sie Blumen und Menschen in Farben bilden, und die Menschen, die unter dem Pinsel der kleinen Maryllis hervorglitten, waren selbst wie Blumen anzuschauen. Zuletzt aber lernte die Prinzessin die bunte Bilderschrift und die hohe Kunst des Regierens, und sie wuchs heran und wurde von Tag zu Tag weiser und lieblicher zugleich.

So erblühte sie zur Jungfrau, doch, o Schreck, als sie siebzehn Jahre alt wurde und eines Morgens erwachte, konnte sie plötzlich nicht mehr gehen. Die Krankheit des Palastes hatte sich ihrer bemächtigt, und die schönsten goldenen Stöcke vermochten die Prinzessin nicht über dieses Übel hinwegzutrösten.

»Was können wir tun, die Prinzessin zu heilen?« jammerte der König in einem schwachen Anflug von Mitgefühl.

»Um die Johanniszeit fiel eine silberne Mondsichel auf die Insel nieder. Laßt nach ihr suchen; jener, der sie findet, soll der Prinzessin Gatte sein. Sie wird gesunden und dem Lande Glück und Zukunft bringen.«

So riet der weise Fürst Amakron und verschwand noch in derselben Stunde aus dem Palast. Er sei hinauf zu den Sternen versetzt worden, sagten die Hofleute, die ihn scheu verehrt hatten.

König Omokrit aber ließ im ganzen Lande ausrufen, der Jüngling, der die vom Himmel gesunkene Mondsichel finde, werde seine einzige Tochter zur Gemahlin erhalten.

Da zogen sie alle aus, junge und alte Männer. Mit Hacken und Schaufeln, mit Barken und Netzen, mit Hammer und Meißel zogen sie durch die Felder, befuhren sie die Meere, durchstreiften sie die Klippen. Schon war ein Jahr über die Insel dahingegangen, doch noch immer ging die Prinzessin an Stöcken, und die Sichel war noch nicht gefunden worden.

Da kam ein Herzog auf den Gedanken, seinem Glück ein wenig nachzuhelfen. Er ließ heimlich eine silberne Mondsichel schmieden, vergrub sie nachts weit draußen im Brachland und zog des andern Tages mit Schaufel und Pickel aus, umgeben von seinen Rittern. Zum Erstaunen aller grub er eine silberne Mondsichel aus der harten Erde, und mit großem Jubel geleiteten die Edelleute ihren Herrn an den Hof des Königs. Jetzt ließ König Omokrit in aller Eile zur Hochzeit rüsten, und Freude herrschte im ganzen Palast, nur Maryllis selbst schien nicht froh zu sein, als sie den Bräutigam erblickte. –

Die Kunde von der niedergesunkenen Mondsichel war nach langen Irrfahrten auch in den fernen Westen des Reiches gedrungen, wo in einem von Mauern umfriedeten Garten der Priester Jemar den fremden Königssohn Jenum von Jessekiel erzog. Jenum hörte die Worte des Herolds schweigend mit an, und als dieser verritten war, folgte er seinem väterlichen Freund still in den Tempel zum Gebet. In der Nacht aber hatte er ein seltsames Gesicht. Er träumte: Eine Mondscheibe sinke vom Himmel, falte sich langsam auseinander in zwei Teile, und aus dem Kerne des Mondes trete ein liebliches Mädchen auf ihn zu.

Tags darauf kam ihm das Traumbild wieder zu Sinn, und nachdenklich begann er neben dem Priester die Morgenarbeit. Sie gruben ein Rosenbeet um; was aber schimmerte da unter der braunen Scholle hervor, als Jenum seinen Spaten tief ins Erdreich senkte? Er beugte sich nieder, griff nach dem glänzenden Ding und zog zu seinem Erstaunen eine silberne Mondsichel ans Licht. »Jetzt ist die Stunde gekommen, wo ich dich ziehen lassen muß«, sprach der Priester Jemar, zum Jüngling tretend. »Lange schon wußte ich, daß die Zeit des Abschieds nahe. Vor Jahren brachte dich die goldene Barke deines Vaters zu mir, und er bat mich, dich aufzuziehen und zu behüten, bis dir aus den Gestirnen eine neue Weisung werde. – Die Mondsichel in deiner Hand geleite dich zum Hofe des Königs. Dort sollst du unter ihrem Glanze herrschen. In der Nacht nach deiner Hochzeit aber ...«, hier neigte der Priester seine Stimme zum Geflüster, und ein Schatten flog über das edle Antlitz des Jünglings. Hierauf weihte Jemar den Königssohn für die neue Würde. Er reichte ihm ein Festgewand und warf ihm einen Pilgermantel über die jungen Schultern. »Ziehe hin, Jenum, diene auch am Hofe des Königs den göttlichen Geistern, wie du es hier getan hast. Zeige keinem Menschen dein Kleinod, bevor es die Prinzessin selbst geschaut hat.«

Da nahm Jenum mit wehmütigem Herzen Abschied von seinem väterlichen Freund und ritt durch die weiten Wälder, durch das Brachland und durch die gesegnete Saat bis zum goldenen Tor des Palastes. Strahlend hing das Sonnenwappen über dem Eingang des Schlosses. Festlich wehten die gelben Fahnen vom dunklen Dachfirst. Reichgekleidete Edelleute humpelten ein und aus.

»Führt mich zu Prinzessin Maryllis«, bat Prinz Jenum einen Bedienten. Dieser maß geringschätzig den Jüngling im braunen Mantel. »Die Prinzessin ist heute nicht zu sprechen. Sie feiert Hochzeit mit dem Herzog Hagedorn, dem Glücklichen, der die Mondsichel fand…«

»Das muß ein Irrtum sein«, erwiderte Jenum erschrocken.

»Ihr wollt doch nicht vorgeben, daß Ihr das Himmelsgestirn gefunden habt«, gab der Bediente spöttisch zurück und wandte sich einem andern Fremden zu, der vor dem Tor aus einer Sänfte stieg. Diesen Augenblick benützte Jenum, um in den Palasthof zu treten. Er eilte an den vielen Knappen vorüber dem Schloßaufgang zu. Da aber innerhalb der königlichen Mauern alle Menschen an Stöcken gingen, gelang es keinem, den schnellen Fremdling einzuholen und zurückzuhalten.

Jenum betrat den herzförmigen violetten Saal. Er überblickte die tafelnden Gäste. Ganz oben saß die Königstochter. Sie trug ein goldenfarbenes Gewand, und die kleine Krone überstrahlte ihre blonden Haare. Sie schien nicht froh zu sein, Prinzessin Maryllis. Neben ihr saß, angetan mit einem silbernen Festkleid, der falsche Herzog. Laut und unbedacht ging seine Rede. Die Prinzessin kehrte sich eben seufzend von ihm ab. Sie bewegte die Lippen, doch die Worte, die sie leise zu sich selbst sprach, konnte Jenum nicht verstehen. Prinzessin Maryllis flüsterte vor sich hin:

»O, Amakron,
Wo blieb der Himmelssohn?
Warum sandtest du Hagedorn?
Ach, wie straft mich der Götter Zorn.
Dies Silber ohne Glanz…
Nie wird die Sichel ganz…
Nie werd' ich glücklich sein…
Wie bin ich so allein…«

Da trat Jenum von Mitleid bewegt neben die Prinzessin. Er warf seinen Pilgermantel ab und zog die Mondsichel hervor.

»Edle Prinzessin«, sprach er mit erhobener Stimme. »Ich bringe Euch die Mondensichel, die ich im Garten des Priesters fand.« Zum Erstaunen aller Gäste beugte der fremde Jüngling vor der Prinzessin das Knie und überreichte ihr das Himmelsgestirn, dessen Glanz so groß war, daß eine Weile alle wie geblendet die Augen schlossen.

»Wer bist du?« fragte Maryllis errötend.

»Prinz Jenum von Jessekiel...«

»Du kamst von weither...?«

»Vom Westen Eures Reiches.«

»Mein Herz sagt mir, daß du es bist, dessen ich harrte.«

»Setzt den Betrüger gefangen!« schrie da der Herzog in sinnlosem Zorn. »Jeder im Saale kann sehen, daß des Fremden Sichel gefälscht ist. Kein Silber im ganzen Reich strahlt solchen Glanz aus...«

»Kein Silber dieses Landes, aber das des Himmels«, erwiderte Jenum ohne Furcht und erhob sich zu seiner ganzen Größe.

»Er spricht wahr!«, riefen die Ratgeber des Königs, die dem Herzog wenig gewogen waren. »Unser Herrscher lege uns beide Sicheln vor. Wir wollen sie im Nebensaal prüfen.«

»So sei es«, erwiderte der König. »Der Herzog aber verlasse diesen Raum und harre unseres Richterspruches. Prinz Jenum trete in jenes Seitengemach.« Die Edelleute mußten den Herzog mit Gewalt wegführen, sonst hätte er sich wohl wutentbrannt auf den fremden Prinzen gestürzt. Ruhig und besonnen, ohne große Gefühle, wie alles im Sonnenpalast geschah, führten die Getreuen des Königs den falschen Herzog in einen anderen Raum und setzten vier Wachen vor seine Tür.

Daraufhin wurde im Nebensaal Rat gehalten. Die beiden Mondsicheln lagen nebeneinander auf einem schwarzen Marmortisch, und jeder der Edlen betrachtete sie lange schweigend.

»Was ist Eure Ansicht?« fragte der König nach einer Weile.

»Die Sichel des fremden Prinzen strahlt den Glanz der Gestirne aus. Die Sichel Hagedorns ist von Menschenhand geformt.«

»Sind wir darüber einig?«

»Ja...«

»So sei der Herzog des Palastes verwiesen. Prinz Jenum aber feiere Hochzeit mit der Prinzessin.«

Da wurde Prinz Jenum an die Seite der schönen Prinzessin gerufen, und nachdem sie das Festmahl beendet hatten, gebot der König: »Es ordne sich der Zug. Wir werden zum Tempel hinüberziehen.«

Die Gäste ergriffen ihre goldenen Stöcke. Auch die Prinzessin stützte sich auf ihre Krücken, und langsam schritten sie alle durch die weiten Gänge hinüber zum Tempel. In einer goldenen Säulenhalle standen die Priester bereit... Die drei Hauptpriester trugen die Sonnenringe um ihre Stirne. Drei heilige Feuer flammten auf dem Altar.

»Tretet vor das Antlitz der Götter, Prinz Jenum von Jessekiel. Legt die Mondsichel zwischen Euch und Prinzessin Maryllis. Berührt sie beide mit den Händen zum Zeichen Eures Verbundenseins im Angesicht der Ober- und Unterwelt, der Götter, Geister und Menschen. Jetzt schmücke die Mondenkrone das Haupt des jungen Herrschers, der die Zukunft rufen wird. Traget sie ans Licht, ihr Priester.« Da hoben die Priester aus der heiligen Lade eine Krone hervor, die hatte die Form eines Halbmondes und glänzte so wundersam wie die Mondsichel, die zwischen Prinzessin Maryllis und dem Prinzen lag.

»Prinz Jenum, von nun an König des Mondenreiches, das kommen wird... Ihr seid für ewig verbunden der Jungfrau, die an Eurer Seite steht. Es wandle sich alles unter der Gnade der Götter. Tretet heran, ihr Bewohner des Palastes der Mitte. Berührt die silberne Sichel.«

Der alte König trat vor und berührte die Sichel mit der Stirne, und alle Gäste taten wie er, und als sie sich wieder zum Zuge formten und nach ihren goldnen Stöcken greifen wollten, da waren diese verschwunden, und als sie darüber erschraken, rief der Priester: »Fürchtet Euch nicht. Ihr werdet ohne Stützen gehen!«

Wirklich, sie konnten alleine schreiten; darüber verwunderten sie sich sehr und freuten sich auf ihre ruhige, ganz unauffällige Weise. Prinz Jenum aber sprach zu seiner Gemahlin, mit der er bald darauf allein in einem Schlafgemach weilte, dessen schwarze Marmorwände mit goldenen Tüchern ausgeschlagen waren, sich niederlegend an ihre Seite: »Die Mondensichel sei über das Lagerende gestellt. Du wirst dich unter ihrem Glanze wunderbar verwandeln.«

So schliefen sie ein in ihrer Minne, und rings auf dem schwarzen Marmorboden des Raumes standen in goldenen Töpfen goldbraune Sonnenblumen, nickten mit ihren Blütengesichtern und schliefen auch.

Zur Morgenstunde erwachte Prinzessin Maryllis. Sie wußte nicht recht, wo sie weilte und was geschehen war. Ein Vogelruf hatte sie geweckt. Sie erinnerte sich nicht, je einen lieblicheren Gesang vernommen zu haben. Entzückt glitt sie vom Lager zum Fenster und neigte sich hinaus. Sie schaute über die vielen Sonnenblumen hinweg, über die im Winde sachte rauschenden Alleen, und plötzlich gewahrte sie gerade unter sich eine Blume, wie sie in ihrem Leben noch keine gesehen hatte. Es war eine weiße Blüte mit silbernen Kelchblättern; zwei weiße Blütenblättchen der Knospe hatten sich eben aufgerollt und ließen die goldene Wonne ihrer Staubgefäße ahnen.

»Wie schön!« rief die junge Königin aus. Jetzt erinnerte sie sich wieder des Vortages, der Hochzeit. Sie wandte sich nach dem Lager um. »Jenum, komm und sieh.«

Er antwortete nicht. Ob er noch schlief?

»Jenum, wach auf. Noch nie war der Morgen so schön wie heute. Die Vögel singen. Die Blumen duften. Mir ist, ich selbst sei Blume und Vogel, ich könne fliegen und singen.«

Mit geöffneten Armen ging die junge Königin durch den Raum. »Jenum, hörst du mich nicht?« Sie neigte sich über das Lager und erschrak. Der Platz ihres Gatten war leer.

»Jenum, wo bist du? Verbirg dich nicht.«

Wie jäh hatte die Freude der schönen Maryllis sich in Leid verwandelt. Mit Tränen in den Augen – und es waren die ersten ihres Lebens; denn noch nie bis dahin hatte sie so heftigen Schmerz empfunden, so wie ihr auch die innere Freude fremd gewesen war – weinend warf sie das goldene Gewand über sich, setzte ihre kleine Krone auf und zog die goldenen Schuhe an. So eilte sie in das Vorgemach, weckte die Kammerfrauen, eilte durch die Gänge, rief die Wachen an: »Wo ist Jenum, mein Gemahl? Jenum ist verschwunden!« Ja, Jenum war verschwunden. Kein Mensch wußte, wohin er sich gewandt hatte. Im ganzen Palast, in den Hallen des Tempels, in dem weiten Park war er nicht zu finden, und die Reiter, die ausgesandt wurden, ihn zu suchen, kehrten des Abends ohne den jungen König zurück.

Da legte die Königin ein Trauergewand an und verweigerte jede Speise außer Wasser und Brot. Sie gab sich ganz ihrem Leid hin, und dieses Leid war so groß und so ungewöhnlich für alle Bewohner des Schlosses, daß sie selbst das eben gelernte Lachen und Frohsein wieder vergaßen und in ein betrübtes Schweigen verfielen.

So gingen die Tage dahin. Maryllis welkte wie eine Blume ohne Licht. Darüber erschrak der alte König, und eine Stimme wurde laut in ihm, die sprach: »Es war nicht gut, die einzige Tochter einem fremden Prinzen zur Frau zu geben. Niemand weiß, wo Jessekiel liegt… woher er gebürtig. Vielleicht stieg er aus dem Kreise der Unsterblichen herab und wir beleidigten die Götter durch diese Ehe. Hätte ich sie doch besser Hagedorn gegeben, dessen Lande in meinem Reich liegen.« So dachte der König, und viele der Edlen begannen zu denken wie er.

Da traf eines Tages ein berittener Bote ein, der verlangte den König zu sprechen. Er zog ein versiegeltes Schriftstück aus seinem Wams, und als der König es mit seinen Ratgebern entfaltete, lag eine blonde Locke darin. Das Schriftstück trug das Siegel des Herzogs Hagedorn, und es stand darin geschrieben: »Vieledler König, ich erlaube mir zu melden, daß meine Jäger im Wald die

Leiche Eures Schwiegersohnes fanden. Diese Locke sende ich Euch, Eurer holden Tochter meine Teilnahme auszudrücken. König Jenum ist ein Opfer wilder Tiere geworden.«

Da begann der König bitterlich zu weinen, denn auch er war jetzt der Tränen mächtig, und mit ihm weinten alle Edelleute, und keiner wagte es, der jungen Königin die Locke zu überbringen.

Maryllis, die aber das laute Schluchzen hörte, kam selbst in den Ratsaal gegangen und fragte ihren königlichen Vater um die Ursache seines Kummers. Er wies stumm auf die blonde Locke, und einer der Ratsherren rief in großer Betrübnis: »Arme Frau Königin, wie müßt Ihr so jung schon so bitteres Leid erfahren!«

Auf diese Weise vernahm die Königin den Tod ihres Gemahles, und sie verlangte sogleich, daß ein Pferd gesattelt werde. Sie wollte selbst zu den Wäldern reiten, um ihren toten Gemahl zu sehen.

»Das darf nicht sein«, wehrte erschrocken der junge Bote ab. »König Jenum wurde von den Tieren so verstümmelt, daß er nur noch an seinen Locken erkenntlich war. Herzog Hagedorn ließ ihn auf der Stelle begraben.«

»So grabe ich seine Leiche aus.«

»Nein«, erwiderte der alte König, »nicht auf diese Weise sollst du den Toten ehren. Wir werden ihm im Tempel eine Trauerfeier halten. Suche ihn im Geiste, und du wirst ihn finden.«

Da begab sich der ganze Hof hinüber in die Hallen des Tempels, und die Priester opferten den Göttern zu Jenums Gedächtnis.

»Jenum ist tot«, klagte Maryllis des Nachts alleine, »doch mein Herz will es nicht glauben.«

Wieder verging eine Zeit des Schweigens im Palast, da kam abermals ein Bote des Herzogs geritten und bat im Namen Hagedorns um die Hand der verwitweten Maryllis.

Der König und seine Räte waren wohl geneigt, die Bitte zu erfüllen; aber als sie der jungen Königin bedeuteten, es sei ihre Pflicht und der Wunsch des Reiches, daß sie wieder einen Gemahl nehme und dem Lande Nachkommen schenke, da geriet diese außer sich und schloß sich drei Tage und drei Nächte in ihren Gemächern ein. In der dritten Nacht aber hatte die Trauernde ein seltsames Traumgesicht: Jenum trat ein. Er trug die Mondensichel in der Hand, und er sprach: »Ich lebe… Halte die Treue!« Da beschloß Maryllis, in der Frühe den Palast zu verlassen, um ihren Gemahl zu suchen. Sie sagte keinem Menschen von ihrem Vorhaben. Vor Tagesgrauen begab sie sich ungesehen ins Freie. Schon wollte sie sich den Tempelgärten zuwenden, um von dort aus ins freie Land zu gelangen, da fiel ihr Blick auf die weißsilberne Blume, die unter dem Fenster ihres Gemaches stand und ihre Knospe schon zur Hälfte geöffnet hatte.

»Ich will die Blüte mit mir nehmen; sie soll mir helfen, meinen Gemahl zu finden.«

Königin Maryllis neigte sich über die wundersame Blume und barg sie an ihrer Brust. Leise glitt sie am Tempel vorbei und verließ die Gärten durch das östliche Tor, dessen Wächter ihr Schweigen gelobte.

Da lag es nun vor ihr, das stille Land. Die Kornfelder wogten zu ihren Füßen; weit in der Ferne sichtete sie die großen Wälder. Furcht wollte die junge Frau anfallen; es stieg aber eine Lerche vor ihr aus der Saat empor und trillerte ihr Morgenlied, als wolle sie der Königin zurufen: »Nur Mut…, nur Mut…, voran…, voran…!«

Die Königin lächelte zum erstenmal nach langer Zeit über die Rufe des kleinen Vogels, der sich so hoch und frei in die Luft hob. Sie stieg die Stufen der Treppe nieder und folgte dem Weg, der sich durch die Felder hinzog. So wanderte sie den ganzen Tag. Einmal schreckte sie ein Geräusch. Sie trat eilig in das Feld hinein und verbarg sich im hohen Getreide; sie wußte wohl, daß ihr Vater nach ihr suchen ließ. Ein Reiter sprengte vorbei. Nach einer Weile setzte sie ihren Weg fort. Sie kam zum großen Wald und übernachtete in einer leeren Köhlerhütte.

In dieser Nacht hatte sie einen Traum. Amakron, ihr alter, weiser Lehrer, stieg mitten aus den Sternen nieder. Er legte zwei schwarze Balken auf das Brachfeld, zwei lange Balken in der Form eines Kreuzes. Er winkte Maryllis zu sich heran, und als sie an seine Seite trat, hob er einen Stein vom Boden und ließ sie durch eine Spalte ins Innere der Erde spähen. Da gewahrte sie Jenum, ihren Gemahl, der sich in finsterer Höhle mit einem Riesen im Kampfe maß. Amakron sprach: »Dies war über Jenum verhängt, nach der Nacht seines größten irdischen Glücks hinabzusteigen in die Unterwelt, um die Seelen zu befreien, die der Riese gefangenhält. Wandere so lange über das Brachfeld, bis die Blume an deiner Brust sich zu vollkommener Blüte erschlossen hat; dann setze dich nieder und warte. Du wirst Jenum wiederfinden.«

Nach diesen Worten berührte Amakron ihre Stirne und entschwebte. Am Morgen erwachte Maryllis, und siehe da, ihre Blüte hatte ein neues Kelchblatt entrollt. Die junge Königin nahm die Blume in ihre Hand. »Du führe mich jetzt, daß ich ihn wiederfinde, den meine Seele liebt.« Sie verließ die großen Wälder und wanderte über das Brachfeld, und als sie eine Stelle erreichte, wo sich zwei einsame Pfade in der Form eines Kreuzes überschnitten, da öffnete sich die Blüte ganz bis zu ihrer golden strahlenden Mitte. Maryllis setzte sich auf einen Felsen am Weg nieder und wartete.

Jetzt stieg ein dumpfes Getöse aus der Tiefe zu ihr empor. Die Stimme Jenums ertönte: »Gefallen ist der Riese... Folgt mir... Hinauf zum Licht will ich Euch führen!«

Vor den staunenden Augen der Königin öffnete sich die Erde. Jenum entstieg ihr; ihm drängten bleiche, schemenhafte Wesen nach. Vom Licht des Tages gestreift, erhoben sie ihre Arme. Flügel wuchsen ihnen, sie entschwebten in farbenschimmerndem Reigen. Ein Regenbogen wölbte sich klingend über das Brachfeld. Jenum aber gewahrte die junge Königin.

»Maryllis, wie hast du mich gefunden?«

»Amakron wies mir den Weg.«

»Die Götter segneten unsere Liebe mit Unsterblichkeit. Jetzt darf ich dir wieder zum Palast folgen.«

Da wanderten Jenum und Maryllis zurück über das Brachfeld,

durch die großen Wälder und die goldenen Korngärten. Sie kamen zum Portal des Schlosses und forderten Einlaß. Wie entsetzten sich die Wachen, als sie den jungen König und die Königin gewahrten. Sie wähnten, deren Seelen seien aus dem Totenreich zurückgekehrt, um den Vater zu rächen; denn Herzog Hagedorn hatte nach dem Entfliehen der jungen Königin den alten König in den Turm werfen lassen und sich selbst zum Herrscher ausgerufen. Sinnlos vor Schrecken liefen sie dem Palast zu und schrien: »Rettet euch, die Toten kehren wieder!«

Da entfloh Hagedorn mit seinen wenigen Getreuen aus dem Palast. Die Diener des alten Königs aber wagten sich wieder hervor aus ihren Verstecken, und als sie gewahrten, daß Jenum und Maryllis wirklich lebten, erklang ein Jubel wider in den Hallen des Schlosses, wie er hier noch nie gehört worden war. Der alte König wurde aus seinem Verlies befreit; durch seine Haft geschwächt und des Herrschens müde, übergab er Jenum sein Reich. Jetzt glänzte die Mondsichel über dem einstigen Sonnenland. Neue Blumen erblühten in den Gärten. Licht und Schatten wechselten wie Leid und Freude in den Seelen der Menschen. Eine andere Zeit war angebrochen, und König Jenum herrschte weise und glücklich viele, viele Jahre lang.

Der wunderbare Fischzug

An dem Meeresstrande lag ein kleines Fischerdorf. Das hatte zwölf Häuser; darin wohnten zwölf Fischer mit ihren Frauen und Kindern. Die hielten allezeit in Not und Gefahr zusammen. In dem einen Häuschen, das ganz dicht am Meere lag, wohnte der Fischer Simon mit seiner einzigen Tochter.

Eines Morgens, als sie wieder auf das Meer hinausfuhren, war der Himmel ganz mit Wolken bedeckt, und kein Sonnenstrahl brach hervor. Für die Fischer aber war es ein guter Tag. Jedesmal, wenn sie ihre Netze aus dem Meere zogen, waren sie so voll, daß sie schier zerreißen wollten. Nur der alte Simon saß ganz still in seinem Boote und schaute in die Tiefe.

Da riefen die Fischer: »Simon, ziehe dein Netz aus dem Meere!« Aber der alte Simon schüttelte sein Haupt und sprach:

> »Leer sind meine Netze,
> Müde ruhn die Hände,
> Alle muntern Fischlein
> Schwammen mir vorüber.«

Da wunderten sich die Brüder und redeten untereinander: »Wie kann das zugehen? War unser Simon nicht der beste Fischer von uns allen?« – »Bruder Simon«, riefen sie, »siehe unsere vollen Boote! Wir wollen unseren Fang mit dir teilen, laß uns heimkehren.« Und die Fischer fuhren nach Hause.

Am nächsten Morgen war der Himmel wiederum mit dunklen Wolken bezogen. Da ging es ihnen ebenso. Die Fischer taten einen guten Fang, aber der alte Simon saß wieder schweigend in seinem Boote und wollte das Netz nicht herausziehen.

Da erschraken die Brüder über ihn und redeten untereinander: »Sollte unserm Simon ein Unheil begegnet sein?«

So kam der dritte Morgen, und die Sonne stieg wieder hell und warm über dem Meere herauf. Die Fischer eilten fröhlich an den Strand und sprachen: »Heute scheint uns die Sonne. Da wird auch unser Bruder Simon wieder Fische fangen.«

So fuhren sie hinaus auf das weite Meer. Simon aber saß schweigend in seinem Boote und schaute auf zur Sonne. Als die anderen Fischer ihre Netze heraufzogen, waren sie bis obenhin gefüllt. Da sprachen sie alle: »Bruder Simon, ziehe auch du dein Netz aus dem Meere.«

Simon folgte ihren Worten. Er zog sein Netz herauf, und siehe da! es war so schwer, daß er es kaum heben konnte. Doch wie erstaunten sie alle: denn in dem Netze lag eine große leuchtende Kugel. »Was hat das zu bedeuten?« fragten die Fischer und faßten sie mit den Händen. »Sie ist so blau wie der Himmel«, riefen einige. »Nein, sie leuchtet so golden wie die Sonne«, sagten andere. Doch Simon sprach: »Sie schimmert so hell wie eine köstliche Perle.« – »Das ist ein wunderliches Ding«, sprachen die Fischer. »Doch was kann sie uns nützen, da wir nicht einmal wissen, woraus sie besteht?« Und sie fuhren nach Hause.

Als Simon heimkehrte, sprang ihm seine Tochter fröhlich entgegen. Sie sah die Kugel in seinen Händen, die leuchtete so golden wie eine junge Sonne. Da rief sie voller Freude: »Ei, lieber Vater, hast du mir ein Spielzeug mitgebracht?« Der Alte nickte freundlich, er gab ihr die schöne Kugel und sprach: »Da sie dir so gut gefällt, sollst du sie haben. Aber hüte sie sorgsam.« Da war die Fischertochter sehr glücklich. Von der Kugel mochte sie sich nimmermehr trennen; wohin sie auch ging, trug sie sie in ihren Händen. Wenn sie an den Häusern vorüberschritt, sprachen die Menschen: »Des Simon Tochter wird schöner von Tag zu Tag. Sollte das von der Kugel kommen, die sie in ihren Händen trägt?« Die Fischerfrauen und Mädchen wünschten sich von Herzen, auch einen solchen Schatz zu besitzen und sprachen zu den Fischern: »Euer Bruder Simon vermag mehr als ihr alle. Wenn ihr uns nicht auch eine so schöne Kugel vom Fischzug mit heimbringt, mögen wir euch nicht mehr das Essen bereiten.« Da wurden die Fischer tief bekümmert; denn sie wußten nicht, sie sie das beginnen sollten.

Eines Morgens gingen sie wieder mit ihren Netzen zum Meere hinunter und machten ihre Boote bereit. Als sie fortfahren wollten, merkten sie, daß einer von ihnen fehlte. Da sprachen sie: »Wo ist unser Bruder Simon? Er war doch immer der Erste in seinem Boote.«

Da trat der alte Simon zu seinem Hause heraus. Er ging mit ruhigen Schritten zum Strande und sprach zu den Fischern: »Meine Brüder, fahret heute nicht hinaus auf das Meer; ich habe in der Nacht einen seltsamen Traum gehabt.« – »Erzähle uns deinen Traum, wir wollen ihn hören!« riefen die Fischer. Da hob der alte Simon zu erzählen an:

»Es war ein heller Morgen wie heute, und ich ging an das Meer, um Fische zu fangen. Wie erstaunte ich! denn nur ein einziges Boot lag am Ufer. ›Sind meine Brüder ohne mich hinausgefahren?‹ sprach ich zu mir selber. Doch plötzlich hob sich ein Wind auf dem Meere. Es tauchten elf leere Boote auf, sie kamen näher und näher, und der Wind trieb sie ans Ufer. In den Booten aber lagen eure leeren Netze. ›Wo sind meine Brüder?‹ rief ich über das Meer hinaus. ›Sie ruhen auf dem Meresgrunde‹, kam die Antwort wieder.« – –

Simon schwieg. Die Fischer sahen ihn ungläubig an. »Ei, Bruder Simon« sprachen sie fröhlich, »siehst du nicht den klaren Himmel und die helle Sonne? Wie sollte uns heute ein Unglück treffen?« Aber der Alte schüttelte sein Haupt und antwortete: »Ich hatte niemals einen solchen Traum. Ich weiß, er spricht die Wahrheit. Ich bitte euch, meine Brüder, fahret nicht hinaus.«

Aber die Fischer sahen das ruhige Meer und den klaren Himmel. Sie sprachen: »Fort mit dem Traume, Simon. Steige in dein Boot. Es ist an der Zeit, hinauszufahren.« Simon aber wandte sich von ihnen und sagte: »Meine Brüder, ihr wollt mich nicht hören. So fahret denn hinaus.« – Da ergriffen die Fischer ihre Ruder und fuhren hinaus auf das Meer. Die Sonne schien so hell, und es war kein Wölkchen am Himmel. Da redeten sie untereinander: »Unser Bruder Simon wird alt, wir können nicht mehr auf ihn bauen. Wohlan, lasset uns die Netze werfen; unsere vollen Boote sollen ihm zeigen, daß er unrecht hatte.« So warfen sie ihre Netze aus, und bald merkten sie, wie sie schwer wurden. Wie groß war ihre Freude, als sie die Netze aus dem Meere zogen: – denn in jedem lag eine leuchtende Kugel! »Jetzt haben wir gefunden, was wir schon immer suchten«, riefen sie alle wie aus einem Munde. »Wollte Simon uns nur daran hindern, auch ein solches Kleinod zu gewinnen?« Jeder von ihnen nahm seine Kugel in die Hände und schaute sie von allen Seiten an.

Aber wie erschraken sie alle! denn in ihren Händen wurde sie dunkel und kalt und schwerer als ein Stein. »Weh uns allen, das ist der Tod!« schrien die Fischer auf und wollten die Kugeln ins Meer zurückwerfen. Doch ihre Hände waren daran festgewachsen. In der schwarzen Kugel war eine unheimliche Macht verborgen; die zog die Fischer mit Riesenkräften aus ihren Booten heraus. So ertranken sie alle auf dem Meere. Und es erhob sich ein frischer Wind, der trieb die elf leeren Boote zurück an den Strand.

Der alte Simon aber hatte keine Ruhe gefunden. Er saß am Meeresufer und schaute hinaus, wann seine Brüder kämen. Da kräuselten sich die Wellen, und er spürte den Wind über das Meer kommen. Simon stand auf. »O meine Brüder, so sagte mein Traum die Wahrheit«, sprach er in großem Kummer. Er sah die elf leeren Boote auf den Wellen treiben, und nur die Netze lagen darin. Da ging er ins Dorf, er führte die Frauen zum Meere und sprach: »Es ist ein Unglück geschehen. Sehet die leeren Boote; eure Männer ruhen auf dem Meeresgrunde. Aber seid ohne Sorge, ich will für euch alle die Fische fangen.«

Da weinten die Frauen viele Tage und Nächte am Meere. Simon aber fuhr hinaus und fing so viele Fische, daß sie alle satt wurden. Eines Tages spielte die schöne Fischertochter mit ihrer Kugel am Meeresstrande. Sie wurde des Spiels nicht müde; denn die Kugel verwandelte sich immer in ihren Händen. Bald war sie blau wie der Himmel, dann wieder leuchtete sie so golden wie die Sonne, oder sie schimmerte durchsichtig wie eine köstliche Perle. – Doch plötzlich erschrak die Fischertochter; denn die Kugel entglitt ihren Händen und rollte im Sande dahin, so daß sie ihr kaum noch zu folgen vermochte. Immer schneller lief sie ihr nach, aber sie konnte sie nicht erhaschen. Sie weinte und fiel zur Erde nieder. – Da sah sie, daß auch die Kugel in ihrem Laufe stockte. Sie raffte sich auf und wollte sie fassen; aber im Augenblick rollte sie schon weiter.

»Ach, meine liebste Gespielin, sage mir, wohin eilest du?« rief sie aus. Und die Kugel redete:

»Golden wie die Sonne,
Wie des Himmels Blau,
Glitzernd wie der Tropfen
Aus dem Morgentau –
Lebt ich dir zur Freude,
Wechselnd mein Gewand,
Lebte dir zur Liebe
In dem fremden Land.
Folge mir, o Mägdlein,
Laß den Heimatstrand,
Weihe mir dein Leben,
Wechsle dein Gewand –
Leuchte wie die Sonne,
Wie des Himmels Blau,
Glänze wie der Tropfen
Aus dem Morgentau!«

Da sprach die Fischertochter: »Liebste Gespielin, ja, dir will ich folgen.«

Da sprach die Kugel: »Ich führe dich in das Land des blinden Königs.« So rollte sie weiter an dem Meeresstrande entlang, und das Mädchen folgte ihr getreulich. Sie waren schon viele Tage gewandert, da sprach die Kugel: »Wir wollen jetzt über das Meer wandeln. Fürchte dich nicht.« Und schon glitt sie über die Wellen dahin. Wo sie das Wasser berührte, zog sich ein goldenes Band; das war wie ein fester Steg, auf dem die Fischertochter dahinschreiten konnte. So waren sie viele Tage und Nächte auf dem Meere. Endlich erreichten sie das andere Ufer. Da sahen sie ein stolzes Königsschloß, das war aus schwarzem Marmor gebaut und lag in einem uralten Garten.

»Nimm mich in deine Hände und wandere zu dem Schlosse«, sprach die Kugel zu der Fischertochter. Das Mädchen gehorchte ihr und kam in den Königsgarten. »In diesem Schlosse lebt der blinde König«, sprach die Kugel, »ich will dir erzählen, warum

214

er blind geworden ist. – Vor einigen Jahren war er noch jung und gesund, und sein Volk liebte ihn über alles. Da kam ein böser Zauberer zu ihm, der sprach: ›Mein König, Ihr habt ein schönes Land; aber ich weiß ein Land, das ist noch tausendmal schöner.‹ ›Laßt es mich schauen‹, sprach der König. Da führte der Zauberer ihn auf einen hohen Felsen, das war mitten in der Nacht, als alle Menschen schliefen. Dort oben zauberte er ihm ein Land hervor, wie es noch niemals ein Mensch auf Erden geschaut hatte. Und der König stand wie versteinert auf dem Felsen; er konnte sich nicht von dem Anblick trennen. ›Ohne dieses Land mag ich nimmermehr leben‹, sprach er zu dem Zauberer. ›Hilf mir, daß ich es immer vor Augen haben kann!‹

›Das ist ein Leichtes‹, sprach der Zauberer, ›aber Ihr könnt Euer eigenes Land dann nicht mehr sehen.‹

›Was gilt mir die Schale, wenn ich den Kern genießen kann?‹ rief der König aus. – Doch der Morgen graute; die Nacht versank und das herrliche Land. Der Zauberer entschwand vor des Königs Blicken und mit ihm alles, was er früher schauen konnte; es wurde ganz dunkel um ihn her. Da fanden die Menschen ihren König mit blinden Augen auf dem hohen Felsen. Sie führten ihn auf sein Schloß zurück, und hier lebt er bis jetzt in tiefer Trauer.«

Die Fischertochter hatte alles schweigend angehört. Sie schritt unter den hohen Bäumen dahin und kam dem Schlosse immer näher. Da hörte sie unzählige Tropfen zur Erde niederfallen; es regnete aber nicht, sondern die Tropfen kamen aus den Blättern der Bäume und waren so rot wie Blut.

»Siehe, die lieben Bäume weinen um ihren König«, sprach die Kugel.

Das Mädchen trat in das Schloß und schritt durch hohe Säulengänge. Sie kam in eine offene Halle, in der Mitte saß der König auf einem hohen Stuhle.

Auf seinem edlen Angesichte lag tiefste Trauer, und von seinen Lippen tönte ein leiser Gesang:

»Weiße Wolken weben
Wunderweltenträume.
Rosenrote Hände
Schaffen Himmelsräume.
Schaute einst mein Auge
Helle Sonnenhallen,
Muß durch Erdendunkel
Lichtgeblendet wallen.«

Die Fischertochter wagte sich nicht zu rühren. In ihren Händen
hielt sie die Kugel, die war so blau wie der Himmel. Sie ging auf
den König zu, kniete vor ihm nieder und sprach: »Mein König,
Ihr sollt wieder sehend werden. Gebt mir Eure blinden Augen
und nehmet meine gesunden dafür.«
Als sie das gesagt hatte, wandelte sich die Kugel in ihren Händen.
Blaue Wolken stiegen aus ihr hervor; die umhüllten die Fischertochter wie ein großer blauer Mantel. Der König aber hob sein
Haupt und sang mit leiser Stimme:

»Tönet eine Stimme
Mir zu meinem Herzen,
Blaues Liebesweben
Löst die alten Schmerzen.
Blaues Leuchtewesen
Ruft die toten Sinne,
Daß die Nacht versinke,
Neu der Tag beginne.«

Aber die Kugel wandelte sich weiter. Goldene Wolkenschleier
stiegen aus ihr hervor; die umhüllten die Fischertochter wie ein
großer goldener Mantel.
Der König streckte seine Arme aus und sang mit jubelnder
Stimme:

»Blauer Hoffnungsschimmer
Führt zur Goldesfülle,

Dringt durch alle Glieder,
Sprengt die tote Hülle.
Bin ich neu geboren –
Aus dem Sonnenwerden,
Will ein Diener sein den
Menschen hier auf Erden.«

Und die Kugel wandelte sich weiter. In großen Strahlen begann
sie zu sprühen, das waren lauter durchsichtige Tropfen. Die setzten sich auf den goldenen Mantel der Fischertochter und in ihr
goldenes Haar; und sie wurden zu köstlichen Perlen. Sie bedeckten die schwarzen Marmorsäulen und den dunklen Boden. Da
wurde es so hell, daß dem König davon die Augen aufgingen.
Und er sah die schöne Fischertochter in ihrem perlenbesäten
Mantel mit dem perlengeschmückten Haupte. Doch ihre Augen
waren erloschen.
Da ging der König auf sie zu, kniete vor ihr nieder und sprach:
»Schöne Jungfrau, du hast mich erlöst. Dafür will ich dich lieben mein Leben lang. Bleibe bei mir, ich will dich zu meiner
Königin machen.« Aber das Mädchen schüttelte sein Haupt
und sprach: »Mein König, sehet, meine Augen sind dunkel.
Was soll Euch eine blinde Königin? Sendet mich heim zu meinem alten Vater.«
Da erkannte der König, daß sie für ihn blind geworden war. Er
barg sein Gesicht in den Händen und weinte bitterlich. Nun
wollte er sie nimmermehr fortlassen; denn er liebte sie von Herzen. Darum krönte er sie zu seiner Königin.
Von der schönen Kugel aber war seitdem keine Spur mehr zu
finden; sie hatte sich in lauter helle Perlen verwandelt, die bedeckten das ganze Schloß. So schimmerte es in allen Farben
über die Lande hin.
Da erstaunte das ganze Volk, und sie redeten untereinander:
»Es ist ein Wunder geschehen. Unser König war blind; aber
nun kann er wieder sehen. Schimmert sein dunkles Schloß nicht

heller als ein Edelstein? Wir haben eine junge Königin, sie ist so schön wie der Morgen; aber sie ist statt des Königs blind geworden.« –

Unterdessen lebte der alte Simon noch in dem kleinen Fischerdorfe. Seitdem er die elf Brüder und sein einziges Kind verloren hatte, war er sehr schweigsam geworden. Tag für Tag fuhr er hinaus auf das Meer und fing die Fische, damit die Witwen und Kinder des Dorfes leben konnten. Doch er hoffte immer noch, seine Tochter wiederzusehen. »Mein Kind lebt, ich weiß es gewiß«, dachte er in seinem Herzen. »Wäre sie ertrunken, dann hätte mir das Meer ein Zeichen gegeben.« Er hatte eine große Sehnsucht, in die weite Welt zu wandern, um sein Kind zu suchen; aber er sprach zu seinem Herzen: »Noch ist es nicht an der Zeit; die Frauen und Kinder können sich noch nicht selber ernähren.«

Aber die Kinder wuchsen heran. Da sprach der Alte eines Tages zu ihnen: »Seht die Boote eurer Väter! machet euch bereit und fahret mit mir hinaus auf das Meer, damit ihr den Fischfang erlernet.«

Das taten die jungen Burschen gerne, und bald verstanden sie es so gut, daß Simon sie allein hinausfahren lassen konnte. Da machte er sein Boot bereit zu seiner großen Reise und sprach zu den jungen Burschen: »Ich muß euch verlassen; denn mein Herz sehnt sich danach, meine Tochter zu finden.« Da antworteten sie ihm: »Vater Simon, fahre ruhig auf das weite Meer hinaus. Wir wollen getreulich unsere Arbeit verrichten.« So verließ der alte Simon seine Heimat.

Als er drei Tage und drei Nächte auf dem Meere war, erblickte er eine kleine dunkle Insel. Er hielt sein Boot an und bestieg das hohe Felsenufer. Die Insel bestand aus schwarzen, glatten Felsen, und kein grünes Hälmchen war auf ihr zu sehen. Der alte Fischer durchwanderte die Insel. Plötzlich leuchtete ihm in der Ferne ein helles Feuer entgegen. Als er näher kam, sah er zwölf schwarzgekleidete Männer; die umringten das Feuer im Kreise

218

und schauten in die Flammen hinein. Der eine von ihnen stand auf, er trat auf den Alten zu und sprach: »Simon, wen suchest du?« Der Alte antwortete: »Ich suche meine Tochter.« Da sagte der Fremde: »Simon, wir wollen dir die Winde senden; sie zeigen dir den rechten Weg. Aber du mußt uns dafür deine Ruder lassen.« Da antwortete der Alte: »Ich vertraue euch und den Winden und lasse euch gerne meine Ruder.«

Da erhoben sich die zwölf Männer, Simon wanderte zurück zum Ufer, und alle folgten ihm. Er nahm die Ruder aus seinem Boote und gab sie ihnen. Da sprachen sie alle: »Fahre wohl, Simon, die Winde werden dich geleiten.« Der alte Fischer stieg in sein Boot; da erhoben sich die Winde und führten es eilends auf den Wogen dahin.

Nach drei Tagen erblickte Simon wiederum eine kleine Insel, und die Winde lenkten sein Boot an ihr Ufer. Schneeweiß schimmerte die Insel; lauter reine Salzkristalle bedeckten den Boden. Da verließ er sein Boot und bestieg das Ufer. Er durchwanderte die Insel, und in der Ferne leuchtete ihm eine weiße Kapelle entgegen. Als er näher kam, traten zwölf weißgekleidete Männer aus ihr hervor; und der erste von ihnen sprach zu ihm: »Simon, wen suchest du?« Der Alte antwortete: »Ich suche meine Tochter.« Da sagte der Fremde: »Simon, wir lenken deine Füße und zeigen dir den rechten Weg. Aber du mußt uns dafür dein Boot lassen.«

Da antwortete der Alte: »Ich vertraue euren Worten, ihr werdet meine Füße sicher lenken. Ich lasse euch mein Boot von Herzen gerne.« So wanderte er zum Ufer zurück, und die weißen Männer folgten ihm. Dann hob er sein Boot aus dem Meere und gab es den Zwölfen. Und sie sprachen: »Simon, schreite hinaus auf das Meer, wir wollen dich sicher geleiten.«

Da wanderte der alte Fischer hinaus auf das Meer. –

Zur selben Zeit aber sprach die blinde Königin zu ihrem Gemahl: »Mein Herz sehnt sich nach der Heimat und nach meinem alten Vater. Lasse mich heimwärts wandern.« Da antwortete der

König: »Ich will dich führen; es könnte dir sonst ein Leid geschehen.« Er nahm sie an die Hand, und sie verließen das Schloß.
Als sie durch den Garten gingen, sprach die junge Königin:

> »Mein König, es wandelt sich alle Erde,
> Auf goldenem Boden schreiten wir sicher,
> Und blühende Bäume beschützen das Haupt.«

Sie verließen den Garten und schritten auf dem freien Wege weiter. Da trafen sie viele Menschen, und die junge Königin sprach:

> »Mein König, wer schmückte die Menschen so festlich?
> In weißen Kleidern wandeln sie heiter,
> Ein goldner Reifen umspannt ihre Stirn.«

Sie kamen vorüber an den Häusern der Menschen, in den Gärten spielten die Kinder, und die Königin sprach:

> »Mein König, naht uns der Himmel auf Erden?
> Von schneeweißen Lilien schimmern die Gärten,
> Und Flügel tragen die lieblichen Kinder.«

So gingen sie weiter. Nach einigen Tagen kamen sie zum Meere. Es war Abend, und die junge Königin war sehr müde geworden. Da sprach der König zu ihr: »Lege dich schlafen, ich will an deiner Seite wachen.«
Als die Sonne aufging, erwachte die Königin aus dem Schlafe. Sie sprang auf ihre Füße und rief:

> »Mein König, hörst du den Schritt auf dem Meere?
> Es nahet mein Vater aus fernem Lande,
> Wie Himmelsluft weht mich sein Atem an.«

Da sah der König eine aufrechte Gestalt über die Wellen schreiten. Das war ein Greis im schneeweißen Mantel und mit wehenden Haaren; der kam immer näher und näher. Die blinde Königin aber streckte die Arme aus, ihre Füße berührten das Meer, die Wellen trugen sie sicher: so schritt sie dem Vater entgegen.

Der alte Simon erkannte sie und rief ihr zu: »O meine Tochter, wandelst auch du auf dem Meere?«

Sie wollte vor ihm niedersinken. Aber der alte Simon hob sie zu sich empor und schaute in ihre armen blinden Augen. Da mußte er über ihr Schicksal weinen. Als aber seine Tränen ihre Augen benetzten, da streckte sie jubelnd ihre Arme aus und rief: »Mein Vater, ich erkenne dich wieder! Meine Augen sind neu geboren.«

Sie hielten sich an den Händen und wandelten miteinander dem Ufer entgegen. Ihre Augen aber leuchteten heller als die Sterne. Am Ufer empfing sie der König in großer Freude. Da gingen sie zu dreien den Weg zurück und traten in das helle Königsschloß.

»Sonnengold«

Märchen, in denen das Motiv des himmlischen Sonnengoldes vorkommt, sind für Kinder jeden Alters geeignet. »Schneewittchen« ist sehr lang und muß eventuell während des Erzählens an geeigneter Stelle abgebrochen werden, z.B. als Schneewittchen gerade wieder von den Zwergen geweckt worden ist.

Das gilt auch für »Aschenputtel«. In diesen beiden Märchen kommt, wie auch in vielen anderen, ein kurzes Gedicht vor. Und gerade dabei ist es sehr wichtig, daß wir es so »neutral« wie möglich vortragen.

Dazu gehören auch »Schneeweißchen und Rosenrot« und »Die Goldkinder«. Beide Märchen sind durch ihre Schlichtheit und die Atmosphäre des Sonnengoldes besonders für sehr kranke Kinder geeignet, für Kinder, die schon eine längere Zeit krank sind oder in die Endphase kommen.

Die Goldkinder

Es war ein armer Mann und eine arme Frau, die hatten nichts als eine kleine Hütte und nährten sich vom Fischfang, und es ging bei ihnen von Hand zu Mund. Es geschah aber, als der Mann eines Tages beim Wasser saß und sein Netz auswarf, daß er einen Fisch herauszog, der ganz golden war. Und als er den Fisch voll Verwunderung betrachtete, hub dieser an zu reden und sprach: »Hör, Fischer, wirfst du mich wieder hinab ins Wasser, so mach ich deine kleine Hütte zu einem prächtigen Schloß.« Da antwortete der Fischer: »Was hilft mir ein Schloß, wenn ich nichts zu essen habe?« Sprach der Goldfisch weiter: »Auch dafür soll ge-

sorgt sein, es wird ein Schrank im Schloß sein, wenn du den auf-
schließest, so stehen Schüsseln darin mit den schönsten Speisen,
soviel du dir wünschest.« »Wenn das ist«, sprach der Mann, »so
kann ich dir wohl den Gefallen tun.« »Ja«, sagte der Fisch, »es
ist aber die Bedingung dabei, daß du keinem Menschen auf der
Welt, wer es auch immer sein mag, entdeckst, woher dein Glück
gekommen ist; sprichst du ein einziges Wort, so ist alles vorbei.«
Nun warf der Mann den wunderbaren Fisch wieder ins Wasser
und ging heim. Wo aber sonst seine Hütte gestanden hatte, da
stand jetzt ein großes Schloß. Da machte er ein paar Augen, trat
hinein und sah seine Frau, mit schönen Kleidern geputzt, in einer
prächtigen Stube sitzen. Sie war ganz vergnügt und sprach:
»Mann, wie ist das auf einmal gekommen? Das gefällt mir
wohl.« »Ja«, sagte der Mann, »es gefällt mir auch, aber es hun-
gert mich auch gewaltig, gib mir erst was zu essen.« Sprach die
Frau: »Ich habe nichts und weiß in dem neuen Haus nichts zu
finden.« »Das hat keine Not«, sagte der Mann, »dort sehe ich
einen großen Schrank, den schließ einmal auf.« Wie sie den
Schrank aufschloß, stand da Kuchen, Fleisch, Obst, Wein, und
lachte einen ordentlich an. Da rief die Frau voll Freude: »Herz,
was begehrst du nun?« und sie setzten sich nieder, aßen und
tranken zusammen. Wie sie satt waren, fragte die Frau: »Aber,
Mann, wo kommt all dieser Reichtum her?« »Ach«, antwortete
er, »frage mich nicht darum, ich darf dir's nicht sagen, wenn
ich's jemand entdecke, so ist unser Glück wieder dahin.« »Gut«,
sprach sie, »wenn ichs nicht wissen soll, so begehr ich's auch
nicht zu wissen.« Das war aber ihr Ernst nicht, es ließ ihr keine
Ruhe Tag und Nacht, und sie quälte und stachelte den Mann so
lang, bis er in der Ungeduld heraussagte, es käme alles von einem
wunderbaren goldenen Fisch, den er gefangen und dafür wieder
in Freiheit gelassen hätte. Und wie's heraus war, da verschwand
alsbald das schöne Schloß mit dem Schrank, und sie saßen wieder
in der alten Fischerhütte.
Der Mann mußte von vornen anfangen, seinem Gewerbe nach-

gehen und fischen. Das Glück wollte es aber, daß er den goldenen Fisch noch einmal herauszog. »Hör«, sprach der Fisch, »wenn du mich wieder ins Wasser wirfst, so will ich dir noch einmal das Schloß mit dem Schrank voll Gesottenem und Gebratenem zurückgeben; nur halt dich fest und verrat beileibe nicht, von wem du's hast, sonst geht's wieder verloren.« »Ich will mich schon hüten«, antwortete der Fischer und warf den Fisch in sein Wasser hinab. Daheim war nun alles wieder in voriger Herrlichkeit, und die Frau war in einer Freude über das Glück; aber die Neugierde ließ ihr doch keine Ruhe, daß sie nach ein paar Tagen wieder zu fragen anhub, wie es zugegangen wäre, und wie er es angefangen habe. Der Mann schwieg eine Zeitlang still dazu, endlich aber machte sie ihn so ärgerlich, daß er herausplatzte und das Geheimnis verriet. In dem Augenblick verschwand das Schloß, und sie saßen wieder in der alten Hütte. »Nun hast du's«, sagte der Mann, »jetzt können wir wieder am Hungertuch nagen.« »Ach«, sprach die Frau, »ich will den Reichtum lieber nicht, wenn ich nicht weiß, von wem er kommt; sonst habe ich doch keine Ruhe.«

Der Mann ging wieder fischen, und über eine Zeit, so war's nicht anders, er holte den Goldfisch zum drittenmal heraus. »Hör«, sprach der Fisch, »ich sehe wohl, ich soll immer wieder in deine Hände fallen, nimm mich mit nach Haus und zerschneid mich in sechs Stücke, zwei davon gib deiner Frau zu essen, zwei deinem Pferd, und zwei leg in die Erde, so wirst du Segen davon haben.« Der Mann nahm den Fisch mit nach Haus und tat, wie er ihm gesagt hatte. Es geschah aber, daß aus den zwei Stücken, die in die Erde gelegt waren, zwei goldene Lilien aufwuchsen, und daß das Pferd zwei goldene Füllen bekam, und des Fischers Frau zwei Kinder gebar, die ganz golden waren.

Die Kinder wuchsen heran, wurden groß und schön, und die Lilien und Pferde wuchsen mit ihnen. Da sprachen sie: »Vater, wir wollen uns auf unsere goldenen Rosse setzen und in die Welt ausziehen.« Er aber antwortete betrübt: »Wie will ich's aushal-

ten, wenn ihr fortzieht und ich nicht weiß, wie's euch geht?«
Da sagten sie: »Die zwei goldenen Lilien bleiben hier, daran
könnt ihr sehen, wie's uns geht: sind sie frisch, so sind wir gesund; sind sie welk, so sind wir krank; fallen sie um, so sind wir
tot.« Sie ritten fort und kamen in ein Wirtshaus, darin waren
viele Leute, und als sie die zwei Goldkinder erblickten, fingen
sie an zu lachen und zu spotten. Wie der eine das Gespött
hörte, so schämte er sich, wollte nicht in die Welt, kehrte um
und kam wieder heim zu seinem Vater. Der andere aber ritt fort
und gelangte zu einem großen Wald. Und als er hineinreiten
wollte, sprachen die Leute: »Es geht nicht, daß Ihr durchreitet,
der Wald ist voll Räuber, die werden übel mit Euch umgehen,
und gar, wenn sie sehen, daß Ihr golden seid und Euer Pferd
auch, so werden sie Euch totschlagen.« Er aber ließ sich nicht
schrecken und sprach: »Ich muß und soll hindurch.« Da nahm
er Bärenfelle und überzog sich und sein Pferd damit, daß nichts
mehr vom Gold zu sehen war, und ritt getrost in den Wald hinein. Als er ein wenig fortgeritten war, so hörte er es in den Ge-
büschen rauschen und vernahm Stimmen, die miteinander sprachen. Von der einen Seite rief's: »Da ist einer«, von der andern
aber: »Laß ihn laufen, das ist ein Bärenhäuter, und arm und
kahl wie eine Kirchenmaus, was sollen wir mit ihm anfangen!«
So ritt das Goldkind glücklich durch den Wald, und geschah
ihm kein Leid.
Eines Tages kam er in ein Dorf, darin sah er ein Mädchen, das
war so schön, daß er nicht glaubte, es könnte ein schöneres auf
der Welt sein. Und weil er eine so große Liebe zu ihm empfand,
so ging er zu ihm und sagte: »Ich habe dich von ganzem Herzen lieb, willst du meine Frau werden?« Er gefiel aber auch
dem Mädchen so sehr, daß es einwilligte und sprach: »Ja, ich
will deine Frau werden und dir treu sein mein lebelang.« Nun
hielten sie Hochzeit zusammen, und als sie eben in der größten
Freude waren, kam der Vater der Braut heim, und als er sah,
daß seine Tochter Hochzeit machte, verwunderte er sich und

sprach: »Wo ist der Bräutigam?« Sie zeigten ihm das Goldkind, das hatte aber noch seine Bärenfelle um. Da sprach der Vater zornig: »Nimmermehr soll ein Bärenhäuter meine Tochter haben«, und wollte ihn ermorden. Da bat ihn die Braut, was sie konnte, und sprach: »Er ist einmal mein Mann, und ich habe ihn von Herzen lieb«, bis er sich endlich besänftigen ließ. Doch aber kam's ihm nicht aus den Gedanken, so daß er am andern Morgen früh aufstand und seiner Tochter Mann sehen wollte, ob er ein gemeiner und verlumpter Bettler wäre. Wie er aber hinblickte, sah er einen herrlichen, goldenen Mann im Bette, und die abgeworfenen Bärenfelle lagen auf der Erde. Da ging er zurück und dachte: »Wie gut ist's, daß ich meinen Zorn bändigte, ich hätte eine große Missetat begangen.«

Dem Goldkind aber träumte, er zöge hinaus auf die Jagd nach einem prächtigen Hirsch, und als er am Morgen erwachte, sprach er zu seiner Braut: »Ich will hinaus auf die Jagd.« Ihr war angst, und sie bat ihn dazubleiben und sagte: »Leicht kann dir ein großes Unglück begegnen«, aber er antwortete: »Ich soll und muß fort.« Da stand er auf und zog hinaus in den Wald, und gar nicht lange, so hielt auch ein stolzer Hirsch vor ihm, ganz nach seinem Traume. Er legte an und wollte ihn schießen, aber der Hirsch sprang fort. Da jagte er ihm nach, über Graben und durch Gebüsche, und ward nicht müde den ganzen Tag; am Abend aber verschwand der Hirsch vor seinen Augen. Und als das Goldkind sich umsah, so stand er vor einem kleinen Haus, darin saß eine Hexe. Er klopfte an, und ein Mütterchen kam heraus und fragte: »Was wollt Ihr so spät noch mitten in dem großen Wald?« Er sprach: »Habt Ihr keinen Hirsch gesehen?« »Ja«, antwortete sie, »den Hirsch kenn ich wohl«, und ein Hündlein, das mit ihr aus dem Haus gekommen war, bellte dabei den Mann heftig an. »Willst du schweigen, du böse Kröte«, sprach er, »sonst schieß ich dich tot.« Da rief die Hexe zornig: »Was, mein Hündchen willst du töten!« und verwandelte ihn alsbald, daß er dalag wie ein Stein, und seine Braut erwartete ihn umsonst und dachte: »Es ist gewiß eingetroffen, was mir so Angst machte und so schwer auf dem Herzen lag.«

Daheim aber stand der andere Bruder bei den Goldlilien, als plötzlich eine davon umfiel. »Ach Gott«, sprach er »meinem Bruder ist ein großes Unglück zugestoßen, ich muß fort, ob ich ihn vielleicht errette.« Da sagte der Vater: »Bleib hier, wenn ich auch dich verliere, was soll ich anfangen?« Er aber antwortete: »Ich soll und muß fort.« Da setzte er sich auf sein goldenes Pferd und ritt fort und kam in den großen Wald, wo sein Bruder lag und Stein war. Die alte Hexe kam aus ihrem Haus, rief ihn an und wollte ihn auch berücken, aber er näherte sich nicht, sondern sprach: »Ich schieße dich nieder, wenn du meinen Bruder nicht wieder lebendig machst.« Sie rührte, so ungerne sie's auch tat, den Stein mit dem Finger an, und alsbald erhielt er sein menschliches Leben zurück. Die beiden Goldkinder aber freuten sich, als sie sich wiedersahen, küßten und herzten sich, und ritten zusammen fort aus dem Wald, der eine zu seiner Braut, der andere heim zu seinem Vater. Da sprach der Vater: »Ich wußte wohl, daß du deinen Bruder erlöst hattest, denn die goldene Lilie ist auf einmal wieder aufgestanden und hat fortgeblüht.« Nun lebten sie vergnügt, und es ging ihnen wohl bis an ihr Ende.

Gold auf deinem Lebensweg

Es gibt Märchen, die die Willenskraft ansprechen und die für Brüder und Schwestern und die Eltern geeignet sind. Bei einem kranken Kind passen sie in Situationen, in denen es Spannkraft nötig hat, z. B., um eine erneute Behandlung durchzustehen. In diesen Märchen ist viel Bewegung, und die Bilder können sehr stark wirken. Allerdings muß man mit ihnen sehr behutsam sein. Für ältere Kinder ist » Der goldene Dragoner«, ein Märchen aus der Gaskogne, besonders schön, wie auch das hier wiedergegebene rumänische Märchen »Jorga der Tapfere«.
Für kleine Kinder folgt danach »Der süße Brei«. Dazu sagt Friedel Lenz:
»Das Märchen zeigt uns: Nicht das ganze Seelenwesen hat diese Entwicklung mitgemacht, sie wurde nur dem jungen, strebend Suchenden und Frommen zuteil, eben dem, das sich › auf den Weg‹ gemacht hat und › in den Wald‹ gegangen ist. Die Mutter ist nicht in den Wald gegangen, sie ist jener Aspekt des Ganzen, der passiv verharrt, der stehengeblieben ist. Wohl kann sie innere Erfüllung herbeirufen, doch nicht sie beherrschen, und so muß sie der Maßlosigkeit verfallen.
So klein und anspruchslos dieses Märchen ist, es ist das Hohe Lied auf das Kind im Menschen. Können wir unseren Kindern etwas Tröstlicheres sagen als dieses? Können wir ihnen die Gewißheit fortwährender Speisung, die der menschlichen Seele eignet, solange sie kindhaft und fromm ist, einfacher und besser darstellen? Niemals dürfte man natürlich dem Kinde diese Bildsprache erklären, die Bilder müssen im Kindesalter durch sich selber sprechen. Nimmt das Kind sie aber in seiner Seele auf, so wirken sie ebenso ernährend wie der süße Brei in unserem Märchen.«

Jorga der Tapfere

Es war einmal wie keinmal, da lebte eine Kaiserin in Trauer und
Trübsal, denn schon seit zehn Jahren hatte sie umsonst auf ein
Kindlein gehofft. Jetzt sagte der Kaiser zu ihr: »Wenn du bis
heute in einem Jahr noch kein Kindlein hast, esse ich Brot und
Salz nicht mehr auf einem Teller mit dir.«
Da hatte sie einen Traum. Sie träumte, sie gehe über ein grünes
Feld, wo die Halme sich paarweise gegenüberstanden und sich
voreinander verneigten, und sogar die Schmetterlinge flogen zu
zweit darüber hin. Aber kaum hatte sie sich an dem grünen Feld
recht gefreut, als ein Drache daherbrauste, der eine Taube verfolgte. Die Taube floh bald in die Höhe, bald in die Tiefe, und
zuletzt suchte sie Schutz in ihrem Schoß. Da erwachte sie, und
ehe das Jahr um war, gebar sie ein Knäblein, prall und rund wie
eine Knospe im Mai.
Der Kaiser wollte es sogleich taufen. Er nahm eine Handvoll
Edelsteine und ritzte in jeden ein Schriftzeichen ein. Dann reihte
er die Steine auf und band sie dem Kleinen um den Hals, damit
ein jeder lesen konnte, wie sein Kind hieß. Denn welchen Namen ergaben die aufgereihten Edelsteine? Jorga der Tapfere!
Jetzt schnell hinaus in den Wald, wo der Taufquell sprudelte.
Reiterei und Fußvolk begleitete den Taufzug, um ihn vor den
Haiduken zu schützen, aber ließen sich die Haiduken abschrek-
ken? Bewahre! Sie stürzten hervor und überfielen den Taufzug.
Da rief der Kaiser seiner Gattin zu: »Eile voraus und taufe das
Kind, unterdessen schlage ich die Feinde in die Flucht.«
Die Kaiserin gehorchte. Sie taufte den Knaben, und dann verbarg sie ihn unter einem Blumenbusch. Wie sie aber zurückkehrt
und kein Kampfgetöse mehr hört, fährt ihr ein heißes Eisen
durchs Herz. Sie sieht weder den Kaiser noch sein Gefolge, dafür
zwei Haiduken, die nehmen sie bei der Hand und führen sie in
eine dunkle Höhle zu ihrem Hauptmann. »Hier sollst du bleiben«, sagt der Hauptmann, »und dafür büßen, daß du mich, der

ich ein Kaiserssohn war, in deiner Jugend verschmäht hast. Aus Gram darüber verließ ich mein Reich und wurde ein Haiduk. Jetzt bist du meine Gefangene. Deiner Lebtag sollst du allein und im Dunkeln sein und mit einem Viertel Brot und einem Krug Wasser am Tag vorliebnehmen müssen.«

Die arme Kaiserin, was wollte sie tun? Sie erduldete ihr Los und erhoffte nichts anderes mehr als ihr Ende. Denn es war die lautere Wahrheit, was der Hauptmann ihr sagte: sie konnte auf keinen irdischen Retter warten, weil im Gefecht vor dem Taufquell dem Kaiser das Lebenslicht ausgelöscht war.

Dem Kind jedoch, das sie unter dem Blumenbusch geborgen hatte, ihm geschah kein Leid, Gott nahm es in seine Hut. Schon seit langem kam morgens und abends die Ziege eines Einsiedlers zum Taufquell. Sie stillte ihren Durst, und wenn sie getrunken hatte, sprang sie hierhin und dorthin. Bald streckte sie den Hals zu einem Birkenzweig hinauf, bald zupfte sie am Boden an saftigen Kräutlein, und neugierig, wie Ziegen nun einmal sind, entdeckte sie an jenem Tag auch das Kind unter dem Blumenbusch. Erstaunt stand sie still. Sie betrachtete es, sie leckte es, und zuletzt reichte sie ihm ihre Zitzen. Das Kind trank, bis es gesättigt war, und so oft es später schrie, kam die Ziege wieder und stillte seinen Durst. Sie blieb immer in seiner Nähe und kehrte einen ganzen Monat lang nicht zu dem Einsiedler zurück.

Der vermißte sein Tierchen. Er trat hevor aus dem Felsspalt, der ihm zur Wohnung diente, schaute sich um und begann zu suchen. »Hierher, hierher, Väterchens Herzblatt«, lockte er und rief: »Warum betrübst du des Vaters Gemüt, Mütterchen Ziege?«

Er stieg auf die Gipfel und in die Täler, aber erst nach einem Monat erhaschte sein Blick ein Flecklein ihres weißen Fells. Da kehrte er um und kochte eine Schüssel Grütze. »Grütze, mein Liebling«, rief er jetzt durch die Wildnis, »herbei zur warmen Grütze, Väterchens Augapfel!«

Da zeigte sich ihm sein Geißlein, nähert sich aber nicht, sondern

hüpft in kurzen Sprüngen vor ihm her und führt ihn geradenwegs zum Blumenbusch hin. Es teilt die Zweige auseinander, stellt sich neben das Kind und macht keinen Mucks. Der Einsiedler sinkt erschrocken in die Knie und verrichtet schnell ein Gebet. Moge Gott ihn bewahren, wenn böse Geister ihr Spiel treiben mit ihm! Aber wovor soll Gott ihn bewahren, wenn doch ein Kindlein von Fleisch und Blut am Boden liegt? Er muß sich die Augen reiben und reibt sie zwei- und dreimal, aber dann weiß er, daß ihn kein Gespenst narrt. Voll Erbarmen hebt er das Kind auf, trägt es heim und legt es auf seine Bettstatt. Was tut da die Ziege? Sie springt auch hinauf und reicht ihm die Zitzen. Vor solch einem Wunder faltet der Waldbruder die Hände und wartet, bis das Kind sich zufrieden gibt. Dann wäscht er es, und wie er das Halsband entdeckt, liest er den Namen: Jorga der Tapfere. Jetzt ruft er aus: »Wahrlich, du bist ein Kaiserssohn, und mit Gottes Hilfe will ich dein Vater sein.«
In der Obhut des Einsiedlers wuchs der Knabe heran und lernte von ihm Gottesfurcht und die Kunst des Schreibens. Als die treue Ziege starb, weinte sich Jorga fast die Augen aus dem Kopf und begrub sie mit allen Ehren wie eine Mutter. Bald darauf starb auch der gute Einsiedler, und auch ihn beklagte und beweinte und begrub der Knabe mit vielen Tränen. Was sollte er jetzt tun, einsam und verlassen im wilden Wald?
Er beschloß, in die Welt zu ziehen, denn der Ort, wo er seine Liebsten verloren hatte, gefiel ihm nicht mehr. Er machte sich ein Kleid aus Fuchsfellen, die auf dem Dachboden lagen, und dann vertraute er sich dem nächsten Waldpfade an. Ihm folgte er und folgte ihm weiter und weiter. Schließlich standen die Bäume nicht mehr so dicht, und dann machten sie niedrigem Buschholz Platz. Als er auch dieses durchquert hatte, lag vor seinen Augen eine Stadt. Neugierig trat er näher, und plötzlich befand er sich unter Menschen. Der Lärm ringsum betäubte ihn, und als er merkte, daß die Leute hinter ihm herliefen wie hinter einem Tanzbären, bekam er Angst. Aber er nahm seinen Mut zwischen

die Zähne und schaute sich um. Da erblickte er eine Schmiede, und die Schwerter und Keulen, die herumlagen, gefielen ihm. Er trat ein und begehrte, daß man auch ihm solch ein schönes Schwert und solch eine starke Keule gebe. »Gewiß«, sprach der Schmied, »wähle, was dir beliebt.«

Da ergriff Jorga ein Schwert und eine Keule und wandte sich wieder zum Gehen. »Heda, Bursche, erst bezahlen!« schalt ihn der Schmied.

»Was ist das, bezahlen?«

»Geld geben, Knabe!«

»Was ist das, Geld?«

Jetzt merkte der Schmied, daß ein Waldbär vor ihm stand, und er begann, Jorga die Augen zu öffnen und ihm den Lauf der Welt zu erklären. Der Knabe stutzte. Zuletzt aber ging ihm ein Licht auf, und er sprach zum Meister: »Kann ich dir dienen um ein Schwert und eine Keule?«

»Das läßt sich hören. Diene mir ein Jahr.«

Da verdingte sich Jorga und begann sogleich Hand anzulegen in der Werkstatt. Es dauerte nicht lange, und sein Geschick setzte alle in Erstaunen. Wozu andere drei Jahre brauchten, das lernte er in einem Monat. Den großen Amboß aber, den drei Männer mit vereinten Kräften nicht von der Stelle rückten, mit dem spielte er wie mit einem Ball. Da begannen die Gesellen, sich vor ihm zu fürchten. Als das Jahr um war und er Schwert und Keule erhalten hatte, verdingte er sich aufs neue, denn jetzt wollte er Eisen und Kohle verdienen, um selber und allein ein neues Schwert und eine neue Keule zu schmieden. Der Meister war zufrieden mit ihm, und nach einem Jahr befahl er, daß Eisen und Kohle ihm ausgehändigt werde. Aber der Großgeselle hatte Angst um seinen Rang und suchte Jorga zu verderben. Er sprach zu ihm: »Eisen wäre genug da, jedoch nicht genug Kohle.« Und dann setzte er mit listigen Äuglein hinzu: »Geh doch in den Schwarzen Wald und brenne dir neue! Im Schwarzen Wald brenne auch ich mir die Kohle.« Dies aber war gelogen, denn im

Schwarzen Walde herrschte das Drachenweib Scorpia, das jeden umbrachte, der sich dort zeigte.

Der tapfere Jorga war ohne Arg, und er traute keinem etwas Böses zu. Er hob einen altväterischen Säbel auf, der noch vom Urahn her in einem Winkel der Schmiede lag. Den hing er um, und über die Schulter warf er eine Doppeltasche, die aus zwei Büffelhäuten zusammengenäht war. Dann machte er sich auf den Weg. Er ging und ging nochmals, viele Tagereisen lang. Zuletzt kam er in ein Dörflein und fragte, ob es noch weit sei zum Schwarzen Wald? Da schlugen die Bauern das Kreuz und blickten furchtsam. Das Wort blieb ihnen im Halse stecken, und erst nach einer guten Weile vermochten sie zu antworten. Als sie aber die Untaten der Scorpia aufzählten, schnitt ihnen Jorga die Rede ab und sprach: »Wenn ihr mir nicht den Weg zeigen könnt, so schweigt lieber still!« Da zeigten sie ihm den Weg und riefen ihm nach: »So geh in Gottes Namen, wenn doch der Tod deinen Lebensfaden schon in Händen hält.«

Jorga der Tapfere fand den Schwarzen Wald. Er schlug so viele Bäume um, als es braucht für einen großen, guten Kohlenmeiler. Er schichtete die Stämme sorgfältig auf, verstopfte die Lücken mit Zweigen und überdeckte alles mit Rasenstücken. Dann legte er mitten darin Feuer an.

Wie es langsam brennt, steht er davor und bewacht es. Aber was spürt er jetzt plötzlich? Etwas saugt und zieht und will ihn vom Boden hochheben. Er dreht sich um und sieht die Scorpia. »Ist das denn der Kuchen, den du backen willst für mich?« sagt er zu ihr, stößt sein Schwert in die Erde und duckt sich dahinter nieder. Die Scorpia schlägt mit ihrem Schwanz rechts und links um sich, dann fällt sie über ihn her und schnaubt Feuer. Er wie der Blitz das Schwert aus dem Boden gerissen: und schneller als du mit der Hand über die Augen fährst, hat er ihr Haupt vom Leib getrennt. Da strömt aus dem toten Ungetüm so viel Blut, daß ein See wird daraus. Er kümmert sich nicht darum und will zum Meiler zurück, aber jetzt ertönt ein feines Stimmlein und ruft ihn

beim Namen. Was erblickt er, wie er emporschaut? Das lieblich-
ste bunte Vögelchen! Es sitzt auf einem Zweiglein und spricht zu
ihm: »Jorga Jorgitza, du tapferer Bursch! Du hast mich von der
Drachin befreit, die Jahr für Jahr meine Jungen eingeschlürft hat.
Zum Dank dafür gebe ich dir einen Rat: Bade deinen Leib in des
Ungeheuers Blut, und kein Stahl wird ihn verletzen dein ganzes
Leben lang.«

Da badete der tapfere Jorga in dem Drachenblut. Aber als er
wieder herausstieg aus dem See, sah das bunte Vögelchen, daß
auf seinem Rücken ein Laubblatt klebte, und es rief: »Jorga Jorgitza, es ist ein Flecklein auf deinem Leib, das bleibt verwund-
bar. Aber fürchte nur immer Gott, dann geschieht dir gleichwohl kein Leid.«

Jorga füllte die eine Seite seiner Tasche mit Kohlen, und in die
andere Hälfte legte er das Haupt der Scorpia. Dann kehrte er in
die Schmiede zurück und empfing vom Meister das Eisen, um
das er ein Jahr lang gedient hatte. Er machte ein gewaltiges Feuer
mit den Kohlen aus dem Schwarzen Wald und schmiedete sich
ein Schwert und eine Keule. Als er fertig war, prüfte er sein
Werk. Er hieb auf einen Eisenklotz ein, und das Schwert sprang
entzwei. Er schleuderte die Keule ins Himmelsblau hinauf, und
sie zerbarst, als sie zu Boden fiel. Jetzt, was tun? Er stand da und
besah den Schaden, dachte nach und dachte noch einmal nach.
Zuletzt erinnerte er sich an ein Eisenriff, das in dem Wald, wo er
aufgewachsen war, aus der Erde ragte. »Dort muß ich hin«,
sprach er zu sich selbst, und er ging zurück in den Wald, wo er
seine Ziege und den guten Einsiedler begraben hatte. Er fand das
Eisenriff und wollte es hervorzerren, aber es war dem Gebirge
ans Herz gewachsen. Da umschlang er es, stemmte sich gegen
den Berg und riß und riß, bis es abbrach. Meint ihr, er habe einen
Ochsen gebraucht, um es heimzuschleppen? Er hob es einfach
auf den Rücken und trug es davon! Aus diesem Eisen schmiedete
er jetzt ein Schwert und eine Keule, die sich nicht zu schämen
brauchten vor ihm. Dann lud er seine Genossen ein, mit ihm

zum Taufquell zu kommen, und er taufte sein Schwert »Balmut meine Hilfe« und seine Keule »Klotz der meine Feinde schlägt.« Als der tapfere Jorga ausgerüstet war mit »Balmut meine Hilfe« und »Klotz der meine Feinde schlägt«, beschloß er, in die Welt zu ziehen und seine leiblichen Eltern zu suchen. Er wollte nur vorher noch Lebewohl sagen in der Schmiede. Was aber erblickt er da? Alle Gesellen sind tot! Was war geschehen? Sie haben Jorgas Sachen durchstöbert und in die Tasche geguckt, wo das Haupt der Scorpia liegt, und der Anblick dieses Hauptes hat sie auf der Stelle getötet! Es tut ihm leid, aber warum haben sie seine Sachen durchsucht?

Er trat durchs Tor und verließ diese Stadt. Draußen auf dem Feld traf er den jüngsten Lehrling, der nicht dabeigewesen war, als die Gesellen in seine Tasche schauten. »Lang mögest du leben, Vetter Jorga, wo gehst du hin?« begrüßte ihn der Lehrling.

»Wo ich hingehe? Wo meine Augen einen Weg sehen, und Gott sein Licht darauf fallen läßt.«

»Nimm mich auch mit, Vetter Jorga.«

»Wo denkst du hin! Ich habe genug zu tun mit mir selber und weiß nicht, wo ich ein Obdach finde. Für Hunger und Durst und Ungemach, wie es auf mich wartet, bist du noch zu klein.«

Jorga ließ ihn stehen und ging weiter den ganzen Tag lang. Als die Nacht hereinbrach, machte er sich ein Lager zurecht in einem Gebüsch. Aber was raschelt da und setzt sich mir nichts dir nichts an seine Seite? Der Lehrling! »Was soll das bedeuten?« herrscht er ihn an.

»Mich. Hast du geglaubt, ich könnte dir nicht folgen?«

Da lächelt der tapfere Jorga und spricht: »Wenn es so steht, so sollst du mein Geselle sein.«

Am nächsten Morgen zogen sie ihre Schritte in die Länge und wanderten drei Tage und drei Nächte lang, bis sie in einen dichten Wald kamen. Auch diesen begannen sie zu durchqueren, aber in einer Lichtung rasteten sie und erquickten sich, denn der Boden war rot von duftenden Erdbeeren. Da knackt es plötzlich im Gehölz, sie hören ein zorniges Grunzen, und eh sie sich's versehen, stürzt eine Wildsau heraus und hinter ihr her ein Jäger zu Pferd. Der Jäger hat den Bogen gespannt, und jetzt erlegt er das Tier, aber den wütenden Eber, der ihm nachsetzt, bemerkt er nicht. Wie er absteigen will, springt der Eber seinem Pferd an den Bauch und bringt es zu Fall. Zerreißt jetzt die Bestie auch ihn? Nein, denn der tapfere Jorga ist da! Schnell wie der Gedanke schwingt er »Balmut meine Hilfe« und versetzt dem Eber den Todesstreich. Gleich kommen die Gefährten des Jägers an. Sie sehen was geschehen ist und danken dem Jüngling für die Errettung ihres Herrn. Dann hängen sie ihre Seitentaschen ab und breiten am Boden die Wegzehrung aus. Alle lassen sich nieder zum fröhlichen Mahl, und weil es warm ist, werfen sie die Oberkleider ab. Was wird jetzt sichtbar an Jorgas Hals? Die Edelsteine mit den Zeichen darauf! Einer der Männer kommt sachte heran, entziffert sie und macht einen Freudensprung. »Ist's möglich?« ruft er aus, »seht doch und schaut dieses Wunder: Unser Herr ist gefunden, Jorga der Tapfere kam zurück!« Habt ihr erraten, werte Bojaren, wer diese Männer sind? Landsleute aus Jorgas väterlichem Reich! Nachdem an jenem unseligen Tauftag der Täufling mit seiner Mutter verschwunden, das Leben des Kaisers aber im Gefecht mit den Haiduken ausgelöscht war, hatten die Thronräte beschlossen, einen aus ihrer Mitte zum Stellvertreter zu wählen. Er sollte das Regiment führen, bis der verlorene Kaiserssohn mit Gottes Hilfe wieder auftauchen und die Geschäfte übernehmen würde. Und dieser Stellvertreter war niemand anders als der Jäger, der heut auf die Eberjagd ritt. »Nun aber lege ich mein Amt nieder, denn mein Gebieter steht vor mir«, rief er aus und beugte sein Knie.

»Aber wie weißt du denn, daß ich der Sohn deines Kaisers bin?« fragte Jorga erstaunt.

»Das sprechen die Steine deiner Halskette aus!«

Und nun begann der Thronrat zu erzählen. Er berichtete alles vom Flachs bis zum Faden, was sich zugetragen hatte vor vierundzwanzig Jahren, und als er von Jorgas Taufe, von seines Vaters Tod und seiner Mutter Verschwinden sprechen mußte, weinte er. »Aber jetzt«, beschloß er seine Rede, »jetzt hat Gott dich in diesen Wald geführt, damit du mein Leben rettest, ich aber mit eigenen Augen deinen Namen lesen und den Sohn meines Kaisers erkennen konnte.«

Alle knieten nieder und huldigten dem tapferen Jorga. Dann geleiteten sie ihn samt dem treuen Schmiedelehrling in die Stadt und in den Palast und erhoben ihn auf den Thron. Die Kunde von der Ankunft dessen, der verloren und wiedergefunden, totgeglaubt und wiedergekommen war, ging wie ein Lauffeuer durch das Land, und alles Volk strömte herbei, um ihn zu begrüßen.

Jorga schaute überall zum Rechten, aber auch der Schmiedelehrling stellte seinen Mann. Die beiden unterließen nichts, um herauszufinden, ob die arme Kaiserin vielleicht noch am Leben sei. Sie vernahmen, daß beim Taufquell auch heute noch Haiduken hausten, und wollten sie ausfragen. Der Schmiedelehrling, der jetzt Jorgas treuester Vertrauter war, brachte einen Brief in den Wald. Er wurde hinter dem Taufquell von zwölf dunklen Gestalten umringt und in die Höhle zu ihrem Hauptmann geführt. Der las den Brief vor und lachte auf. »Sage deinem Herrn«, gab er zur Antwort, »daß seine Mutter lebt, jedoch in einem Gefängnis, das sich nicht öffnet. Und was ihn selber betrifft: Wenn sein Leben ihm noch gefällt, so bleibe er mir fern. Wenn es ihm verleidet ist, so stelle er sich zum Zweikampf.«

Damit entließ er den Vertrauten und ging ins Innere der Höhle hinein. Er schlachtete einen Truthahn, briet ihn und brachte ihn seiner Gefangenen. »Dies soll das erste und letzte Mal sein, daß du etwas Gutes zu essen bekommst hier«, sprach er. »Nimm es als dein Totenmahl, denn ein anderes wird dir niemand rüsten. Ich erwarte jetzt deinen Sohn zum Zweikampf, und es wird ihm ergehen wie seinem Vater beim Taufquell.«

»Mein Sohn lebt?« frohlockte die Kaiserin. Sie berührte den

Truthahn mit keinem Blick und sagte: »Wie ich vermochte, vierundzwanzig Jahre von Wasser und Brot zu leben, so vermag ich es auch heute. Nimm diesen Braten wieder mit.«

Am Abend saß der Hauptmann mit seinen Gesellen zu Tisch, und sie praßten und zechten in dem Kellergewölbe, das die Beute ihrer Raubzüge barg. Aber plötzlich klaffte in der Mauer ein Riß, und durch den Spalt glitt ein Schatten. Er trug zwei brennende Kerzen aus Stein, stellte sie auf den Tisch und legte noch einen Brief und einen Schlüssel daneben, bevor er lautlos wieder verschwand.

Die Haiduken wurden mäuschenstill. So wenig die gemalten Heiligen auf der Kirchenwand sich rühren, so wenig vermochten auch sie nur einen Finger zu rühren. Zuletzt jedoch ermannte sich der Hauptmann, erbrach den Brief und las laut: »Hauptmann, du bist gerichtet! In dieser Stunde wurde die Summe deiner Untaten voll. Nimm eine dieser Kerzen und leuchte in den Winkel zu deiner Rechten. Du siehst ein verschlossenes Türchen und mußt es öffnen mit dem Schlüssel, den ich dir brachte. Hinter dem Türchen liegen Kleider und Kleinodien für die gefangene Kaiserin, für dich aber ein Bärenfell und eine Bärenkette. Trage Kleider und Schmuck zu der Kaiserin und ziehe dir vor ihren Augen das Bärenfell über den Leib. Sie soll sehen, daß du ein Bär bist und ein Bär bleibst, bis deine Sünden getilgt sind. Sie wird dich an die Kette nehmen und zu ihrem Sohn, dem tapferen Jorga, führen. Denke nicht daran, dich zu widersetzen, sonst fällt der Zorn des Himmels noch schwerer auf dich.«

Der Hauptmann war wie vom Blitz getroffen. Wortlos holte er seine Schätze herbei, machte daraus zwölf Haufen und verteilte sie unter die zwölf Gesellen. Da nahmen die Räuber von ihm Abschied, und behender als junge Wanzen, wenn man nachts Licht macht, liefen sie in alle Richtungen auseinander.

Er aber brachte seiner Gefangenen die Kleider und Kleinodien und zog vor ihren Augen das Bärenfell an. Es saß ihm wie angegossen und löste sich nicht mehr von seiner Gestalt.

Die Kaiserin grollte ihm nun nicht weiter. Sie nahm die Bärenkette in ihre Hand und verließ mit dem verwunschenen Tier die
Höhle. Wo der kaiserliche Stuhl ihres Sohnes stand, dorthin
lenkte sie ihren Schritt. Es dauerte nicht lange, so stürmte Jorga
auf einem schwarzen Hengst ihr entgegen, und weil er seinem
Vater glich wie ein Ei dem anderen, erkannte sie ihn. Sie ver-
neigte sich vor ihm wie vor einem Kaiser, er aber küßte ihr die
Hände wie einer Mutter.

Dann erzählte sie ihm, wie Gott es gefügt hatte, daß sie befreit
wurde, und legte die Bärenkette in seine Hand. Jorga nahm die
Kette, aber er löste sie vom Hals des Tieres los und sprach:
»Schwer genug liegt die Strafe des Himmels auf dir. Ziehe hin
und suche dein Unrecht zu tilgen.« Da machte sich der Bär aus
dem Staube, und schneller als du mit der Hand über die Augen
fährst, war er im Walde verschwunden.

Der tapfere Jorga, seine Mutter und sein Vertrauter lebten nun in
Frieden, bis es Gott gefiel, sie aus dieser in eine andere Welt zu
versetzen.

Ich aber mich in den Sattel schwang,
Diese Mär euch zu künden in Wort und Gesang.

Der süße Brei

Es war einmal ein armes frommes Mädchen, das lebte mit seiner
Mutter allein, und sie hatten nichts mehr zu essen. Da ging das
Kind hinaus in den Wald, und begegnete ihm da eine alte Frau,
die wußte seinen Jammer schon und schenkte ihm ein Töpfchen,
zu dem sollte es sagen: »Töpfchen, koche«, so kochte es guten
süßen Hirsebrei, und wenn es sagte: »Töpfchen, steh«, so hörte
es wieder auf zu kochen. Das Mädchen brachte den Topf seiner
Mutter heim, und nun waren sie ihrer Armut und ihres Hungers
ledig und aßen süßen Brei, sooft sie wollten. Auf eine Zeit war

das Mädchen ausgegangen, da sprach die Mutter: »Töpfchen, koche«, da kocht es, und sie ißt sich satt; nun will sie, daß das Töpfchen wieder aufhören soll, aber sie weiß das Wort nicht. Also kocht es fort, und der Brei steigt über den Rand hinaus und kocht immerzu, die Küche und das ganze Haus voll, und das zweite Haus und dann die Straße, als wollt's die ganze Welt satt machen, und ist die größte Not, und kein Mensch weiß sich da zu helfen. Endlich, wie nur noch ein einziges Haus übrig ist, da kommt das Kind heim, und spricht nur: »Töpfchen, steh«, da steht es und hört auf zu kochen; und wer wieder in die Stadt wollte, der mußte sich durchessen.

Akzeptieren von Veränderungen

Kinder können sich plötzlich klar darüber werden, daß sie sich äußerlich verändert haben, sie haben dann große Mühe zu akzeptieren, was mit ihnen geschieht und daß es mit ihnen geschieht.

Älteren Kindern kann man dann »Jugend ohne Alter und Leben ohne Tod«, ein rumänisches Märchen, erzählen.

Für Kinder jeden Alters ist »Das Mädchen ohne Hände« in so einer Situation eine große Hilfe. Da sind schwere Wege dargestellt, die diesem Mädchen zu gehen bestimmt sind. »Das Mädchen ohne Hände« ist die Seele, die sich ihre innere Reinheit bewahrt, die sich opfert und so dem Teufel entgeht. Der Schutz eines Engels aber ist ihr in jeder Lebenssituation gewiß.

Auch das darauffolgende Märchen von der »Schwanen-Königin« paßt in diesen Bereich.

Jugend ohne Alter und Leben ohne Tod

Es war einmal, denn wenn es nicht gewesen wäre, so hätte es auch niemand erzählt. Also lebten einmal ein Kaiser und eine Kaiserin. Sie waren beide jung und schön, und nichts fehlte ihnen zu ihrem Glück als ein Kind. Darauf aber warteten sie Jahr um Jahr umsonst. Hatten sie Gott vielleicht, ohne es zu wollen, mit einer Missetat erzürnt? Sie riefen Sternleser herbei, denn sie wollten wissen, was am Himmel über sie geschrieben stand. Aber die Sternleser konnten die funkelnde Schrift nicht entziffern. Da hörte der Kaiser von einem Bauern, der über gewaltige Zauberkraft verfüge, und er befahl, einen Boten zu ihm zu senden und ihn vor sein Angesicht zu führen. Aber der Bauer gab den Bescheid, wer etwas wolle von ihm, müsse sich zu ihm in seine Hütte bemühen.

Da machten Kaiser und Kaiserin sich auf und zogen mit Würdenträgern, Bojaren und Knechten hinaus zu seiner Hütte. Der Bauer sah sie kommen, ging ihnen ein wenig entgegen und hieß sie willkommen. Dann sprach er: »Warum quälst du deinen Fuß zu dem beschwerlichen Gang, o Kaiser?« Der Wunsch, den du nährst, bringt dir keinen Frieden. Zwar den Zauber besitze ich, der euch ein Kind herbeizieht, und es wird ein gutes und schönes Kind sein, ein wahrer Prinz Allschön. Aber euch ist es nicht beschieden, es lange zu behalten.«

Gleichwohl wollten Kaiser und Kaiserin den Zauber empfangen, und der Bauer gab ihn. Nun wurde die Kaiserin mit einem Kinde gesegnet, aber als die Stunde der Geburt herankam, begann dieses Kind im Mutterleib zu weinen, als würde ihm großes Leid angetan. Weder Zauber noch Zuspruch konnten es beschwichtigen. Dem Kaiser zerschnitt es das Herz, und er begann in seiner Angst, dem Kind alle Schätze der Welt zu versprechen. »Schweig, Söhnchen, und ich gebe dir ein halbes Kaiserreich zum Geschenk. Schweig, Väterchens Liebling, und die schönste Kaiserstochter auf Gottes Erdrund wird dein.« Als aber nichts fruchtete und das Kind immer schrecklicher schrie, rief der Kaiser in seiner Verzweiflung zuletzt aus: »Schweig, süßestes Licht, und ich gebe dir Jugend ohne Alter und Leben ohne Tod.«

Im selben Augenblick schwieg das Kind und trat durch die Pforte der Geburt. Pauken und Trompeten verkündeten seine Ankunft, und das Fest zu seinen Ehren währte sieben Tage lang.

Der Bauer aber hatte nicht zuviel versprochen. Ein schöneres und besseres Kind wuchs nirgends heran. Was andere in einem Jahr lernten, lernte es in einem Monat, und bald wußte es alles bis zum Mond und zur Sonne hinauf. Der Vater starb und auf-

erstand vor Freude, wenn seines Sohnes Weisheit ihn über-
raschte, und Bojaren und Bauern frohlockten: »Wir werden einen Kaiser bekommen, so weise wie Salomo!«

So ging es zehn, zwölf, vierzehn Jahre lang, bis plötzlich, niemand wußte zu sagen weshalb, der Knabe sich veränderte. Er
wurde stiller und stiller, und keiner sah ihn mehr anders als tief in
Gedanken versunken. An seinem fünfzehnten Geburtstag jedoch, als der Kaiser mit den Bojaren gerade zu Tische saß, trat er
vor den Mächtigen hin und sprach: »Vater, es ist Zeit, daß du
dein Versprechen erfüllst und mir gibst, weswegen ich zur Welt
gekommen bin.«

Der Kaiser erbleichte und flüsterte: »Wie kann ich dir etwas geben, das auf der lieben weiten Welt noch niemand gesehen, gehört oder geschmeckt hat? Wenn ich es damals versprach, so war
es doch nur, um dich zum Schweigen zu bringen.«

»Wehe«, rief der Prinz aus, »dann muß ich fort von hier und es
selber suchen, das Pfand, für das ich mich zur Geburt entschlos-
sen habe.«

Jetzt fielen die Bojaren auf die Knie und rangen die Hände. Sie
flehten Allschön an, sie doch nicht zu verlassen, und sprachen:
»Siehe, von heut auf morgen wird dein Vater alt oder stirbt uns
gar hinweg. Dann erheben wir dich auf den Großen Stuhl und
führen dir die schönste Prinzessin herbei.«

Aber so unerschütterlich, wie ein Felsen auf dem Erdboden be-
harrt, beharrte Allschön bei seinem Entschluß. Da gaben seine
Eltern schweren Herzens den Befehl, ihm die Wegzehrung zu
rüsten.

Er aber trat in den Stall und betrachtete die kaiserlichen Hengste.
Einen um den anderen stemmte er die Hand in den Rücken, und
o Schmach, sie hielten seiner Kraft nicht stand, sondern knickten
ein. Schon wollte er umkehren, als sein Blick auf ein zitterndes
Pferdchen fiel, das mit Beulen und Schwären bedeckt in einer
Ecke stand. Kaum hatte er diesem den Rücken berührt, als es
sich blitzgeschwind drehte und ausrief: »Was befiehlst du, mein

Herr?« Er preßte stärker, aber siehe, es streckte die Beine und stand bolzengerade wie auf vier Kerzen.

Da anvertraute er ihm, was er im Sinne trug, und es antwortete ohne Besinnen: »Um zu finden, weswegen du zur Welt gekommen bist, mußt du zuallererst deinen Vater bitten, dir das Schwert und die Lanze, den Bogen und die Pfeile und auch die Kleider zu geben, die er getragen hat, als er jung war. Mich aber mußt du sechs Wochen lang mit eigener Hand pflegen, mich waschen mit Morgentau und mir die Gerste in süßer Milch kochen.«

Allschön pflegte das Pferdchen nach seinem Wunsch und Wort und suchte drei Tage und drei Nächte lang, bis er in den Vorratskammern des Vaters Kleider und Waffen gefunden hatte. Die Waffen waren rostig und die Kleider zerrissen, aber er machte sich an die Arbeit und putzte und flickte sie.

Als die Waffen glänzten wie Spiegel und die Kleider wieder ganz waren, schüttelte sich das Pferd und warf die Beulen und Geschwüre von sich wie Schuppen, denn jetzt waren die sechs Wochen herum. Rein wie seine Mutter es geschaffen hatte, stand es vor dem Prinzen, ein großes, feuriges Roß mit sechs Flügeln.

»In drei Tagen reisen wir«, sprach der Knabe, und das Flügelroß gab zurück: »Von mir aus schon morgen!«

In der Frühe des dritten Tages saß Allschön mit dem Schwert in der Hand auf dem Pferd seiner Wahl und nahm Abschied von seinen Eltern. Schnell wie ein Wind flog er davon, der Tross konnte ihm nicht folgen. Aber wo die bebauten Äcker aufhörten, wartete er, verteilte die Wegzehrung unter die Knechte und ritt allein weiter, immer nach Osten drei Tage lang. Da kam er auf ein Feld, das über und über mit Menschenknochen bedeckt war.

»Du mußt wissen«, begann jetzt sein Pferd zu reden, »daß wir im Land der Goanaja sind, der Spechtin mit dem Leib eines Drachen. Sie erschlägt jeden, der hier eindringt, darum die vielen Knochen. In ihrer Jugend war sie ein Weib wie jedes andere, aber sie versagte ihren Eltern den Gehorsam und wurde zur Strafe in Drachengestalt gebannt. Sie hat Kinder, so schön wie die Elfen, bei denen ist

244

sie gerade auf Besuch. Aber sieh dich vor, morgen, wenn wir im Walde jenseits des Knochenfelds sind, wird sie dich erspähen.«

Kein Lüftchen regte sich, als Allschön in den Wald jenseits des Knochenfelds ritt. Aber plötzlich erbebt die Luft wie von Hammerschlägen, die Spechtin saust heran und knickt links und rechts die starken Bäume wie Grashalme. Der Prinz spannt den Bogen, schießt ihr eine Tatze vom Leib und hat schon den zweiten Pfeil zur Hand. Da ruft sie: »Halt, halt, ich tue dir gewiß nichts zuleid«, und wie er sie ungläubig anschaut, schreibt sie es auf mit ihrem schwarzen Blut, daß sie ihm Freund ist. Sie nimmt ihn mit heim an ihre Tafel und speist und tränkt ihn.

»Lang lebe dein Pferd«, sagte sie während des Mahles. »Ohne dieses Pferd hätte ich dich gebacken aufgegessen, so aber aßest du mich auf.« Sie beginnt plötzlich zu klagen und zu stöhnen, weil ihre Wunde brennt. Da erbarmt sich Allschön und setzt ihr die Tatze wieder an. Zum Dank will sie ihm eine ihrer drei Töchter geben, die schön wie Feen sind. Er aber sagt ihr rundheraus, daß er keine will. »Ich bin ausgezogen, um Jugend ohne Alter und Leben ohne Tod zu finden.«

»Mit dem Pferd, das dir dient, gelingt es dir vielleicht«, antwortet sie nachdenklich.

Sie beherbergte ihn noch drei Tage lang, dann ritt er davon, immer vorwärts nach Osten, bis zu einem Feld, das aus zwei Hälften bestand. Zur Rechten leuchteten Hunderte von Blumen, zur Linken waren alle Grasspitzen und Kräutlein verbrannt. »Wir sind jetzt im Lande der Scorpia«, sprach das Pferd. »Sie hat den Eltern noch weniger gehorcht als ihre Schwester, und der Fluch liegt noch schwerer auf ihr. Spechtin und Skorpionin können nicht einmal am gleichen Ort wohnen, so zänkisch sind sie. Soeben haben sie wieder gestritten. Die Skorpionin hat die Spechtin verjagt und Feuer und Pech ausgespuckt aus ihren drei Häuptern, darum ist die Wiese auf der einen Seite versengt.«

Wie groß und stark die Skorpionin war, erfuhr der Prinz, als er mit ihr kämpfte. Er traf sie aber dennoch mit seinem Pfeil, schoß ihr ein Haupt ab und zielte schon auf das zweite. Da bat sie um Gnade und schrieb es ihm auf mit ihrem schwarzen Blut, daß sie ihm Freund sei. Sie nahm ihn nach Hause und bewirtete ihn, und weil die Wunde sie brannte, setzte Allschön ihr den abgeschossenen Kopf wieder an. Dann ritt er weiter und kam in ein Land, wo es jahraus, jahrein Frühling war und von tausenderlei Blumen duftete. Das Pferd ließ es aber nicht zu, daß er in das seidige Gras hinabglitt und den bald würzigen, bald milden Blumenduft genoß.

»Merkst du nicht«, tadelte es ihn, »daß wir schon ganz nahe am Ort sind, wo ›Jugend ohne Alter und Leben ohne Tod‹ ihren Palast hat? Nur der Wald trennt uns noch, der hinter dem Frühlingsland steht.«

Das Pferd wußte jedoch, daß dies kein Wald wie ein anderer war.

»Er ist von Tieren erfüllt, wie du noch keine gesehen hast, wild und gierig und stark, und nie befällt diese Tiere auch nur für einen Augenblick der Schlaf. Du irrst, wenn du glaubst, unbemerkt hindurchschlüpfen zu können. Nur in der Höhe liegt dein Heil, himmelhoch müssen wir uns erheben über sie.«

Am Waldrand hielten Roß und Reiter Rast und stärkten sich. Nach drei Tagen wollte das Pferd eine Probe machen und sehen, wie hoch Allschön sich erheben konnte. »Zieh mir aus allen Kräften den Sattelgurt fest«, ermunterte es ihn. »Dann steige auf, zwinge deine Schenkel um meinen Leib und halte dich fest an meiner Mähne.«

Allschön tat es, und mit mächtigem Flügelschlag erhob sich das Roß. Da bemerkte es, daß soeben alle Tiere nach der Mitte des Waldes liefen, wo ›Jugend ohne Alter und Leben ohne Tod‹ ihren Palast hatte. Die Herrin stand auf der Treppe und lockte ihre Tiere mit fettem Futter heran.

»Vorwärts«, rief jetzt das Pferd, »der rechte Augenblick ist gekommen, ergreif ihn, mein Prinz!«

»Möge Gott sich meiner erbarmen«, sprach Allschön, »vorwärts!«

246

Sie stiegen höher und höher, und jetzt erblickte auch Allschön den Palast. Sprühte er Funken? Der Prinz mußte die Augen schützen, denn wenn einer auch in die Sonne schauen könnte, den Glanz dieses Palastes ertrüge er doch nicht. Jetzt ließ sich das Pferd langsam nieder. Aber als sein Huf den ersten Baumwipfel berührte, dröhnte der Wald, als tobe eine Schlacht. Die Löwen brüllten und die Tiger fauchten, die Wölfe heulten, die Geier kreischten. Der Prinz mußte seinen Mut zwischen die Zähne nehmen, denn sein Haar sträubte sich. Er hörte, wie die Herrin alle wilden Bestien mit sanfter Stimme zu sich rief: »Kommt, liebe Kinder! Her zu mir, meine Küken!«

Da schmiegten sich die Vordersten zahm wie die Rehe an ihr Knie, und keines bemerkte, wie das Flügelpferd seinen Reiter unversehrt vor der Palasttreppe absetzte. Aber die leuchtende Fee sprach zu Allschön: »Was suchst du hier?«

Sie ließ ihren Blick voll Mitleid auf ihm ruhen und hielt die Tiere von ihm ab.

»Was ich suche, ist ›Jugend ohne Alter und Leben ohne Tod‹.«

»Dann bist du am rechten Ort, ich stehe vor dir.«

Sie reichte ihm die Hand und führte ihn in den Palast hinein. Dort waren ihre beiden Schwestern, und auch sie empfingen ihn freundlich. Aus Freude über seine Ankunft bereiteten sie ein Mahl und trugen es in lauter goldenen Töpfen zu Tisch. Auch an das Pferd dachten sie, und es durfte weiden, wo immer es wollte, denn keines der wilden Tiere war ihm mehr feind. Löwe wie Lurch, Büffel wie Wolf, Geier und Sperber waren dem Prinzen und seinem Pferd wohlgesinnt.

Tags darauf sagten die Feen zu Allschön: »Bleibe doch immer bei uns«, denn schon schien das Leben ihnen fahl ohne die Gesellschaft eines Menschen. Er aber sagte zu ›Jugend ohne Alter und Leben ohne Tod‹: »Deinetwillen bin ich auf die Welt gekommen, deinetwillen habe ich Vater und Mutter verlassen. Wie sollte ich etwas anderes wünschen, als immer bei dir zu bleiben?«

Da hielten sie Hochzeit, und die Frauen erlaubten ihm nun, überall frei herumzugehen. »Es gibt nur ein einziges Tal, das du meiden mußt. Dies ist das Tal des Weinens. Betritt es niemals, denn es brächte dir Schmerzen.« Leichten Herzens versprach er es ihnen.

Von nun an lebte Allschön in Frieden und Freude und merkte nicht, daß die Zeit verging. Wie hätte er es auch merken sollen, daß sie weiterfloß, die liebe Zeit? Wie die Frauen, so blieb auch er selbst immer jung und heiter und so stark wie am Tag seiner Ankunft. Es gab nichts, worüber er sich den Kopf zerbrechen mußte. Er freute sich seiner sanften Gemahlin und ritt ohne Sorgen auf die Jagd, er ergötzte sich an den blühenden Gärten und wurde erquickt durch die reine, vom Gesang der Vögel widerhallende Luft. Am Morgen zog er mit Pfeil und Bogen in die Weite, und abends kehrte er ruhigen Gemüts wieder zurück zu den drei Frauen.

Aber eines Tages verfolgte er einen Hasen ungestümer als sonst. Er schoß und traf ihn nicht, schoß abermals und verfehlte ihn wieder. Jetzt ärgerte er sich, schoß den dritten Pfeil ab, und mit diesem traf er. Aber o Jammer, in seiner Ungeduld hatte er nicht auf den Weg geachtet, und wie er jetzt den Hasen aufhob und sich umblickte, befand er sich im Tal des Weinens. Sogleich kehrte er um, aber was halfs? Schon schnürte sich ihm die Kehle zusammen, und von Kopf zu Fuß brannte ihn ein verzehrender Durst nach Vater und Mutter und dem Land, wo er ein Kind gewesen war. Er stürzte davon und langte tränenüberströmt im Palast an.

»Unglücklicher«, riefen die Frauen, »wo kommst du her? Wehe, du bist im Tal des Weinens gewesen!«

»Ja, ihr Geliebten, aber ohne es zu wollen. Jetzt vergehe ich vor Durst nach Vater und Mutter und ertrage es doch auch nicht, ohne euch zu sein, ihr Schwestern. Ich verweile ja wohl schon drei oder gar zweimal drei Tage bei euch, und noch immer gefällt es mir so gut wie in der ersten Stunde. Erlaubt mir nur eines, laßt mich noch ein einziges Mal meine Eltern sehen, dann kehre ich schnell wie der Wind zu euch zurück und verlasse euch nie mehr.«

Die Frauen entsetzten sich und beschworen ihn, davon abzustehen. »Deine Eltern sind seit Hunderten von Jahren tot, und auch du mußt sterben, wenn du uns verläßt.«

Ihr Bitten und Flehen war umsonst, und auch das Pferd richtete mit seiner Ermahnung nichts aus. Zuletzt sagte es zu ihm: »Wenn du nicht hören willst, Herr, so wisse, daß du an allem, was geschieht, selber schuld bist. Zwar diene ich dir gleichwohl, aber ich stelle eine Bedingung.«

»Schnell sprich sie aus! Ich erfülle dir alles, nur trag mich zurück ins Land meiner Eltern.«

»Ich tue es, aber sobald wir angelangt sind, kehre ich um, und wenn du klug bist, so kommst du mit.«

Allschön hörte nur halb hin. Schon umarmte er die Frauen und nahm von ihnen Abschied. Während sie seufzend und in Tränen gebadet winkten, ritt er davon. Im Galopp erreichte er den Ort, wo die Skorpionin gehaust hatte. Aber was war das? Sah er recht? Jetzt standen hier große Städte, und die Wildnis war in fruchtbare Äcker verwandelt. Überall arbeiteten Menschen, und Allschön jagte von einem zum anderen. Jeden frug er, wo denn die Skorpionin sei? Dann erhielt er zur Antwort, die Großmütter erinnerten sich zwar, daß ihre Urgroßmütter sich mit dem Märchen von der Skorpia unterhalten hätten, sie selber aber wüßten nichts mehr davon.

»Wie kann das sein?« rief er aus. »Noch gestern oder vorgestern ritt ich hier vorbei und schoß der Drachin einen ihrer drei Köpfe vom Leib! «

Da lachten sie über ihn wie über einen Narren, und er gab dem Pferd zornig die Sporen. Daß Haare und Bart ihm ergrauten, merkte er nicht.

Im Reich der Spechtin erging es ihm ebenso. Dieselben Fragen und dieselben Antworten und lachenden Reden. Er schüttelte den Kopf und konnte es nicht fassen, daß in so kurzer Zeit sich alles verändert hatte. Jetzt aber bemerkte er, daß ein schlohweißer Bart ihm bis auf den Gürtel fiel. Er jagte weiter, und endlich, endlich erreichte er das Reich seines Vaters und den Palast, wo er zur Welt gekommen war. Als er abstieg, zitterten seine Glieder, und er sah, daß sie welk und schwach geworden waren. Das Pferd küßte ihm die Hand und sprach: »Herr, ich kehre zurück, von wo ich gekommen bin. Wolle Gott, daß du mich begleitest.« Er aber erwiderte: »Geh nur ein wenig voraus, Bester, und im Handumdrehen folge ich dir nach.«

Da sagte das Pferd nichts mehr, breitete seine Flügel aus und entschwand seinem Blick.

Jetzt sah der Prinz, daß sein Vaterhaus zerfallen war, und er stöhnte laut auf. Zwei- und dreimal verirrte er sich zwischen Gesträuch und Unkraut und konnte den Hof, wo er gespielt, den Stall, wo er sein Pferd gepflegt hatte, nicht wiedererkennen. Zuletzt fand er den Zugang zu einem Keller und stieg hinab. Tastend wankte er von einem Winkel zum andern und hoffte, wenigstens auf einen bekannten Stein, einen vertrauten Balken zu stoßen. Sein schneeweißer Bart fiel ihm jetzt bis auf die Knie herab, und seine Augenlider waren so schwer, daß er sie mit den Fingern hochhalten mußte. Plötzlich stieß sein Fuß gegen eine Truhe. Er betrachtete sie und hob mühsam ihren Deckel auf. Sie war leer. Dann schob er auch den Schieber zum Seitenlädchen zurück, und jetzt erscholl eine hohle Stimme: »Saumseliger, bist du endlich da?«

Der also sprach, war des Prinzen Tod. Zusammengekrümmt lag er im Seitenlädchen der Truhe, und in der langen Zeit war er ausgetrocknet wie eine dürre Birne im Frühling. Jetzt reckte er sich und sprach: »Wie lange glaubtest du, daß ich noch warte? Bald wäre ich vor Langeweile noch selber gestorben!«

Unbeholfen stand er auf, holte aus und versetzte Allschön einen leichten Schlag. Da sank der Prinz zu Boden, und heraus war er aus der Schar der Lebendigen. Im selben Augenblick zerfiel sein

Leib zu einem Häuflein Asche, und die Asche verwehte nach allen vier Richtungen des Himmelszelts.

Ich aber hab mich auf mein Pferdchen geschwungen
Und vor euch das Märchen von Allschön gesungen.

Das Mädchen ohne Hände

Ein Müller war nach und nach in Armut geraten und hatte nichts mehr als seine Mühle und einen großen Apfelbaum dahinter. Einmal war er in den Wald gegangen, Holz zu holen, da trat ein alter Mann zu ihm, den er noch niemals gesehen hatte, und sprach: »Was quälst du dich mit Holzhacken, ich will dich reich machen, wenn du mir versprichst, was hinter deiner Mühle steht.« »Was kann das anders sein als mein Apfelbaum?« dachte der Müller, sagte »ja«, und verschrieb es dem fremden Manne. Der aber lachte höhnisch und sagte: »Nach drei Jahren will ich kommen und abholen, was mir gehört«, und ging fort. Als der Müller nach Haus kam, trat ihm seine Frau entgegen und sprach: »Sage mir, Müller, woher kommt der plötzliche Reichtum in unser Haus? Auf einmal sind alle Kisten und Kasten voll, kein Mensch hat's hereingebracht, und ich weiß nicht, wie es zugegangen ist.« Er antwortete: »Das kommt von einem fremden Manne, der mir im Walde begegnet ist und mir große Schätze verheißen hat; ich habe ihm dagegen verschrieben, was hinter der Mühle steht: den großen Apfelbaum können wir wohl dafür geben.« »Ach, Mann«, sagte die Frau erschrocken, »das ist der Teufel gewesen: den Apfelbaum hat er nicht gemeint, sondern unsere Tochter, die stand hinter der Mühle und kehrte den Hof.« Die Müllerstochter war ein schönes und frommes Mädchen und lebte die drei Jahre in Gottesfurcht und ohne Sünde. Als nun die Zeit herum war, und der Tag kam, wo sie der Böse holen wollte, da wusch sie sich rein und machte mit Kreide einen Kranz um sich. Der Teufel erschien ganz frühe, aber er konnte ihr nicht nahekommen. Zornig sprach er zum Müller: »Tu ihr alles Wasser weg, damit sie sich nicht mehr waschen kann, denn sonst habe ich keine Gewalt über sie.« Der Müller fürchtete sich und tat es. Am andern Morgen kam der Teufel wieder, aber sie hatte auf ihre Hände geweint, und sie waren ganz rein. Da konnte er ihr wiederum nicht nahen und sprach wütend zu dem Müller: »Hau ihr die Hände ab, sonst kann ich ihr nichts anhaben.« Der Müller entsetzte sich und antwortete: »Wie könnt ich meinem eigenen Kind die Hände abhauen!« Da drohte ihm der Böse und sprach: »Wo du es nicht tust, so bist du mein, und ich hole dich selber.« Dem Vater ward angst, und er versprach, ihm zu gehorchen. Da ging er zu dem Mädchen und sagte: »Mein Kind, wenn ich dir nicht beide Hände abhaue, so führt mich der Teufel fort, und in der Angst hab ich es ihm versprochen. Hilf mir doch in meiner Not und verzeihe mir, was ich Böses an dir tue.« Sie antwortete: »Lieber Vater, macht mit mir, was Ihr wollt, ich bin Euer Kind.« Darauf legte sie beide Hände hin und ließ sie sich abhauen. Der Teufel kam zum drittenmal, aber sie hatte so lange und so viel auf die Stümpfe geweint, daß sie doch ganz rein waren. Da mußte er weichen und hatte alles Recht auf sie verloren. Der Müller sprach zu ihr: »Ich habe so großes Gut durch dich gewonnen, ich will dich zeitlebens auf's Köstlichste halten.« Sie antwortete aber: »Hier kann ich nicht bleiben: ich will fortgehen: mitleidige Menschen werden mir schon so viel geben, als ich brauche.« Darauf ließ sie sich die verstümmelten Arme auf den Rücken binden, und mit Sonnenaufgang machte sie sich auf den Weg und ging den ganzen Tag, bis es Nacht ward. Da kam sie zu einem königlichen Garten, und beim Mondschimmer sah sie, daß Bäume voll schöner Früchte darin standen; aber sie konnte nicht hinein, denn es war ein Wasser darum. Und weil sie den ganzen Tag gegangen war und keinen Bissen genossen hatte, und der Hunger sie quälte, so dachte sie: »Ach, wäre ich darin, damit ich etwas von den Früchten äße, sonst muß ich verschmachten.«

Da kniete sie nieder, rief Gott den Herrn an und betete. Auf einmal kam ein Engel daher, der machte eine Schleuse in dem Wasser zu, so daß der Graben trocken ward und sie hindurchgehen konnte. Nun ging sie in den Garten, und der Engel ging mit ihr. Sie sah einen Baum mit Obst, das waren schöne Birnen, aber sie waren alle gezählt. Da trat sie hinzu und aß eine mit dem Munde vom Baume ab, ihren Hunger zu stillen, aber nicht mehr. Der Gärtner sah es mit an, weil aber der Engel dabeistand, fürchtete er sich und meinte, das Mädchen wäre ein Geist, schwieg still und getraute nicht zu rufen oder den Geist anzureden. Als sie die Birne gegessen hatte, war sie gesättigt, und ging und versteckte sich in das Gebüsch. Der König, dem der Garten gehörte, kam am andern Morgen herab, da zählte er und sah, daß eine der Birnen fehlte, und fragte den Gärtner, wo sie hingekommen wäre: sie läge nicht unter dem Baume und wäre doch weg. Da antwortete der Gärtner: »Vorige Nacht kam ein Geist herein, der hatte keine Hände und aß eine mit dem Munde ab.« Der König sprach: »Wie ist der Geist über das Wasser hereingekommen? Und wo ist er hingegangen, nachdem er die Birne gegessen hatte?« Der Gärtner antwortete: »Es kam jemand in schneeweißem Kleide vom Himmel, der hat die Schleuse zugemacht und das Wasser gehemmt, damit der Geist durch den Graben gehen konnte. Und weil es ein Engel muß gewesen sein, so habe ich mich gefürchtet, nicht gefragt und nicht gerufen. Als der Geist die Birne gegessen hatte, ist er wieder zurückgegangen.« Der König sprach: »Verhält es sich, wie du sagst, so will ich diese Nacht bei dir wachen.«

Als es dunkel ward, kam der König in den Garten, und brachte einen Priester mit, der sollte den Geist anreden. Alle drei setzten sich unter den Baum und gaben acht. Um Mitternacht kam das Mädchen aus dem Gebüsch gekrochen, trat zu dem Baum, und aß wieder mit dem Munde eine Birne ab; neben ihr aber stand der Engel im weißen Kleide. Da ging der Priester hervor und sprach: »Bist du von Gott gekommen oder von der Welt? Bist du ein

Geist oder ein Mensch?« Sie antwortete: »Ich bin kein Geist, sondern ein armer Mensch, von allen verlassen, nur von Gott nicht.« Der König sprach: »Wenn du von aller Welt verlassen bist, so will ich dich nicht verlassen.« Er nahm sie mit sich in sein königliches Schloß, und weil sie so schön und fromm war, liebte er sie von Herzen, ließ ihr silberne Hände machen und nahm sie zu seiner Gemahlin.

Nach einem Jahr mußte der König über Feld ziehen, da befahl er die junge Königin seiner Mutter und sprach: »Wenn sie ins Kindbett kommt, so haltet und verpflegt sie wohl und schreibt mir's gleich in einem Briefe.« Nun gebar sie einen schönen Sohn. Da schrieb es die alte Mutter eilig und meldete ihm die frohe Nachricht. Der Bote aber ruhte unterwegs an einem Bache, und da er von dem langen Wege ermüdet war, schlief er ein. Da kam der Teufel, welcher der frommen Königin immer zu schaden trachtete, und vertauschte den Brief mit einem andern, darin stand, daß die Königin einen Wechselbalg zur Welt gebracht hätte. Als der König den Brief las, erschrak er und betrübte sich sehr, doch schrieb er zur Antwort, sie sollten die Königin wohl halten und pflegen bis zu seiner Ankunft. Der Bote ging mit dem Brief zurück, ruhte an der nämlichen Stelle und schlief wieder ein. Da kam der Teufel abermals und legte ihm einen andern Brief in die Tasche, darin stand, sie sollten die Königin mit ihrem Kinde töten. Die alte Mutter erschrak heftig, als sie den Brief erhielt, konnte es nicht glauben und schrieb dem Könige noch einmal, aber sie bekam keine andere Antwort, weil der Teufel dem Boten jedesmal einen falschen Brief unterschob: und in dem letzten Briefe stand noch, sie sollten zum Wahrzeichen Zunge und Augen der Königin aufheben.

Aber die alte Mutter weinte, daß so unschuldiges Blut sollte vergossen werden, ließ in der Nacht eine Hirschkuh holen, schnitt ihr Zunge und Augen aus und hob sie auf. Dann sprach sie zu der Königin: »Ich kann dich nicht töten lassen, wie der König befiehlt, aber länger darfst du nicht hierbleiben: geh mit deinem

Kinde in die weite Welt hinein und komm nie wieder zurück.«
Sie band ihr das Kind auf den Rücken, und die arme Frau ging
mit weiniglichen Augen fort. Sie kam in einen großen wilden
Wald, da setzte sie sich auf ihre Knie und betete zu Gott, und
der Engel des Herrn erschien ihr und führte sie zu einem kleinen Haus, daran war ein Schildchen mit den Worten: »Hier
wohnt ein jeder frei.« Aus dem Häuschen kam eine schnee-
weiße Jungfrau, die sprach: »Willkommen, Frau Königin«, und
führte sie hinein. Da band sie ihr den kleinen Knaben von dem
Rücken und hielt ihn an ihre Brust, damit er trank, und legte
ihn dann auf ein schönes gemachtes Bettchen. Da sprach die
arme Frau: »Woher weißt du, daß ich eine Königin war?« Die
weiße Jungfrau antwortete: »Ich bin ein Engel, von Gott ge-
sandt, dich und dein Kind zu verpflegen.« Da blieb sie in dem
Hause sieben Jahre, und war wohl verpflegt, und durch Gottes
Gnade wegen ihrer Frömmigkeit wuchsen ihr die abgehauenen
Hände wieder.

Der König kam endlich aus dem Felde wieder nach Haus, und
sein erstes war, daß er seine Frau mit dem Kinde sehen wollte.
Da fing die alte Mutter an zu weinen und sprach: »Du böser
Mann, was hast du mir geschrieben, daß ich zwei unschuldige
Seelen ums Leben bringen sollte!« und zeigte ihm die beiden
Briefe, die der Böse verfälscht hatte, und sprach weiter: »Ich
habe getan, wie du befohlen hast«, und wies ihm die Wahrzeichen, Zunge und Augen. Da fing der König an noch viel bitter-
licher zu weinen über seine arme Frau und sein Söhnlein, daß es
die alte Mutter erbarmte und sie zu ihm sprach: »Gib dich zufrieden, sie lebt noch. Ich habe eine Hirschkuh heimlich
schlachten lassen und von dieser die Wahrzeichen genommen,
deiner Frau aber habe ich ihr Kind auf den Rücken gebunden,
und sie geheißen, in die weite Welt zu gehen, und sie hat versprechen müssen, nie wieder hierherzukommen, weil du so
zornig über sie wärst.« Da sprach der König: »Ich will gehen,
so weit der Himmel blau ist, und nicht essen und nicht trinken,

bis ich meine liebe Frau und mein Kind wiedergefunden habe, wenn sie nicht in der Zeit umgekommen oder Hungers gestorben sind.«

Darauf zog der König umher, an die sieben Jahre lang, und suchte sie in allen Steinklippen und Felsenhöhlen, aber er fand sie nicht und dachte, sie wäre verschmachtet. Er aß nicht und trank nicht während dieser ganzen Zeit, aber Gott erhielt ihn. Endlich kam er in einen großen Wald und fand darin das kleine Häuschen, daran das Schildchen war mit den Worten: »Hier wohnt jeder frei.« Da kam die weiße Jungfrau heraus, nahm ihn bei der Hand, führte ihn hinein und sprach: »Seid willkommen, Herr König«, und fragte ihn, wo er herkäme. Er antwortete: »Ich bin bald sieben Jahre umhergezogen und suche meine Frau mit ihrem Kinde, ich kann sie aber nicht finden.« Der Engel bot ihm Essen und Trinken an, er nahm es aber nicht, und wollte nur ein wenig ruhen. Da legte er sich schlafen, und deckte ein Tuch über sein Gesicht.

Darauf ging der Engel in die Kammer, wo die Königin mit ihrem Sohne saß, den sie gewöhnlich Schmerzenreich nannte, und sprach zur ihr: »Geh heraus mitsamt deinem Kinde, dein Gemahl ist gekommen.« Da ging sie hin, wo er lag, und das Tuch fiel ihm vom Angesicht. Da sprach sie: »Schmerzenreich, heb deinem Vater das Tuch auf und decke ihm sein Gesicht wieder zu.« Das Kind hob es auf und deckte es wieder über sein Gesicht. Das hörte der König im Schlummer und ließ das Tuch noch einmal gerne fallen. Da ward das Knäbchen ungeduldig und sagte: »Liebe Mutter, wie kann ich meinem Vater das Gesicht zudecken, ich habe ja keinen Vater auf der Welt. Ich habe das Beten gelernt, unser Vater, der du bist im Himmel; da hast du gesagt, mein Vater wär im Himmel und wäre der liebe Gott: wie soll ich einen so wilden Mann kennen? Der ist mein Vater nicht.« Wie der König das hörte, richtete er sich auf und fragte, wer sie wäre. Da sagte sie: »Ich bin deine Frau, und das ist dein Sohn Schmerzenreich.« Und er sah ihre lebendigen Hände und sprach: »Meine Frau hatte silberne Hände.« Sie antwortete: »Die natürlichen Hände hat mir der gnädige Gott wieder wachsen lassen.« Und der Engel ging in die Kammer, holte die silbernen Hände und zeigte sie ihm. Da sah er erst gewiß, daß es seine liebe Frau und sein liebes Kind war, und küßte sie und war froh, und sagte:»Ein schwerer Stein ist von meinem Herzen gefallen.« Da speiste sie der Engel Gottes noch einmal zusammen, und dann gingen sie nach Haus zu seiner alten Mutter. Da war große Freude überall, und der König und die Königin hielten noch einmal Hochzeit, und sie lebten vergnügt bis an ihr seliges Ende.

Die Schwanenkönigin

Es waren einmal vor langer Zeit zwei alte Leutchen, Mann und Frau. Jeden Morgen gingen sie auf den Holzschlag Reisig sammeln. Kaum waren sie fort, kam ein weißer Wildschwan zu ihrer Hütte geflogen, stellte seine Flügel in eine Ecke und verwandelte sich in ein schönes Mädchen. Das machte sich sogleich an die Arbeit, heizte den Ofen, kochte Mittagessen, wusch und putzte alles blitzblank und flog sodann wieder davon.
Die alten Leutchen brauchten sich um nichts zu kümmern. Wenn sie zurückkehrten, war schon alles fix und fertig.
Sie kamen aus dem Staunen nicht heraus: Wie ging das zu, wer tat ihnen so viel Gutes? Da blieb eines Tages der Alte allein im Haus. Er versteckte sich hinter dem Wasserfaß und wartete neugierig, was geschehen würde. Auf einmal sah er einen Wildschwan in die Stube fliegen, der legte seine Flügel ab, ward zum Mädchen, und das ging sogleich Wasser holen. Kurzentschlossen packte der Alte die Flügel und verbrannte sie. Wie das Mädchen mit den vollen Eimern zurückkam, fand sie ihre Flügel nicht mehr. Sie weinte sehr, vergoß bittere Tränen, um Vater und Mutter weinte sie und um ihren Liebsten. So kam es, daß das Mädchen bei dem alten Mann und seiner Frau blieb.
Nun geschah es aber eines schönen Tages, daß der König im

Wald unweit der Hütte jagte. Er sah das Mädchen, und es gefiel ihm über die Maßen. Da sprach der König zu den Alten:
»Ich gebe euch eine ganze Million, nur laßt das Mädchen mit mir ziehen!«
Da war nichts zu machen, die alten Leute mußten sich dreinschicken. Der König führte das Mädchen auf sein Schloß, dort wurde Hochzeit gefeiert. Und als die Zeit kam, erwartete das junge Paar einen Sohn.
Eines Tags erging sich die Königin mit ihrem kleinen Söhnchen im Garten, da sah sie einen Schwarm weißer Wildschwäne fliegen. Voran ihr Vater, der sang:

> »Im Blumengarten seh ich gahn
>   mein Töchterchen, den weißen Schwan!
> Wiegt ihr liebes Kindelein,
>   spielt mit goldenem Ringelein,
>   liest in einem goldenen Buch,
>   fächelt ihm mit seidnem Tuch.
> Komm, ich werf dir Schwingen zu,
> Mann und Kind vergissest du.«

Ein unsägliches Weh ergriff die junge Königin, Tränen rollten über ihre Wangen. Und sie sang ihrem Vater zur Antwort:

> »Nein, will keine Flügel schön,
>   kann mein Kind nicht leiden sehn.«

Der König kam in den Garten und fragte:
»Warum hast du so verweinte Augen?«
»Unser Söhnchen weinte, und da mußte ich auch weinen«, antwortete die Königin.
Anderntags flog die Schwanenmutter am Himmel und sang ihr das gleiche Lied. Die Brüder, die Schwestern, sie alle flogen über sie hin und sangen dasselbe Lied. Aber die Königin ließ sich nicht verleiten. Da kam als letzter ihr Liebster geflogen. Er sang:

»Im Blumengarten auf grünem Rain
die Schwanentochter, die Liebste mein,
wiegt sanft ihr kleines Söhnchen ein.
Sie spielt mit goldenem Ringelein,
liest in einem goldenen Buch,
fächelt ihm mit seidnem Tuch.
Zwei Schwingen werf ich auf die Erd,
oh, wieviel Leid ihr Kind erfährt.«

Diesem Lied konnte die Königin nicht mehr widerstehen. Sie
rief:

»Schenk mir Flügel, Liebster mein,
muß weinen nun mein Söhnelein.«

Da warf ihr der Schwan die Flügel zu, und sie flog mit ihm davon.
Bald aber starb ihr junger Freund, der weiße Schwan, und die
Königin wurde von Schwermut ergriffen. Der König hatte ihr
jedoch nicht lange nachgetrauert und eine andere zur Frau genommen, die war eine Hexe. Sie konnte den kleinen Stiefsohn
nicht leiden und war böse zu ihm. Doch jede Nacht kam ein
weißer Wildschwan angeflogen, legte im Schloß die Flügel ab,
wusch das Söhnchen, liebkoste es und sang:

»Es schläft der Herr,
es schläft die Frau,
es schläft der Wächter vor dem Tor.
Nur mein liebes Kindlein wacht,
weint bitterlich die ganze Nacht.«

Hatte sie den Knaben in den Schlaf gesungen, dann erwachte er
nicht eher, bis die Mutter wiederkam.
Der König wunderte sich sehr, warum sein kleiner Sohn so viel
schlief. Eines Nachts erspähte er, wie ein weißer Schwan ins Gemach flog. Er hörte die Mutter ihr Kind in den Schlaf singen, sah,
wie sie sich wieder in einen Schwan verwandelte und davonflog.

Da sann der König, zerbrach sich den Kopf, wie er jenen weißen Schwan am Hof halten könnte. Einst kam der Alte aus seiner Hütte ins Schloß. Da fragte ihn der König kurzentschlossen, wie er es anstellen sollte, den Schwan zu fangen. Der Alte gab zur Antwort:

»Paß gut auf, durch welches Fenster der Schwan fortfliegt. Bestreiche dann den Fenstersims mit Harz. Und wenn die Flügel und Füße des Schwanes daran festhaften, faß die Füße mit der linken Hand, und mit der rechten reiße die Flügel ab. Dann wird der Schwan sich wieder in deine Königin verwandeln.«

Der König tat, wie ihm geheißen. Er strich Harz auf das Fensterbrett, und als die Flügel und Füße des Schwanes daran hängenblieben, faßte er ihn mit der Linken und riß ihm mit der Rechten die Flügel ab. Da wurde der weiße Schwan wieder zur Königin. Die böse Hexe aber ließ der König hinrichten, und drei Tage später gab er ein Fest, so schön, wie man noch keins gesehen.

Auch mich lud er ein, ich trank Honigbier und Wein, der Bart hat alles abgefangen, der Mund ist leer ausgegangen. Hab Bretter auf meinen Wagen geladen, mein bißchen Geld im Bastschuh getragen. Das Geld ist verschwunden, du hast es gefunden, hast einen Schafpelz gekauft dafür. Bist du ein Dummkopf, schenkst du ihn mir!

Humor im Märchen

Sicher tut es gut, auch hin und wieder etwas Lustiges zu erzählen. Dafür sei vom »Schneider im Himmel« berichtet und von dem schlauen Müllersburschen.

Der Schneider im Himmel

Es trug sich zu, daß der liebe Gott an einem schönen Tag in dem himmlischen Garten sich ergehen wollte und alle Apostel und Heiligen mitnahm, also daß niemand mehr im Himmel blieb als der heilige Petrus. Der Herr hatte ihm befohlen, während seiner Abwesenheit niemand einzulassen, Petrus stand also an der Pforte und hielt Wache. Nicht lange, so klopfte jemand an. Petrus fragte, wer da wäre und was er wollte. »Ich bin ein armer ehrlicher Schneider«, antwortete eine feine Stimme, »der um Einlaß bittet.« »Ja, ehrlich«, sagte Petrus, »wie der Dieb am Galgen, du hast lange Finger gemacht und den Leuten das Tuch abgezwickt. Du kommst nicht in den Himmel, der Herr hat mir verboten, solange er draußen wäre, irgend jemand einzulassen.« »Seid doch barmherzig«, rief der Schneider, »kleine Flicklappen, die von selbst vom Tisch herabfallen, sind nicht gestohlen und nicht der Rede wert. Seht, ich hinke und habe von dem Weg daher Blasen an den Füßen, ich kann unmöglich wieder umkehren. Laßt mich nur hinein, ich will alle schlechte Arbeit tun. Ich will die Kinder tragen, die Windeln waschen, die Bänke, darauf sie gespielt haben, säubern und abwischen, und ihre zerrissenen Kleider flicken.« Der heilige Petrus ließ sich aus Mitleiden bewegen und öffnete dem lahmen Schneider die Himmelspforte so weit, daß er mit seinem dürren Leib hineinschlüpfen konnte. Er mußte sich in einen Winkel hinter die Türe setzen und sollte sich da still und ruhig verhalten, damit ihn der Herr, wenn er zurück-käme, nicht bemerkte und zornig würde. Der Schneider ge-horchte, als aber der heilige Petrus einmal zur Türe hinaustrat, stand er auf, ging voll Neugierde in allen Winkeln des Himmels herum und besah sich die Gelegenheit. Endlich kam er zu einem Platz, da standen viele schöne und köstliche Stühle und in der Mitte ein ganz goldener Sessel, der mit glänzenden Edelsteinen besetzt war; er war auch viel höher als die übrigen Stühle, und ein goldener Fußschemel stand davor. Es war aber der Sessel, auf welchem der Herr saß, wenn er daheim war, und von welchem er alles sehen konnte, was auf Erden geschah. Der Schneider stand still und sah den Sessel eine gute Weile an, denn er gefiel ihm besser als alles andere. Endlich konnte er den Vorwitz nicht be-zähmen, stieg hinauf und setzte sich in den Sessel. Da sah er alles, was auf Erden geschah, und bemerkte eine alte häßliche Frau, die an einem Bach stand und wusch, und zwei Schleier heimlich bei-seite tat. Der Schneider erzürnte sich bei diesem Anblicke so sehr, daß er den goldenen Fußschemel ergriff und durch den Himmel auf die Erde hinab nach der alten Diebin warf. Da er aber den Schemel nicht wieder heraufholen konnte, so schlich er sich sachte aus dem Sessel weg, setzte sich an seinen Platz hinter die Türe und tat, als ob er kein Wasser getrübt hätte.

Als der Herr und Meister mit dem himmlischen Gefolge wieder zurückkam, ward er zwar den Schneider hinter der Türe nicht gewahr, als er sich aber auf seinen Sessel setzte, mangelte der Schemel. Er fragte den heiligen Petrus, wo der Schemel hinge-kommen wäre, der wußte es nicht. Da fragte er weiter, ob er jemand hereingelassen hätte. »Ich weiß niemand«, antwortete Petrus, »der dagewesen wäre, als ein lahmer Schneider, der noch hinter der Türe sitzt.« Da ließ der Herr den Schneider vor sich treten und fragte ihn, ob er den Schemel weggenommen und wo er ihn hingetan hätte. »O Herr«, antwortete der Schneider freudig, »ich habe ihn im Zorne hinab auf die Erde nach einem alten Weibe geworfen, das ich bei der Wäsche zwei Schleier stehlen sah.« »O du Schalk«, sprach der Herr, »wollt ich richten, wie du richtest, wie meinst du, daß es dir schon längst ergangen wäre? Ich hätte schon lange keine Stühle, Bänke, Sessel, ja keine Ofengabel mehr hiergehabt, sondern alles nach den Sündern hinabgeworfen. Fortan kannst du nicht mehr im Himmel bleiben, sondern mußt wieder hinaus vor das Tor; da sieh zu, wo du hinkommst. Hier soll niemand strafen, denn ich allein, der Herr.«

Petrus mußte den Schneider wieder hinaus vor den Himmel bringen, und weil er zerrissene Schuhe hatte und die Füße voll Blasen, nahm er einen Stock in die Hand, und zog nach Warteinweil, wo die frommen Soldaten sitzen und sich lustig machen.

Ohne Kummer und ohne Sorgen

Es lebte einmal ein Müller, dem geriet alles zum Guten, so daß sich sein Reichtum stetig mehrte. In seinem Übermut schrieb er auf eine Tafel: »Ich lebe ohne Kummer und ohne Sorgen.«

Da ging eines Tages ein Prinz vorbei und las die Aufschrift. »Halt«, dachte er bei sich, »ich, ein Königssohn, habe Kummer und Sorgen, der Müller aber nicht. Dem will ich's zeigen.« Und er begab sich sogleich nach Hause und ließ den Müller vor sich rufen. Der reiche Mann folgte dem Geheiß und wurde vor den Königssohn gebracht.

»Wie kommt es, daß du keine Sorgen hast?« fragte der Prinz.

»Ei«, antwortete der Müller, »ich habe genug Geld, Speise und Trank, ich habe genug Arbeit und Leute, die sie für mich tun.«

»Gut«, sprach der Königssohn, »ich werde dir Sorgen machen: Du mußt zu mir kommen an keinem Tage und in keiner Nacht, nicht nackt und nicht bekleidet, nicht zu Fuß, nicht zu Roß und nicht gefahren! Und wie viele Sterne am Himmel stehen, das will ich von dir genau wissen!«

Wie das der Müller hörte, verging ihm seine Sorglosigkeit, und traurig begab er sich nach Hause. Dort sprach er kein Wort, ging nur sinnend auf und ab. Sein fröhlicher Mühlbursch beobachtete ihn und sagte zum anderen Gesinde: »Was hat unser Herr auf einmal? Ich will ihn fragen.«

Er trat vor den Müller und sprach: »Herr, was ist mit Euch, daß Ihr so traurig seid. Kann ich Euch etwas helfen?«

»Wie sollst du mir helfen können, wenn ich mir selber nicht zu helfen weiß?« antwortete der Müller. Der Bursche aber gab nicht nach, bis ihm sein Herr alles erzählte. »Ich soll zum Königssohn kommen an keinem Tage und in keiner Nacht, nicht nackt und nicht bekleidet, weder zu Fuß, noch zu Roß, noch gefahren. Auch muß ich ihm sagen, wieviele Sterne am Himmel stehen. Wenn du mir aber helfen kannst, bekommst du meine Tochter zur Frau.«

Der schlaue Müllersbursch zog sich zurück und dachte nach: Von allen Wochentagen wird nur der Mittwoch nicht als Tag benannt. Also gehe ich am Mittwoch hin! Er legte alle Kleider ab und hüllte sich nur in ein Fischernetz. Dann nahm er des Müllers Esel und setzte sich quer darauf. So kam er zum Königssohn.

Der Prinz meinte, den Müller vor sich zu haben, und fragte: »Wieviele Sterne stehen am Himmel?« »So viele, wie mein Esel Haare hat. Wenn ihr es genau wissen wollt, so zählt sie nach!« Da war der Königssohn zufrieden, beschenkte den vermeintlichen Müller reichlich und entließ ihn.

Der Bursche aber erhielt die Müllerstochter zur Frau.

Verzauberung und Erlösung

Hilfreich sind auch Märchen, die von Verzauberung und Erlösung handeln. Sie können die Kinder auch in Zeiten der Unruhe und Unsicherheit besänftigen. Das hier wiedergegebene Märchen von der »Nixe im Teich« vermag sogar auf Geheimnisse des Lebens nach dem Tode und auf die Wiedergeburt zu lenken. Großartig ist das Bild der Rückkehr der Liebenden in neuen menschlichen Gestalten auf die trockene Erde, nachdem sie vorher durch Wasserfluten auseinandergerissen worden waren. Rudolf Meyer charakterisiert den Schluß des Märchens:

»...Fremde Menschen umgeben sie, die ihre Heimat nicht kennen. Sie beide sind durch Berge und Täler getrennt. Trauer und Sehnsucht ist in ihrer Seele. Als ein neuer Frühling über die Erde geht, begegnen sie einander. ›Der Zufall wollte es.‹ Aber keiner erkennt zunächst den anderen. Sie freuen sich nur, daß sie nicht mehr einsam sind. Sie führen ein Hirtenleben. Erst als eines Abends im Vollmondschein der Hirte seine Flöte hervorzieht und ein schönes, aber trauriges Lied bläst, erkennt ihn die Hirtin wieder. Einst hatte auch sie dieses Lied am Weiher geblasen, um den Geliebten der Undine zu entreißen. Sie erkennen einander, obwohl in fremden Gestalten, an der gleichen Melodie. Verwandlungsgeheimnisse enthüllen sich der Seele, wenn sie mit der Welt der Wasserwesen Umgang pflegen kann. Denn: ›Des Menschen Seele gleicht dem Wasser...‹ Es war eine Inspiration aus dem Reiche der Undinen, die Goethe empfing, als er seinen ›Gesang der Geister über den Wassern‹ im Anblick des Staubbachwasserfalls im Lauterbrunnental dichtete. Da erfuhr er das große Verwandlungs-Mysterium der Menschenseele von einem Erdendasein zum anderen.«

Von ähnlichem Zauber ist auch das Märchen von der »Gänsehirtin am Brunnen«, das die Geduldskräfte anspricht.

Die Nixe im Teich

Es war einmal ein Müller, der führte mit seiner Frau ein vergnügtes Leben. Sie hatten Geld und Gut, und ihr Wohlstand nahm von Jahr zu Jahr noch zu. Aber Unglück kommt über Nacht: wie ihr Reichtum gewachsen war, so schwand er von Jahr zu Jahr wieder hin, und zuletzt konnte der Müller kaum noch die Mühle, in der er saß, sein Eigentum nennen. Er war voll Kummer, und wenn er sich nach der Arbeit des Tags niederlegte, so fand er keine Ruhe, sondern wälzte sich voll Sorgen in seinem Bett. Eines Morgens stand er schon vor Tagesanbruch auf, ging hinaus ins Freie und dachte, es sollte ihm leichter ums Herz werden. Als er über dem Mühldamm dahinschritt, brach eben der erste Sonnenstrahl hervor, und er hörte in dem Weiher etwas rauschen. Er wendete sich um und erblickte ein schönes Weib, das sich langsam aus dem Wasser erhob. Ihre langen Haare, die sie über den Schultern mit ihren zarten Händen gefaßt hatte, flossen an beiden Seiten herab und bedeckten ihren weißen Leib. Er sah wohl, daß es die Nixe des Teichs war und wußte vor Furcht nicht, ob er davongehen oder stehenbleiben sollte. Aber die Nixe ließ ihre sanfte Stimme hören, nannte ihn bei Namen und fragte, warum er so traurig wäre. Der Müller war anfangs verstummt, als er sie aber so freundlich sprechen hörte, faßte er sich ein Herz und erzählte ihr, daß er sonst in Glück und Reichtum gelebt hätte, aber jetzt so arm wäre, daß er sich nicht zu raten wüßte. »Sei ruhig«, antwortete die Nixe, »ich will dich reicher und glücklicher machen, als du je gewesen bist, nur mußt du mir versprechen, daß du mir geben willst, was eben in deinem Haus jung geworden ist.« – Was kann das anders sein, dachte der Müller, als ein junger Hund oder ein junges Kätzchen? und sagte ihr zu, was sie verlangte. Die Nixe stieg wieder in das Wasser hinab, und er eilte getröstet und guten Mutes nach seiner Mühle. Noch hatte er sie nicht erreicht, da trat die Magd aus der Haustüre und rief ihm zu, er sollte sich freuen, seine Frau hätte ihm einen kleinen Knaben geboren. Der Müller stand wie vom Blitz gerührt, er sah wohl, daß die tückische Nixe das gewußt und ihn betrogen hatte. Mit gesenktem Haupt trat er zu dem Bett seiner Frau, und als sie ihn fragte: »Warum freust du dich nicht über den schönen Knaben?«, so erzählte er ihr, was ihm begegnet war und was für ein Versprechen er der Nixe gegeben hatte. »Was hilft mir Glück und Reichtum«, fügte er hinzu, »wenn ich mein Kind verlieren soll? Aber was kann ich tun?« Auch die Verwandten, die herbeigekommen waren, Glück zu wünschen, wußten keinen Rat.

Indessen kehrte das Glück in das Haus des Müllers wieder ein. Was er unternahm, gelang, es war, als ob Kisten und Kasten von selbst sich füllten und das Geld im Schrank über Nacht sich mehrte. Es dauerte nicht lange, so war sein Reichtum größer als je zuvor. Aber er konnte sich nicht ungestört darüber freuen: die Zusage, die er der Nixe getan hatte, quälte sein Herz. Sooft er an dem Teich vorbeikam, fürchtete er, sie möchte auftauchen und ihn an seine Schuld mahnen. Den Knaben selbst ließ er nicht in die Nähe des Wassers. »Hüte dich«, sagte er zu ihm , »wenn du das Wasser berührst, so kommt eine Hand heraus, hascht dich und zieht dich hinab.« Doch als Jahr auf Jahr verging und die Nixe sich nicht wieder zeigte, so fing der Müller an, sich zu beruhigen.

Der Knabe wuchs zum Jüngling heran und kam bei einem Jäger in die Lehre. Als er ausgelernt hatte und ein tüchtiger Jäger geworden war, nahm ihn der Herr des Dorfes in seine Dienste. In dem Dorf war ein schönes und treues Mädchen, das gefiel dem Jäger, und als sein Herr das bemerkte, schenkte er ihm ein kleines Haus; die beiden hielten Hochzeit, lebten ruhig und glücklich und liebten sich von Herzen.

Einstmals verfolgte der Jäger ein Reh. Als das Tier aus dem Wald ins freie Feld ausbog, setzte er ihm nach und streckte es endlich mit einem Schuß nieder. Er bemerkte nicht, daß er sich in der Nähe des gefährlichen Weihers befand, und ging, nachdem er das Tier ausgeweidet hatte, zu dem Wasser, um seine mit Blut befleckten Hände zu waschen. Kaum aber hatte er sie hineingetaucht, als die Nixe emporstieg, lachend mit ihren nassen Armen ihn umschlang und so schnell hinabzog, daß die Wellen über ihm zusammenschlugen.

Als es Abend war und der Jäger nicht nach Haus kam, so geriet seine Frau in Angst. Sie ging aus, ihn zu suchen, und da er ihr oft erzählt hatte, daß er sich vor den Nachstellungen der Nixe in acht nehmen müßte und nicht in die Nähe des Weihers sich wagen dürfte, so ahnte sie schon, was geschehen war. Sie eilte zu dem Wasser, und als sie am Ufer seine Jägertasche liegen fand, da konnte sie nicht länger an dem Unglück zweifeln. Wehklagend und händeringend rief sie ihren Liebsten mit Namen, aber vergeblich. Sie eilte hinüber auf die andere Seite des Weihers und rief ihn aufs neue, sie schalt die Nixe mit harten Worten, aber keine Antwort erfolgte. Der Spiegel des Wassers blieb ruhig, nur das halbe Gesicht des Mondes blickte unbeweglich zu ihr herauf.

Die arme Frau verließ den Teich nicht. Mit schnellen Schritten, ohne Rast und Ruhe, umkreiste sie ihn immer von neuem, manchmal still, manchmal einen heftigen Schrei ausstoßend, manchmal in leisem Wimmern. Endlich waren ihre Kräfte zu Ende: sie sank zur Erde nieder und verfiel in einen tiefen Schlaf. Bald überkam sie ein Traum.

Sie stieg zwischen großen Felsblöcken angstvoll aufwärts; Dornen und Ranken hakten sich an ihre Füße, der Regen schlug ihr ins Gesicht, und der Wind zauste ihr langes Haar. Als sie die Anhöhe erreicht hatte, bot sich ein ganz anderer Anblick dar. Der Himmel war blau, die Luft mild, der Boden senkte sich sanft hinab, und auf einer grünen, buntbeblümten Wiese stand eine reinliche Hütte. Sie ging darauf zu und öffnete die Türe, da saß eine Alte mit weißen Haaren, die ihr freundlich winkte. In dem Augenblick erwachte die arme Frau. Der Tag war schon angebrochen, und sie entschloß sich gleich, dem Traume Folge zu leisten. Sie stieg mühsam den Berg hinauf, und es war alles so, wie sie es in der Nacht gesehen hatte. Die Alte empfing sie freundlich und zeigte ihr einen Stuhl, auf den sie sich setzen sollte. »Du mußt ein Unglück erlebt haben«, sagte sie, »weil du meine einsame Hütte aufsuchst.« Die Frau erzählte ihr unter Tränen, was ihr begegnet war. »Tröste dich«, sagte die Alte, »ich will dir helfen: da hast du einen goldenen Kamm. Harre bis der Vollmond aufgestiegen ist, dann geh zu dem Weiher, setze dich am Rand nieder und strähle dein langes schwarzes Haar mit diesem Kamm. Wenn du aber fertig bist, so lege ihn am Ufer nieder, und du wirst sehen, was geschieht.«

Die Frau kehrte zurück, aber die Zeit bis zum Vollmond verstrich ihr langsam. Endlich erschien die leuchtende Scheibe am Himmel, da ging sie hinaus an den Weiher, setzte sich nieder und kämmte ihre langen schwarzen Haare mit dem goldenen Kamm, und als sie fertig war, legte sie ihn an den Rand des Wassers nieder. Nicht lange, so brauste es aus der Tiefe, eine Welle erhob sich, rollte an das Ufer und führte den Kamm mit sich fort. Es dauerte nicht länger, als der Kamm nötig hatte, auf den Grund zu sinken, so teilte sich der Wasserspiegel, und der Kopf des Jägers stieg in die Höhe. Er sprach nicht, schaute aber seine Frau mit traurigen Blicken an. In demselben Augenblick kam eine zweite Welle herangerauscht und bedeckte das Haupt des Mannes. Alles war verschwunden, der Weiher lag so ruhig wie zuvor, und nur das Gesicht des Vollmondes glänzte darauf.

Trostlos kehrte die Frau zurück, doch der Traum zeigte ihr die Hütte der Alten. Abermals machte sie sich am nächsten Morgen auf den Weg und klagte der weisen Frau ihr Leid. Die Alte gab ihr eine goldene Flöte und sprach: »Harre bis der Vollmond wiederkommt, dann nimm diese Flöte, setze dich an das Ufer, blas ein schönes Lied darauf, und wenn du damit fertig bist, so lege sie auf den Sand; du wirst sehen, was geschieht.«

Die Frau tat, wie die Alte gesagt hatte. Kaum lag die Flöte auf dem Sand, so brauste es aus der Tiefe: eine Welle erhob sich, zog heran und führte die Flöte mit sich fort. Bald darauf teilte sich das Wasser, und nicht bloß der Kopf, auch der Mann bis zur Hälfte des Leibes stieg hervor. Er breitete voll Verlangen seine Arme nach ihr aus, aber eine zweite Welle rauschte heran, bedeckte ihn und zog ihn wieder hinab.

»Ach, was hilft es mir«, sagte die Unglückliche, »daß ich meinen Liebsten nur erblicke, um ihn wieder zu verlieren.« Der Gram erfüllte aufs neue ihr Herz, aber der Traum führte sie zum drittenmal in das Haus der Alten. Sie machte sich auf den Weg, und die weise Frau gab ihr ein goldenes Spinnrad, tröstete sie und sprach: »Es ist noch nicht alles vollbracht, harre bis der Vollmond kommt, dann nimm das Spinnrad, setze dich an das Ufer und spinn die Spule voll, und wenn du fertig bist, so stelle das Spinnrad nahe an das Wasser, und du wirst sehen, was geschieht.«

Die Frau befolgte alles genau. Sobald der Vollmond sich zeigte, trug sie das goldene Spinnrad an das Ufer und spann emsig, bis der Flachs zu Ende und die Spule mit dem Faden ganz angefüllt war. Kaum aber stand das Rad am Ufer, so brauste es noch heftiger als sonst in der Tiefe des Wassers, eine mächtige Welle eilte herbei und trug das Rad mit sich fort. Alsbald stieg mit einem Wasserstrahl der Kopf und der ganze Leib des Mannes in die Höhe. Schnell sprang er ans Ufer, faßte seine Frau an der Hand und entfloh. Aber kaum hatten sie sich eine kleine Strecke entfernt, so erhob sich mit entsetzlichem Brausen der ganze Weiher und strömte mit reißender Gewalt in das weite Feld hinein. Schon sahen die Fliehenden ihren Tod vor Augen, da rief die Frau in ihrer Angst die Alte an, und in dem Augenblick waren sie verwandelt, sie in eine Kröte, er in einen Frosch. Die Flut, die sie erreicht hatte, konnte sie nicht töten, aber sie riß sie beide voneinander und führte sie weit weg. Als das Wasser sich verlaufen hatte und beide wieder den trocknen

Boden berührten, so kam ihre menschliche Gestalt zurück. Aber keiner wußte, wo das andere geblieben war; sie befanden sich unter fremden Menschen, die ihre Heimat nicht kannten. Hohe Berge und tiefe Täler lagen zwischen ihnen. Um sich das Leben zu erhalten, mußten beide die Schafe hüten. Sie trieben lange Jahre ihre Herden durch Feld und Wald und waren voll Trauer und Sehnsucht.

Als wieder einmal der Frühling aus der Erde hervorgebrochen war, zogen beide an einem Tag mit ihren Herden aus, und der Zufall wollte, daß sie einander entgegenzogen. Er erblickte an einem fernen Bergesabhang eine Herde und trieb seine Schafe nach der Gegend hin. Sie kamen in einem Tal zusammen, aber sie erkannten sich nicht, doch freuten sie sich, daß sie nicht mehr so einsam waren. Von nun an trieben sie jeden Tag ihre Herde nebeneinander; sie sprachen nicht viel, aber sie fühlten sich getröstet. Eines Abends, als der Vollmond am Himmel schien und die Schafe schon ruhten, holte der Schäfer die Flöte aus seiner Tasche und blies ein schönes, aber trauriges Lied. Als er fertig war, bemerkte er, daß die Schäferin bitterlich weinte. »Warum weinst du?« fragte er. – »Ach«, antwortete sie, »so schien auch der Vollmond, als ich zum letztenmal dieses Lied auf der Flöte blies und das Haupt meines Liebsten aus dem Wasser hervorkam.« Er sah sie an, und es war ihm, als fiele eine Decke von den Augen, er erkannte seine liebste Frau, und als sie ihn anschaute und der Mond auf sein Gesicht schien, erkannte sie ihn auch. Sie umarmten und küßten sich, und ob sie glückselig waren, braucht keiner zu fragen.

Dem Ende entgegen

In der letzten Lebenszeit sollten wir dem Kind Märchen erzählen, in denen Bilder enthalten sind, die »mitnehmen«, die das Kind auf seinem Weg in die Himmelswelt begleiten können. Das Schicksalsmärchen vom »Dornröschen« spricht von dem langen friedlichen Schlaf im zugewachsenen Schloß, trägt aber auch die Zuversicht des »Wiederaufwachens« und des Wiedersehns mit allen lieben Menschen. Hier mögen noch »Das Waldhaus« und »Die Sterntaler« folgen. Die »Sterntaler« zeigen, wie Mitleid und Liebe zu höchstem inneren Reichtum führen. Wie schön ist in diesem Zusammenhang für ein schwerkrankes Kind auch das Lied »Weißt du wieviel Sternlein stehen an dem blauen Himmelszelt?« Niemand braucht sie zu zählen, denn der liebe Gott hat es ja getan, damit ihm »auch nicht eines fehlet an der ganzen großen Zahl«, und die Gewißheit wird gegeben: »Kennt auch dich und hat dich lieb!« So kann aus Märchen und Liedern ein tiefes Vertrauen in das Kind und in seine Umgebung einziehen. Abschließend sei das auf seine Weise tröstende Märchen vom »Tränenkrüglein« gebracht, sowie »Großvaters letzte Geschichte«, aus der so viel Zuversicht spricht.

Das Waldhaus

Ein armer Holzhauer lebte mit seiner Frau und drei Töchtern in einer kleinen Hütte an dem Rande eines einsamen Waldes. Eines Morgens, als er wieder an seine Arbeit wollte, sagte er zu seiner Frau: »Laß mir mein Mittagsbrot von dem ältesten Mädchen hinaus in den Wald bringen, ich werde sonst nicht fertig. Und damit es sich nicht verirrt«, setzte er hinzu, »so will ich einen Beutel mit Hirsen mitnehmen und die Körner auf den Weg streuen.« Als nun die Sonne mitten über dem Walde stand, machte sich das Mädchen mit einem Topf voll Suppe auf den Weg. Aber die Feld- und Waldsperlinge, die Lerchen und Finken, Amseln und Zeisige hatten den Hirsen schon längst aufgepickt, und das Mädchen konnte die Spur nicht finden. Da ging es auf gut Glück immerfort, bis die Sonne sank und die Nacht einbrach. Die Bäume rauschten in der Dunkelheit, die Eulen schnarrten, und es fing an, ihm angst zu werden. Da erblickte es in der Ferne ein Licht, das zwischen den Bäumen blinkte. Dort sollten wohl Leute wohnen, dachte es, die mich über Nacht behalten, und ging auf das Licht zu. Nicht lange, so kam es an ein Haus, dessen Fenster erleuchtet waren. Es klopfte an, und eine rauhe Stimme rief von innen: »Herein.« Das Mädchen trat auf die dunkle Diele und pochte an der Stubentür. »Nur herein«, rief die Stimme, und als es öffnete, saß da ein alter, eisgrauer Mann an dem Tisch, hatte das Gesicht auf die beiden Hände gestützt, und sein weißer Bart floß über den Tisch herab fast bis auf die Erde. Am Ofen aber lagen drei Tiere, ein Hühnchen, ein Hähnchen und eine buntgescheckte Kuh. Das Mädchen erzählte dem Alten sein Schicksal und bat um ein Nachtlager. Der Mann sprach:

»Schön Hühnchen,
schön Hähnchen,
und du schöne bunte Kuh,
was sagst du dazu?«

»Duks!« antworteten die Tiere, und das mußte wohl heißen, wir sind es zufrieden, denn der Alte sprach weiter: »Hier ist Hülle und Fülle, geh hinaus an den Herd und koch uns ein Abendessen.« Das Mädchen fand in der Küche Überfluß an allem und kochte eine gute Speise, aber an die Tiere dachte es nicht. Es trug die volle Schüssel auf den Tisch, setzte sich zu dem grauen Mann, aß und stillte seinen Hunger. Als es satt war, sprach es: »Aber jetzt bin ich müde, wo ist ein Bett, in das ich mich legen und schlafen kann?« Die Tiere antworteten:

»Du hast mit ihm gegessen,
 du hast mit ihm getrunken,
 du hast an uns gar nicht gedacht,
 nun sieh auch, wo du bleibst die Nacht.«

Da sprach der Alte: »Steig nur die Treppe hinauf, so wirst du eine Kammer mit zwei Betten finden, schüttle sie auf und decke sie mit weißem Linnen, so will ich auch kommen und mich schlafen legen.« Das Mädchen stieg hinauf, und als es die Betten geschüttelt und frisch gedeckt hatte, legte es sich in das eine, ohne weiter auf den Alten zu warten. Nach einiger Zeit aber kam der graue Mann, beleuchtete das Mädchen mit dem Licht und schüttelte mit dem Kopf. Und als er sah, daß es fest eingeschlafen war, öffnete er eine Falltüre und ließ es in den Keller sinken.
Der Holzhauer kam am späten Abend nach Haus und machte seiner Frau Vorwürfe, daß sie ihn den ganzen Tag habe hungern lassen. »Ich habe keine Schuld«, antwortete sie, »das Mädchen ist mit dem Mittagessen hinausgegangen, es muß sich verirrt haben, morgen wird es schon wiederkommen.« Vor Tag aber stand der Holzhauer auf, wollte in den Wald und verlangte, die zweite Tochter sollte ihm diesmal das Essen bringen. »Ich will einen Beutel mit Linsen mitnehmen«, sagte er, »die Körner sind größer als Hirsen, das Mädchen wird sie besser sehen und kann den Weg nicht verfehlen.« Zur Mittagszeit trug auch das Mädchen die Speise hinaus, aber die Linsen waren verschwunden: die Waldvögel hatten sie, wie am vorigen Tag, aufgepickt und keine übriggelassen. Das Mädchen irrte im Walde umher bis es Nacht ward, da kam es ebenfalls zu dem Haus des Alten, ward hereingerufen und bat um Speise und Nachtlager. Der Mann mit dem weißen Barte fragte wieder die Tiere:

»Schön Hühnchen,
schön Hähnchen,
und du schöne bunte Kuh,
was sagst du dazu?«

Die Tiere antworteten abermals: »Duks«, und es geschah alles
wie am vorigen Tag. Das Mädchen kochte eine gute Speise, aß
und trank mit dem Alten und kümmerte sich nicht um die Tiere.
Und als es sich nach seinem Nachtlager erkundigte, antworteten
sie:

»Du hast mit ihm gegessen,
du hast mit ihm getrunken,
du hast an uns gar nicht gedacht,
nun sieh auch, wo du bleibst die Nacht.«

Als es eingeschlafen war, kam der Alte, betrachtete es mit Kopf-
schütteln und ließ es in den Keller hinab.

Am dritten Morgen sprach der Holzhacker zu seiner Frau:
»Schicke mir heute unser jüngstes Kind mit dem Essen hinaus,
das ist immer gut und gehorsam gewesen, das wird auf dem rechten Weg bleiben und nicht wie seine Schwestern, die wilden
Hummeln, herumschwärmen.« Die Mutter wollte nicht und
sprach: »Soll ich mein liebstes Kind auch noch verlieren?« – »Sei
ohne Sorge«, antwortete er, »das Mädchen verirrt sich nicht, es
ist zu klug und verständig; zum Überfluß will ich Erbsen mitnehmen und ausstreuen, die sind noch größer als Linsen und
werden ihm den Weg zeigen.« Aber als das Mädchen mit dem
Korb am Arm hinauskam, so hatten die Waldtauben die Erbsen
schon im Kropf, es wußte nicht, wohin es sich wenden sollte. Es
war voll Sorgen und dachte beständig daran, wie der arme Vater
hungern und die gute Mutter jammern würde, wenn es aus-
bliebe. Endlich, als es finster ward, erblickte es das Lichtchen
und kam an das Waldhaus. Es bat ganz freundlich, sie möchten es
über Nacht beherbergen, und der Mann mit dem weißen Bart
fragte wieder seine Tiere:

>Schön Hühnchen,
schön Hähnchen,
und du schöne bunte Kuh,
was sagst du dazu?«

»Duks«, sagten sie. Da trat das Mädchen an den Ofen, wo die
Tiere lagen, und liebkoste Hühnchen und Hähnchen, indem es
mit der Hand über die glatten Federn hinstrich, und die bunte
Kuh kraulte es zwischen den Hörnern. Und als es auf Geheiß des
Alten eine gute Suppe bereitet hatte und die Schüssel auf dem
Tisch stand, so sprach es: »Soll ich mich sättigen und die guten
Tiere sollen nichts haben? Draußen ist die Hülle und Fülle, erst
will ich für sie sorgen.« Da ging es, holte Gerste und streute sie
dem Hühnchen und Hähnchen vor, brachte der Kuh wohlrie-
chendes Heu, einen ganzen Arm voll. »Laßt's euch schmecken,
ihr lieben Tiere«, sagte es, »und wenn ihr durstig seid, sollt ihr
auch einen frischen Trunk haben.« Dann trug es einen Eimer voll
Wasser herein, und Hühnchen und Hähnchen sprangen auf den
Rand, steckten den Schnabel hinein und hielten den Kopf dann
in die Höhe, wie die Vögel trinken, und die bunte Kuh tat auch
einen herzhaften Zug. Als die Tiere gefüttert waren, setzte sich
das Mädchen zu dem Alten an den Tisch und aß, was er ihm
übriggelassen hatte. Nicht lange, so fingen Hühnchen und
Hähnchen an, das Köpfchen zwischen die Flügel zu stecken, und
die bunte Kuh blinzelte mit den Augen. Da sprach das Mädchen:
»Sollen wir uns nicht zur Ruhe begeben?«

>Schön Hühnchen,
schön Hähnchen,
und du schöne bunte Kuh,
was sagst du dazu?«

Die Tiere antworteten: »Duks!

Du hast mit uns gegessen,
du hast mit uns getrunken,

du hast uns alle wohl bedacht,
wir wünschen dir eine gute Nacht.«

Da ging das Mädchen die Treppe hinauf, schüttelte die Federkissen und deckte frisches Linnen auf, und als es fertig war, kam der Alte und legte sich in das eine Bett, und sein weißer Bart reichte ihm bis an die Füße. Das Mädchen legte sich in das andere, tat sein Gebet und schlief ein.

Es schlief ruhig bis Mitternacht, da ward es so unruhig in dem Hause, daß das Mädchen erwachte. Da fing es an, in den Ecken zu knittern und zu knattern, und die Türe sprang auf und schlug an die Wand: die Balken dröhnten, als wenn sie aus ihren Fugen gerissen würden, und es war, als wenn die Treppe herabstürzte, und endlich krachte es, als wenn das ganze Dach zusammenfiele. Da es aber wieder still ward und dem Mädchen nichts zuleid geschah, so blieb es ruhig liegen und schlief wieder ein. Als es aber am Morgen bei hellem Sonnenschein aufwachte, was erblickten seine Augen? Es lag in einem großen Saal, und ringsumher glänzte alles in königlicher Pracht: an den Wänden wuchsen auf grünseidenem Grund goldene Blumen in die Höhe, das Bett war von Elfenbein und die Decke darauf von rotem Sammet, und auf einem Stuhl daneben standen ein Paar mit Perlen gestickte Pantoffel. Das Mädchen glaubte, es wäre ein Traum, aber es traten drei reichgekleidete Diener herein und fragten, was es zu befehlen hätte. »Geht nur«, antwortete das Mädchen, »ich will gleich aufstehen und dem Alten eine Suppe kochen, und dann auch schön Hühnchen, schön Hähnchen und die schöne bunte Kuh füttern.« Es dachte, der Alte wäre schon aufgestanden und sah sich nach seinem Bette um, aber er lag nicht darin, sondern ein fremder Mann. Und als es ihn betrachtete und sah, daß er jung und schön war, erwachte er, richtete sich auf und sprach: »Ich bin ein Königssohn und war von einer bösen Hexe verwünscht worden, als ein alter, eisgrauer Mann in dem Wald zu leben. Niemand durfte um mich sein als meine drei Diener in der

Gestalt eines Hühnchens, eines Hähnchens und einer bunten Kuh. Und nicht eher sollte die Verwünschung aufhören, als bis ein Mädchen zu uns käme, so gut von Herzen, daß es nicht gegen die Menschen allein, sondern auch gegen die Tiere sich liebreich bezeigte, und das bist du gewesen, und heute um Mitternacht sind wir durch dich erlöst und das alte Waldhaus ist wieder in meinen königlichen Palast verwandelt worden.« Und als sie aufgestanden waren, sagte der Königssohn den drei Dienern, sie sollten hinfahren und Vater und Mutter des Mädchens zur Hochzeitsfeier herbeiholen. »Aber wo sind meine zwei Schwestern?« fragte das Mädchen. »Die habe ich in den Keller gesperrt, und morgen sollen sie in den Wald geführt werden und sollen bei einem Köhler so lange als Mägde dienen, bis sie sich gebessert haben und auch die armen Tiere nicht hungern lassen.«

Die Sterntaler

Es war einmal ein kleines Mädchen, dem waren Vater und Mutter gestorben, und es war so arm, daß es kein Kämmerchen mehr hatte, darin zu wohnen, und kein Bettchen mehr, darin zu schlafen, und endlich gar nichts mehr als die Kleider auf dem Leib und ein Stückchen Brot in der Hand, das ihm ein mitleidiges Herz geschenkt hatte. Es war aber gut und fromm. Und weil es so von aller Welt verlassen war, ging es im Vertrauen auf den lieben Gott hinaus ins Feld. Da begegnete ihm ein armer Mann, der sprach: »Ach, gib mir etwas zu essen, ich bin so hungerig.« Es reichte ihm das ganze Stückchen Brot und sagte: »Gott segne dir's«, und ging weiter. Da kam ein Kind, das jammerte und sprach: »Es friert mich so an meinem Kopfe, schenk mir etwas, womit ich ihn bedecken kann.« Da tat es seine Mütze ab und gab sie ihm. Und als es noch eine Weile gegangen war, kam wieder ein Kind und hatte kein Leibchen und fror. Da gab es ihm seins; und noch weiter, da bat eins um ein Röcklein, das gab es auch von

sich hin. Endlich gelangte es in einen Wald, und es war schon
dunkel geworden; da kam noch eins und bat um ein Hemdchen,
und das fromme Mädchen dachte: Es ist dunkle Nacht, da sieht
dich niemand, du kannst wohl dein Hemd weggeben, und zog
das Hemd ab und gab es auch noch hin. Und wie es so stand und
gar nichts mehr hatte, fielen auf einmal die Sterne vom Himmel
und waren lauter harte blanke Taler – und ob es gleich sein
Hemdlein weggegeben, so hatte es ein neues an, und das war
vom allerfeinsten Linnen. Da sammelte es sich die Taler hinein
und war reich für sein Lebtag.

Das Tränenkrüglein

Es war einmal eine Mutter und ein Kind, und die Mutter hatte
das Kind, ihr einziges, lieb von ganzem Herzen, und konnte
ohne das Kind nicht leben und nicht sein. Aber da sandte der
Herr eine große Krankheit, die wütete unter den Kindern und
erfaßte auch jenes Kind, daß es auf sein Lager sank und zum Tod
erkrankte. Drei Tage und drei Nächte wachte, weinte und betete
die Mutter bei ihrem geliebten Kinde, aber es starb. Da erfaßte
die Mutter, die nun allein war auf der ganzen Gotteserde, ein
gewaltiger und namenloser Schmerz, und sie aß nicht und trank
nicht und weinte, weinte wieder drei Tage lang und drei Nächte
lang ohne Aufhören, und rief nach ihrem Kinde. Wie sie nun so
voll tiefen Leides in der dritten Nacht saß, an der Stelle, wo ihr
Kind gestorben war, tränenmüde und schmerzensmatt, bis zur
Ohnmacht, da ging leise die Türe auf, und die Mutter schrak
zusammen, denn vor ihr stand ihr gestorbenes Kind. Das war ein
seliges Engelein geworden und lächelte süß wie die Unschuld
und schön wie in Verklärung. Es trug aber in seinen Händchen
ein Krüglein, das war schier übervoll. Und das Kind sprach: »O
lieb Mütterlein, weine nicht mehr um mich! Siehe, in diesem
Krüglein sind deine Tränen, die du um mich vergossen hast; der

Engel der Trauer hat sie in dieses Gefäß gesammelt. Wenn du nur noch *eine* Träne um mich weinest, so wird das Krüglein überfließen, und ich werde dann keine Ruhe haben im Grabe und keine Seligkeit im Himmel. Darum, o lieb Mütterlein, weine nicht mehr um dein Kind, denn dein Kind ist wohlaufgehoben, ist glücklich, und Engel sind seine Gespielen.« Damit verschwand das tote Kind, und die Mutter weinte hinfort keine Träne mehr, um des Kindes Grabesruhe und Himmelsfrieden nicht zu stören.

Großvaters letzte Geschichte

Von Georg Dreißig

Mein Großvater erzählte uns Kindern viele Geschichten, und wir liebten ihn sehr deswegen und weil er unser Großvater war. Doch eines Tages – ich war damals noch recht klein, erinnere mich an den Augenblick aber noch genau – nahm meine Mutter uns Kinder beiseite und sagte zu uns: »Ihr müßt sehr leise sein, und ihr dürft nicht zu Großvater hineingehen, denn er ist sehr, sehr krank.« Weil sie »sehr, sehr krank« sagte, fühlte selbst ich, obwohl ich so klein war, daß diese Krankheit ernst war. So liefen wir nur noch auf Zehenspitzen herum und sprachen niemals laut und lachten nicht für eine Zeit, die mir wie eine Ewigkeit vorkam.

Aber eines Tages hatte unsere Mutter besondere Neuigkeiten für uns. »Wenn ihr euch alle wie Engel benehmen könnt«, sagte sie, »dürft ihr zu Großvater hereinkommen. Er möchte euch sehen.« Wir versuchten unser Bestes und folgten ihr. Großvater saß in seinem Bett mit vielen Kissen gestützt und sah immer noch recht schwach aus. Aber er lächelte uns aus seinen guten braunen Augen zu und winkte uns mit der Hand nahe zu sich heran. Als wir auf seiner Bettkante saßen, legte er seine zerbrechliche Hand auf meine Schulter, und nachdem er eine Weile gesonnen hatte, begann er, sehr leise und ruhig zu sprechen. Und das ist die Geschichte, die er uns erzählte:

»Als ich so im Bett lag, so schwach, daß ich meinte, ich könne nicht mehr leben, da erinnerte ich mich plötzlich an den Tag in meiner Kindheit, an dem meine eigene Großmutter starb. Das ist viele, viele Jahre her; mir war es aber, als ob ich den Tag noch einmal als der kleine Bub erlebte, der ich damals war. Ich sah mich in Großmutters Zimmer sitzen zusammen mit Mutter und Vater, die Tränen in den Augen hatten. Ich erinnere mich, daß ich sie fragte: ›Warum weint ihr denn?‹ und daß sie antworteten: ›Wegen Großmutter. Der Tod kommt bestimmt.‹ Ich schaute Großmutter an und sah, daß sie schlief, und ich überlegte, wer das wohl sei, ›der Tod‹, der kommen sollte und der Vater und Mutter so traurig stimmte. Das muß ein schrecklicher Mann sein, entschied ich schließlich, vielleicht ein alter Räuber – und auch ich hatte auf einmal Angst vor ihm.

Wir müssen wohl eine ganze Weile so schweigend zusammengesessen haben, als auf einmal die Tür aufging und ein junger Mann eintrat, den ich niemals vorher gesehen hatte. Er hatte goldenes Haar und leuchtende Augen und trug auf dem Haupt einen Blumenkranz. Er schaute sich ganz fröhlich um und fragte dann: ›Gibt es hier jemanden, der gerne mit mir zu meinem Garten kommen würde? Ich liebe Gesellschaft.‹ Ich wäre schon gerne gekommen, aber ich traute mich nicht, weil Großmutter so krank war und Vater und Mutter so traurig waren und auch wegen Räuber Tod, der kommen sollte. Doch zu meinem Erstaunen sah ich, daß Großmutter sich aufsetzte, als wäre sie im Leben nie krank gewesen, und ich hörte, wie sie sagte: ›Ja, ich würde gerne mitkommen zu deinem Garten. Und ich bin sicher, daß Benjamin uns ein Stückchen begleiten wird.‹ Dann stand sie behende auf, schaute mich mit einem besonderen Lächeln an und fragte: ›Du würdest doch gerne den Garten meines Feundes sehen, Ben, oder etwa nicht?‹

Da vergaß ich alle Zweifel, und ohne auch nur nach Mutter und

Vater zu schauen, folgte ich Großmutter und dem jungen Mann. Als wir herauskamen, sah ich, daß die Obstbäume blühten und die Rosenbüsche voller Knospen standen; Bienen summten eifrig hin und her, und Vogelsang füllte die Luft. Die Sonne schien warm, und ich erinnere mich, daß ich mir sagte: ›Es ist gut, daß es so warm ist. Sonst würde Großmutter sich noch erkälten in ihren Bettkleidern.‹ Als ich sie aber wieder anschaute, bemerkte ich überrascht, daß sie gar nicht ihren Morgenmantel trug, sondern vielmehr ein schönes weißes Kleid anhatte, und sie hatte ebenfalls Blumen in den Haaren; die mußte ihr der junge Mann hineingesteckt haben, als ich gerade nicht hinschaute. Sie waren etwas vorausgegangen und warteten nun auf mich. Als Großmutter sich aber zu mir umwandte, da rief ich erstaunt: ›Aber Großmutter, du siehst ja so jung aus! Du siehst ganz so aus wie eine junge Dame! Ach, Großmutter, wie schön du bist!‹ Und ich lief, um sie fest zu umarmen. Sie ergriffen meine Hände, der junge Mann und Großmutter, und dann tanzten wir alle drei, tanzten aus dem Garten heraus und über die Felder, lange, lange – bis wir an eine Wildrosenhecke kamen. Dort war ein Tor, und der junge Mann ging und öffnete es weit. Wir standen und schauten durch das offene Tor in den Garten des jungen Mannes, und wir waren ganz still, denn – oh – jener Garten war schön, so schön, daß ich kaum zu atmen wagte; ich weiß selbst nicht warum.

Endlich sagte der junge Mann zu Großmutter: ›Komm jetzt mit mir! Ich möchte dir die Blumen zeigen, die aus den Samen hervorgekommen sind, welche du gepflanzt hast.‹ Und an mich gewandt fuhr er fort: ›Du mußt hier warten, Benjamin. Aber du darfst schauen, wie wir hineingehen.‹ Großmutter gab mir einen Kuß auf die Stirn. Dann folgte sie dem jungen Mann. Während sie aber in den Garten hineingingen, wandte sie sich oft um, um mir zuzuwinken oder zuzulächeln, und ich war ganz zufrieden, so dazustehen und zurückzuwinken. Dann sah ich, wie sie stillstanden und der junge Mann Großmutter ein paar besondere

Pflanzen zeigte. Ich sah Großmutter sich niederbücken und eine Blume pflücken, die hatte eine große, goldene Blüte. Mit der Blume in der Hand kam sie zu mir zurück. ›Schau, Ben‹, sagte sie, ›schau, was für eine schöne Blume in meinem Blumenbeet gewachsen ist! Magst du sie?‹ Ich hielt meine Nase dicht an die Blüte und sog den Duft ein, und ich meinte, daß ich nie etwas so Wunderbares gerochen hätte. ›Du darfst die Blume mitnehmen‹, sagte Großmutter jetzt und steckte den Stiel durch ein Knopfloch über meinem Herzen. ›Bring sie heim zu deiner Mutter und deinem Vater mit Grüßen von mir.‹ ›Bleibst du denn hier, Großmutter?‹ fragte ich überrascht. ›Ja, Ben‹, erwiderte sie schlicht, ›ja natürlich. Ich muß doch die Blumen versorgen, die aus den Samen hervorgekommen sind, welche ich gepflanzt habe. Aber du mußt mich ab und zu hier besuchen kommen. Komm zum Tor; ich werde dich dort treffen und dir mehr Blumen geben.‹ Ich versprach es ihr. Dann verabschiedeten wir uns voneinander. Ich winkte auch dem jungen Mann zu, und er winkte mir zurück.

Ich muß sehr müde gewesen sein, als ich wieder nach Hause kam und mich leise in das Zimmer zurückschlich, in dem Großmutter gelegen hatte; denn ich muß wohl sofort eingeschlafen sein. Wie dem auch sei; ich erinnere mich jedenfalls, daß ich davon aufwachte, daß jemand seine Hand auf meine Schulter legte. Als ich aufschaute, blickte ich in das Gesicht meiner Mutter. Sie sah sehr traurig aus und seufzte tief, bevor sie sagte: ›Benjamin, es ist geschehen. Großmutter ist gestorben.‹ Sie führte mich zum Bett. Großmutter lag dort ganz still und so alt, wie ich sie immer gekannt hatte. Aber auf ihrem Gesicht lag das Lächeln der jungen Dame, mit der ich getanzt hatte, als wir zu dem Garten des jungen Mannes gingen, in dem Großmutter ihr eigenes Blumenbeet zu versorgen hatte. Ich hatte selbst ja eine Blume von ihrem Beet. Als ich aber auf mein Hemd herabblickte, da war die Blume verschwunden; und doch fühlte es sich so an, als ob sie immer noch da wäre. Ja, ich konnte noch den lieblichen Duft spüren.

Ich erzählte Mutter und Vater, wo wir gewesen waren und wie jung Großmutter geworden war. Sie hörten mir ruhig zu, doch hinterher sahen ihre Augen nicht mehr so traurig aus. Für eine Weile sprachen wir nicht; dann sagte Vater: ›Benjamin, wenn du wieder zu dem Garten gehst, mußt du Großmutter lieb von uns grüßen und auch den jungen Mann.‹ Und Mutter nickte und sagte: ›Ja, du mußt sie lieb von uns grüßen‹.«

Großvaters Hand lag immer noch auf meiner Schulter. Wir saßen auf der Bettkante und wagten nicht, uns zu rühren. Schließlich aber mußte ich ihn doch fragen: »Und bist du wieder dorthin gegangen, Großvater?« Er lächelte mich an und erwiderte bedächtig: »Ja, ich bin wieder dorthin gegangen. Ich ging oft ans Tor, um Großmutter zu treffen und ihr Mutters und Vaters liebe Grüße zu bringen. Als Kind war ich regelmäßig dort. Ich hatte es beinahe vergessen, doch nun erinnere ich mich wieder.« Ich fand, daß es nicht recht war, daß Großvater den Garten und seine Großmutter vergessen hatte, und so erkundigte ich mich: »Aber Großvater, jetzt, wo du dich wieder erinnerst, jetzt wirst du doch wieder dorthin gehen, oder?« Da war eine große Stille in dem Zimmer nach meiner Frage; nur Großvaters Hand streichelte sanft meinen Arm. Dann sagte Großvater: »Jetzt, da ich mich wieder an den Garten erinnere, werde ich bestimmt wieder hingehen.« Und nach einer Weile fügte er hinzu: »Und ich hoffe, daß ich diesmal vielleicht sogar hineingehen darf. Denn wißt ihr, ich habe auch ein Blumenbeet dort und wüßte zu gerne, ob meine Samen schöne Pflanzen hervorgebracht haben.« Die Vorstellung, daß Großvater sein ganz eigenes Blumenbeet in dem Garten des schönen jungen Mannes hatte, machte mich so froh, daß ich ihn einfach umarmen und küssen mußte.

»Du darfst nicht so ruppig mit Großvater sein«, rief Mutter und zog mich fort. »Du weißt doch, daß Großvater nicht sehr kräftig ist.« Ich fühlte mich ganz schlecht. Aber um mich zu entschuldigen, sagte ich: »Er ist doch so ein guter Großvater.« Wir sagten ihm gute Nacht und gingen hinaus. Als ich mich noch einmal umwandte, um Großvater zuzuwinken, lächelte er mir zu, und ich meinte plötzlich, daß er ganz jung aussähe. »Du mußt kommen, um mich am Gartentor zu besuchen«, flüsterte er, »du mußt meine Blumen sehen.« Natürlich würde ich kommen. Zwei Tage später standen wir wieder in seinem Zimmer. Großvater lag in seinen Kissen, als ob er schliefe. Aber Mutter sagte uns, daß er gestorben sei. »Jetzt ist er im Garten des jungen Mannes«, sagte sie, »und wenn ihr den Weg finden könnt, so müßt ihr gehen und ihn besuchen. Aber grüßt ihn lieb von uns!« Wir waren traurig, daß Großvater uns verlassen hatte, und wir weinten alle. Aber nachts, als ich schlief, kam Großvater zu mir mit einer schönen roten Blume in der Hand. »Riech daran«, sagte er, »ist sie nicht wunderbar?« Seitdem bin ich oft in meinen Träumen dorthin gewandert. Der Pfad ist wirklich ganz leicht zu finden. Wohl vergißt man ihn, wenn man älter wird. Aber ich weiß, daß ich mich eines Tages wieder erinnern werde, genau wie Großvater sich erinnert hat an dem Tag, an dem er uns seine letzte Geschichte erzählte.

Nachwort

Auf vielen Gebieten kann man heute auf Erkenntnisse von Rudolf Steiner stoßen, die in der Praxis des täglichen Lebens ihre Anwendung gefunden haben; viele Lehrer und Pädagogen, Ärzte und andere Therapeuten, Landwirte und Ernährungswissenschaftler – um nur einige Berufsgruppen zu nennen – finden die Grundlagen für ihre Arbeit im spirituellen Menschen- und Weltbild, das sie in der anthroposophischen Geisteswissenschaft kennengelernt haben. Wer in seiner Arbeit mit der Anthroposophie umgeht, wird zu der Einsicht gelangen, daß viele von Steiners Gesichtspunkten und viele Mitteilungen, die er ausgehend von seiner Einsicht in die geistigen Zusammenhänge unseres Daseins gemacht hat, eine Bereicherung der Lebenserfahrung und der Kenntnis des eigenen Arbeitsgebietes bedeuten.

Man wird aufmerksam auf Dinge, an denen man sonst vorbeigegangen wäre, man entwickelt ein Sinnesorgan für eine spirituelle Dimension, die ohne die Anthroposophie unbekannt geblieben wäre. Und man beginnt auch selbständig, eigene Erfahrungen zu machen und kommt auf Ideen, die man selbst auf ihre Realität und Brauchbarkeit erprobt. Es entsteht eine Wechselwirkung zwischen der eigenen Erfahrung und den Vorstellungen, die man aus der Anthroposophie gewinnt; es geht nicht darum, Ideen bedenkenlos zu übernehmen, und auch nicht darum, ganz und gar aus eigenen Kräften neue Einsichten zu gewinnen. Dieser Umgang mit der Anthroposophie ist dem Umgang mit bestimmten mathematischen Thesen vergleichbar, die man lernen kann. Man muß sie erst von einem Lehrer hören, dann lernt man sie einzusehen, und schließlich kann man sie anwenden, ohne immer wieder die Herleitung wiederholen zu müssen; auf die

Dauer erwirbt man selbst eine bestimmte mathematische Einsicht. Dank der Fähigkeiten, die durch den Umgang mit der Anthroposophie geschult werden, kann man sich auf vergleichbare Art und Weise selbständig auf spirituellem Gebiet bewegen – auch wenn es um ein Thema wie in dieser Niederschrift geht, das sich offensichtlich unseren »gewöhnlichen« Erfahrungen entzieht. Ohne die Anthroposophie von Rudolf Steiner, aufgefaßt und angewendet wie in den letzten Sätzen kurz angedeutet, wäre diese Niederschrift nicht zustande gekommen.

Arie Boogert

ANHANG

Literatur

1 Ida Gerhardt, »Over de weide«, aus: »Verzamelde Gedichten«, Amsterdam 1980.

2 Paul van Ostaijen, »Marc groet 's morgens de dingen«, aus: »Verzameld werk«, Bd. I, Amsterdam 1979.

3 Bert Schierbeek, »Kijk zij kijken zich de ogen uit« (Fragment), aus: »Taal & Teken«, Amsterdam 1965.

4 Kinderlied beim Seilspringen: »Als ik sterf...« Es zeigt sich hier kindlicher Realismus dem Tode gegenüber.

5 Hugo Verbrugh, »...wiederkommen«, Stuttgart 1982.

6 Altes Kinderlied, und Ida Gerhardt, »De groene laan«, a.a.O.

7 Friedrich Rittelmeyer, »Aus meinem Leben«, Stuttgart 1986.

8 Leo Tolstoi, »Volkserzählungen und Legenden«, Reclam 1966.

9 Emmy van Overeem im Gespräch mit Elisabeth Kübler-Ross: »We leven door de dood heen«, in der Wochenschrift »Elseviers Magazine«, Jahrg. 36, Dez. 1980.

10 Floris Reitsma über das siebenjährige Mädchen: »Sterven – een levensfase«, in der Zeitschrift »Jonas«, Jahrg. 11, Okt. 1980.

11 Leonard Huizinga über seinen Vater Johan Huizinga in: »Herinneringen aan mijn vader«, Den Haag 1963.

12 Marieke Anschütz: »Erinnerungen aus dem Konzentrationslager«: »De regenboog«, in der Zeitschrift »Jonas«, Jahrg. 3, Okt. 1972.

13 Martinus Nijhoff, »De wolken«, aus: »Verzameld werken, Bd. I, 's-Gravenhage–Amsterdam 1954.

14 R. Moody, »Leben nach dem Tod«, Reinbek 1977; J. Chr. Hampe, »Sterben ist doch ganz anders«, Stuttgart 1975.

15 Annie Romein-Verschoor, »Omzien in verwondering«, Amsterdam 1970.

16 Albert Verwey, Fragment, »Nu zijt ge vrij«, aus: »Oorspronkelijk dichtwerk«, Bd. 2, Amsterdam 1938.

17 Albert Verwey, »Voltooiing«, a.a.O.

18 Ida Gerhardt, »De gestorvene«, a. a. O.

19 P. C. Boutens, »Bij een dode«, aus: »Verzamelde werken«, Bd. 2, Haarlem 1948.

20 J. Chr. Hampe, a. a. O.

21 Laurens van der Post, »The Heart of the Hunter«, London 1965.

22 J. H. Leopold, »Gij deedt van alle mensen mij«, aus: »Verzameld Werk«, Bd. 2, Amsterdam 1952.

23 Ida Gerhardt, »Brief aan de grootouders«, a. a. O.

24 Anne Surie, »Mein Sohn«, Naarden 1975.

25 Ida Gerhardt, »Genesis«, a. a. O.

26 Ins Deutsche übertragen von Christoph Rau unter Verwendung einer holländischen Übersetzung von Martinus Nijhoff, a. a. O., Bd. 3.

27 Martinus Nijhoff, aus: »De dag des Heren«, a. a. O.

28 Albert Verwey, »Bij de dood van een kind«, a. a. O.

29 Rudolf Steiner, Vortrag vom 26. 1. 1915, Berlin, »Die Zeitforderung nach geistiger Erkenntnis«, in: »Menschenschicksale und Völkerschicksale«, GA 157.

30 22. 2. 1915, Berlin, »Persönlich-Übersinnliches«, in: »Menschenschicksale und Völkerschicksale«, GA 157.

31 9. 3. 1915, Berlin, Der Rhythmus von Schlafen und Wachen im großen Entwickelungsgang des Weltenwesens«, in: »Menschenschicksale...« a. a. O.

32 20. 2. 1917, Berlin, in: »Bausteine zu einer Erkenntnis des Mysteriums von Golgatha«, GA 175.

33 5. 2. 1918, Berlin, »Die Bedeutung von Wachen und Schlafen im Menschenleben. Über das Zusammensein der Lebenden mit den Toten«, in: »Erdensterben und Weltenleben«, GA 181.

34 10. 2. 1918, Nürnberg, »Der Tod als Lebenswandlung«, in: GA 182.

35 14. 2. 1918, München, »Wachen, Schlafen und Träumen im Erdenleben und nach dem Tod«, in: »Mitteleuropa zwischen Ost und West«, GA 174 a.

36 2. 9. 1918, Dornach, »Zeit und Raum«, in: »Die Wissenschaft vom Werden des Menschen«, GA 183.

37 7. 8. 1921, Dornach, »Die kindliche Entwickelung bis zur Geschlechtsreife«, in: Menschenwerden, Weltenseele und Weltengeist, GA 206.

38 22.10.1915, Dornach, 7. Vortrag in: »Die okkulte Bewegung im 19. Jahr-
    hundert und ihre Beziehung zur Weltkultur«, GA 254.
39 29.8.1906, Stuttgart, »Gut und Böse. Karmische Einzelfragen«, in: »Vor
    dem Tore der Theosophie«. GA 95.
40 8.6.1913, Stockholm, »Natur und Geist im Lichte geisteswissenschaftli-
    cher Erkenntnis«, in: »Die Welt des Geistes und ihr Hereinragen in das
    physische Dasein«, GA 150.
41 6.8.1918, Berlin, »Zeitprobleme«, in: Erdensterben und Weltenleben«,
    GA 181.

Quellen der Gedichte, Sprüche und Märchen

Die Einleitung sowie die verbindenden Texte zwischen den Märchen wurden
von Nicolette Stofkoper verfaßt.

S. 163 Für künftiges Erdenleben, Rudolf Steiner, »Unsere Toten«, GA 261.
S. 164 Mein Tod, Kurt Heynicke, in: »Der ewige Brunnen«, München 1955.
S. 165 Das Wissen des Engels, Henry von Heiseler, Werke.
S. 166 Sag, woher kommen, Christian Wagner, in: »Der ewige Brunnen«,
        a. a. O.
S. 167 Das abgeschiedene Kind an seine Mutter, Friedrich Hebbel, Werke.
S. 168 Die toten Kindlein, Friedrich Doldinger, in: »Die ewige Stadt«, S. 189.
S. 169 Stimme eines verstorbenen Kindes, Emma Krell-Werth, in: »Sonnen-
        uhr«, Basel 1966.
S. 170 Auf meines Kindes Tod, Joseph von Eichendorff, in: Eichendorff,
        Werke, Zürich 1965.
S. 171 Aus den Kindertotenliedern, Friedrich Rückert, in: »Der ewige Brun-
        nen«, a. a. O.
S. 172–175 »Ich sitze und sinne«, »Du Mond, du scheinst«, »Du fandest Dich
        herab«, »Nimm mein Blut«: Aus dem Gedenkbüchlein der Eltern An-
        nie und Gustav Waldt aus Anlaß des Todes ihres einzigen Kindes.
S. 176 Wie ich, erwachend, Albert Steffen, in: »Im Sterben auferstehn«,
        Dornach 1964.
S. 177 Trost, Ina Seidel, in: »Der ewige Brunnen«, a. a. O.
S. 178 Von drüben, Emma Krell-Werth, in »Sonnenuhr«, a. a. O.
S. 179 Mondsichel, Emma Krell-Werth, a. a. O.
S. 180 Ja, du bist Welle, Hans Carossa: Gedichte, Insel-Verlag 1949.

S. 181 Wer hat den roten Rosenstrauch, Emma Krell-Werth, a. a. O.

S. 182 Offenbarung, Friedrich Hebbel, in: »Der ewige Brunnen«, a. a. O.

S. 184 Mancherlei hast du versäumet, J. W. v. Goethe: Werke, Bd. 83.

S. 193 Frau Holle, Grimm 24.

S. 196 Die Prinzessin und die Mondsichel, Maria Modena, in: »Die Märchen des Ritters Iwanar«, Stuttgart 1981.

S. 209 Der wunderbare Fischzug, Rotraut von der Wehl, in: »Der wunderbare Fischzug. Märchenbuch von den Berufen des Menschen«, Stuttgart 1928.

S. 222 Die Goldkinder, Grimm 85.

S. 229 Jorga der Tapfere, in: »Jorga der Tapfere. Rumänisches Volksmärchen«, Stuttgart 1969.

S. 239 Der süße Brei, Grimm 103. Zitat von Friedel Lenz in: »Bildsprache der Märchen«, Stuttgart 1984[5].

S. 241 Jugend ohne Alter und Leben ohne Tod, in: »Jorga der Tapfere«, a. a. O.

S. 251 Das Mädchen ohne Hände, Grimm 31

S. 257 Die Schwanenkönigin, in: »Märchen von der Bernsteinküste«, Moskau 1974.

S. 261 Der Schneider im Himmel, Grimm 35.

S. 263 Ohne Kummer und ohne Sorgen, in: »Es geht die Sage«, Stuttgart 1980.

S. 266 Die Nixe im Teich, Grimm 181. Zitat von Rudolf Meyer in: »Die Weisheit der deutschen Volksmärchen«, Stuttgart 1981[8].

S. 272 Das Waldhaus, Grimm 169.

S. 278 Die Sterntaler, Grimm 153.

S. 279 Das Tränenkrüglein, Bechstein Märchen, Diessen 1948.

S. 280 Großvaters letzte Geschichte, Georg Dreißig, in: »Die Christengemeinschaft«, April 1981.

Der Abdruck der Texte aus den Vorträgen von Rudolf Steiner erfolgt mit Genehmigung der Rudolf-Steiner-Nachlaßverwaltung, Dornach, Schweiz. Nachdruck verboten.

Die Auswahl der Gedichte besorgten Christoph Rau und Roswitha von dem Borne.

Die Auswahl der Märchen besorgten Nicolette Stofkoper und Roswitha von dem Borne.

DIETRICH BAUER / MAX HOFFMEISTER / HARTMUT GÖRG

Gespräche mit Ungeborenen

Kinder kündigen sich an. 264 Seiten, kartoniert

Dieses Buch bringt Berichte und Zeugnisse von Erlebnissen und Begegnungen mit Ungeborenen und von Erinnerungen an ein Leben vor der Geburt. Schon seit einiger Zeit ist das Thema des Lebens nach dem Tode immer mehr ins Bewußtsein gerückt; die dazu polaren Erlebnisse aus der Welt vor Empfängnis und Geburt werden dagegen erst langsam entdeckt. Dieses Buch ist ein entscheidender Beitrag dazu, indem es eine Fülle erstaunlicher und bewegender Erfahrungen mit differenzierten Begriffen verbindet und damit zu konkreten Erkenntnissen über die geistige Herkunft des Menschen beitragen kann.
In feinfühliger und behutsamer Weise werden zunächst die verschiedensten Berichte von werdenden Müttern wiedergegeben, in denen sie ganz konkrete Erlebnisse von der Ankunft ihres Kindes vor der Geburt schildern. In diesen Schilderungen wird von Lichterscheinungen, von gewaltigen Wolkenbildern oder mächtig tönenden Stimmen gesprochen. Dabei werden deutlich mal Wesen und Charakter, mal das spätere Aussehen des Kindes oder die Namengebung erlebt. In einem Zwischenkapitel weist Bauer zum besseren Verständnis der Schilderungen auf Aussagen Rudolf Steiners über das Leben nach dem Tode und vor einer neuen Geburt hin. Es folgen darauf Berichte von Kindern, die sich an diesen Weg erinnern – ganz erstaunliche, manchmal wunderbare, manchmal erschütternde Schilderungen.
Diese bisher einzigartige Sammlung von Berichten über die vorgeburtliche Existenz des Menschen wird durch die Ausführungen von Max Hoffmeister ergänzt, der die Frage nach dem Beginn der Menschwerdung stellt. Auch an dieser Stelle werden weitere Berichte von Müttern eingefügt, die Hoffmeister durch Hinweise auf wichtige Schicksalsaugenblicke in bestimmten Biographien (u.a. bei Edison, Faraday, Florence Nightingale) ergänzt. Daran schließen sich Berichte von Frühvölkern an, die von der Vorgeburtlichkeit im Sinne der Präexistenz der Kinderseelen wissen. Allen diesen Erfahrungen liegen übergreifende Gesetzmäßigkeiten zugrunde, die man nur in dem Begriff der wiederholten Erdenleben erkenntnismäßig fassen kann. Der darauf folgende dritte Teil enthält einen Beitrag des Gynäkologen Dr. Hartmut Görg, der das Ereignis der Geburt, aber auch Fragen der Verhütung, der Abtreibung und der Manipulation mit dem menschlichen Leben in den großen Zusammenhang des bisher Dargestellten bringt.
Die Ausführungen und Schilderungen in diesem Buch sind weder »sensationell« noch wollen sie irgend etwas »beweisen«, aber sie können sensibel machen für die Sphäre des Vorgeburtlichen, die heute immer mehr ins Bewußtsein rückt.

VERLAG URACHHAUS STUTTGART